JN273177

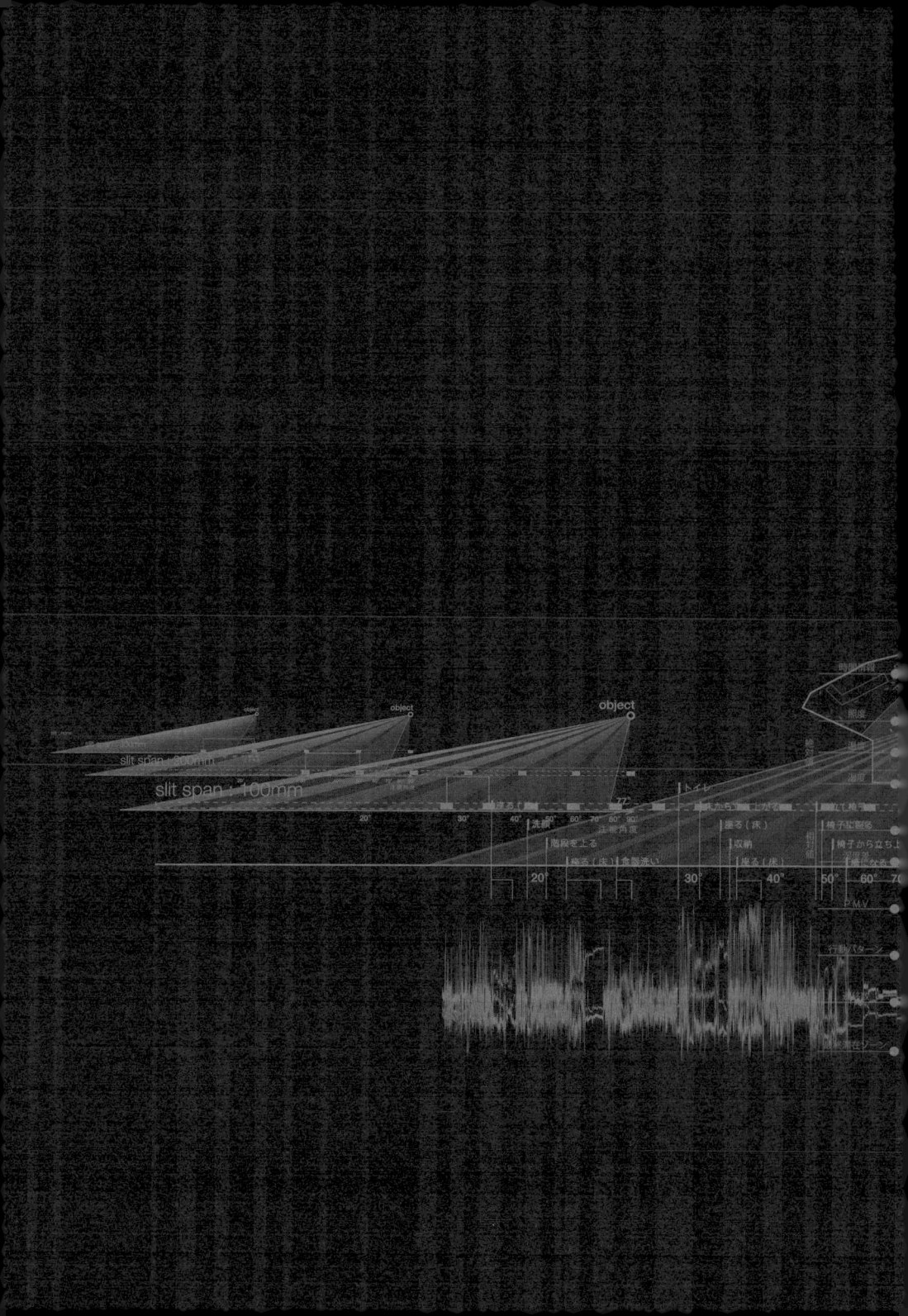

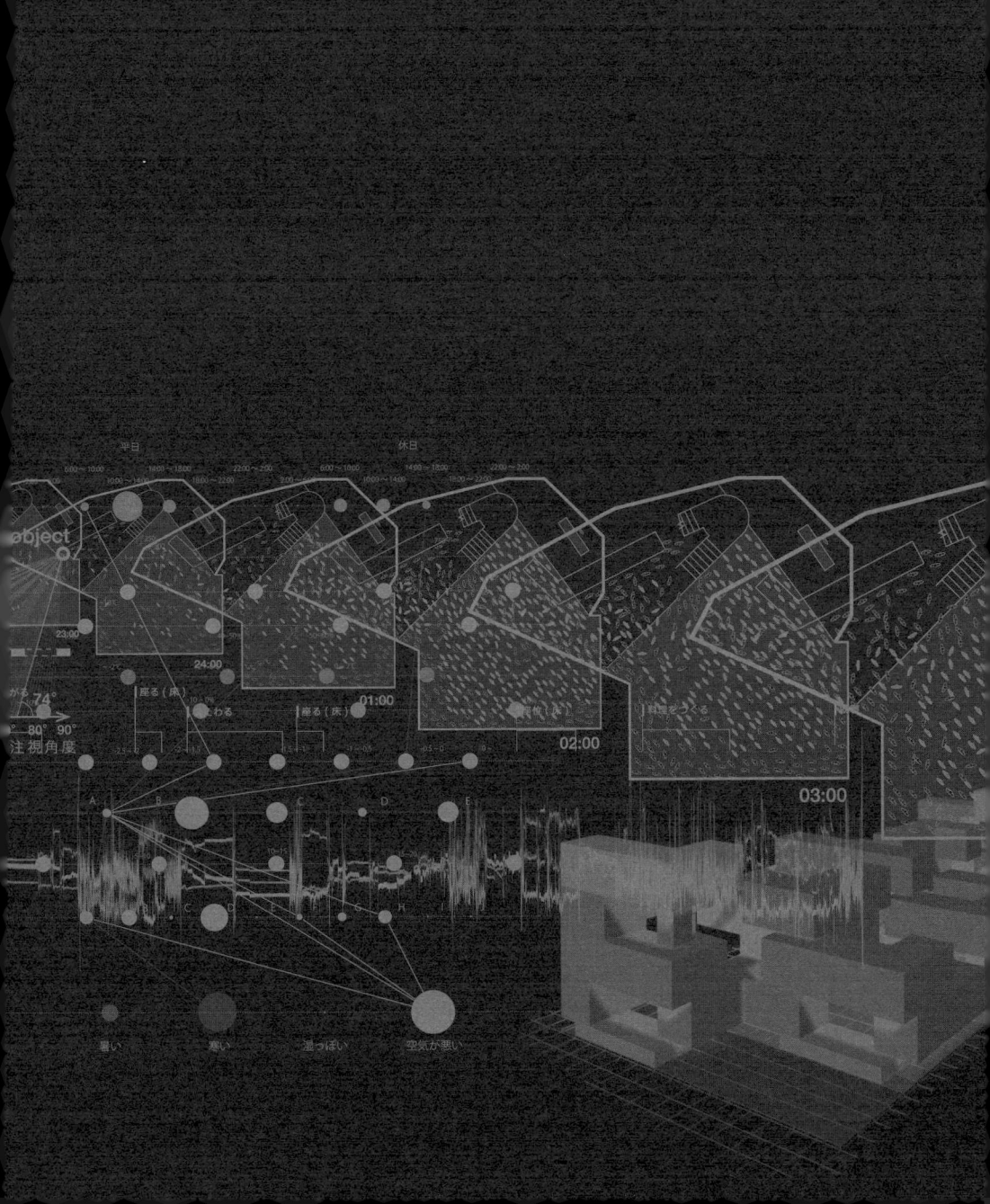

時間のデザイン
16のキーワードで読み解く時間と空間の可視化

早稲田大学渡辺仁史研究室 時間−空間研究会

渡辺仁史／林田和人／白井宏昌／山本陽一／横木真理子／加藤孝司
水落裕樹／小池太輔／木戸大祐／茂庭竜太／道垣内まゆ／奥津 拡　　鹿島出版会

誰もが「決定的瞬間」というけど、本当にそうなのかな？

01　ホンマタカシ (p.32)

撮影：近藤泰夫

何気ない空間のなかに
瞬時に脳が反応するものをいかに
見つけ出すことができるか。

04　廣村正彰 (p.70)

撮影:吉澤慎太郎

主役である風景が変化していく舞台、あるいは
その基盤となるものを整え、そこに初期値に相当するものを
設定したうえで、その後の変化にいくつかの段階を
あらかじめ想定しておくことです。

07　宮城俊作 (p.115)

テンポラリーだからできることは、
記憶をデザインすること、ではないか。

05　山本陽一 (p.87)

建物や空間、人とモノとの関わりにおいて、
それをひとつながりの「景色」にしたい。

09 中原慎一郎 (p.138)

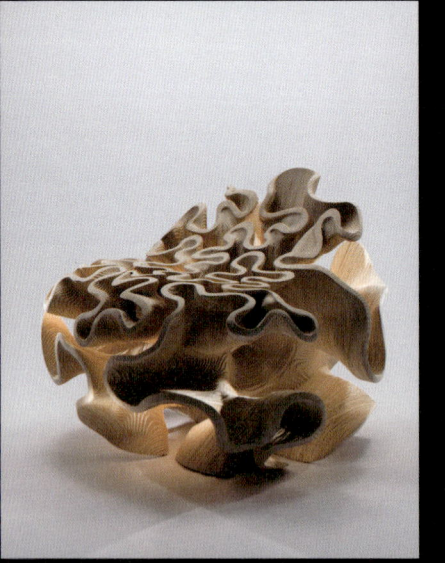

どういう種を選んでそこに
ある特性を発現させるか、というところに
建築の重要な部分がある。

08 平田晃久 (p.126)

撮影：ナカサアンドパートナーズ

建物は遅いままでいられて、利用の仕方は社会のスピード感に合わせて
変えていけること、そのつじつま合わせが設計になっていく。

05 猪熊純 (p.82)

建築そのものは生命体の在り方と本質的に
近いということができる。建築という営みは、
生命と同じ方向を向いているのだ。

07 内藤廣 (p.110)

提供：内藤廣建築設計事務所

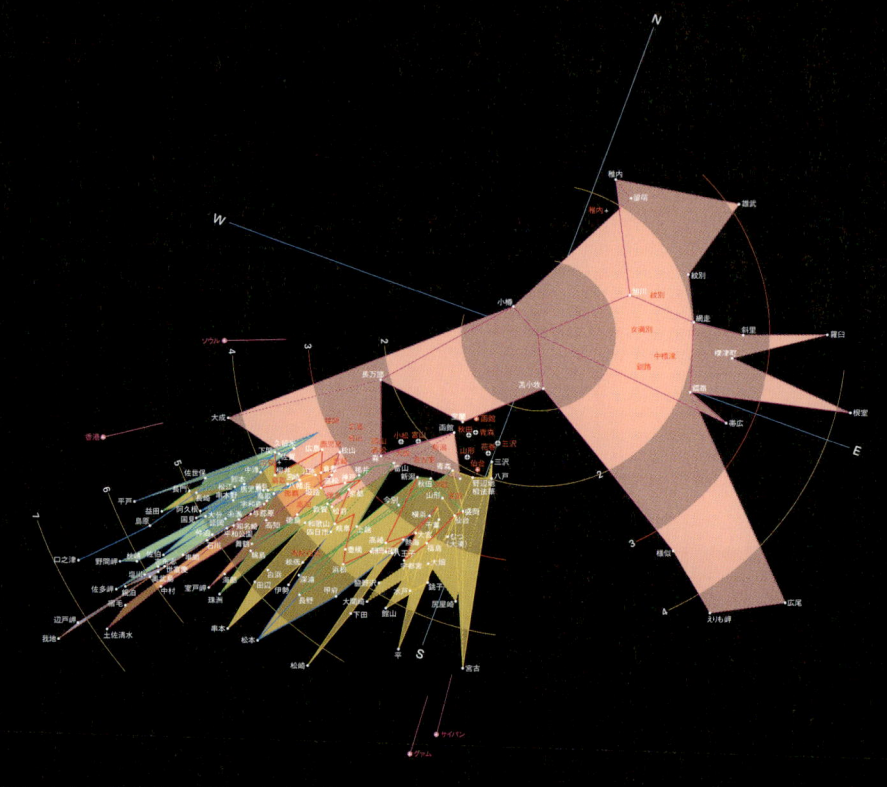

気持ちや時間の揺らぎというものは、
地図や空間の中でいったいどのように表現したらいいのか、
というようなことを常に考える。

16 杉浦康平 (p.230)

まるで虫の目と鳥の目が結びつく経路を
発見できたような感覚。

09 石川初 (p.143)

撮影：太田拓実

障害となるものをポジティブに捉え、点を繋げていく。

03　長坂常 (p.56)

都市の変遷、あるいは変容といったときに2つの
タイプがあると思っています。ひとつは徐々に変化する、
有機的な変化、もうひとつは断絶的な変化です。

11　リッキー・バーデット (p.166)

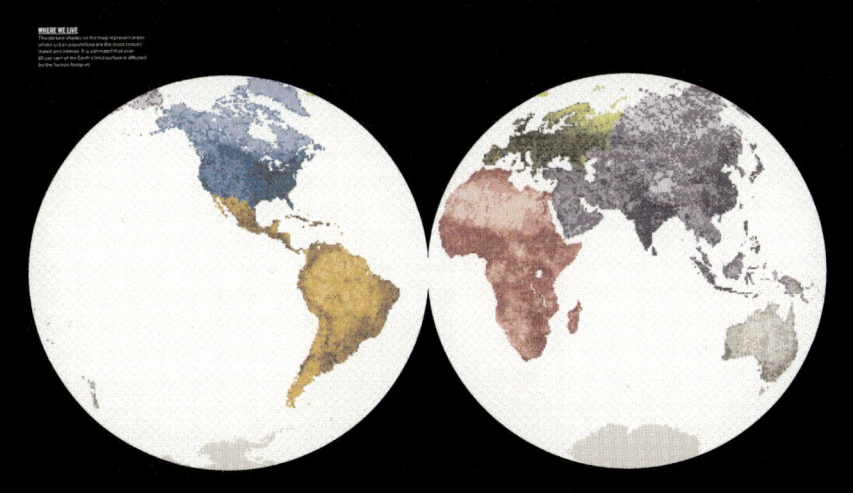

出典：Burdett, R. and Sudjic, D., *The Endless City*,
London, Phaidon Press, 2007. 24–5

人間のふるまい、仕草、行動、
そういったものを空間のあり方で
少しだけ操作してあげることで、
何か特別な感情が
立ち上がってくるのではないか。

10　中村拓志 (p.154)

撮影：NAP建築設計事務所

空間と時間は、抽象的であると同時に具体的であり、
交換価値をもつと同時に使用価値をもっている。

12　南後由和 (p.178)

撮影：南後由和

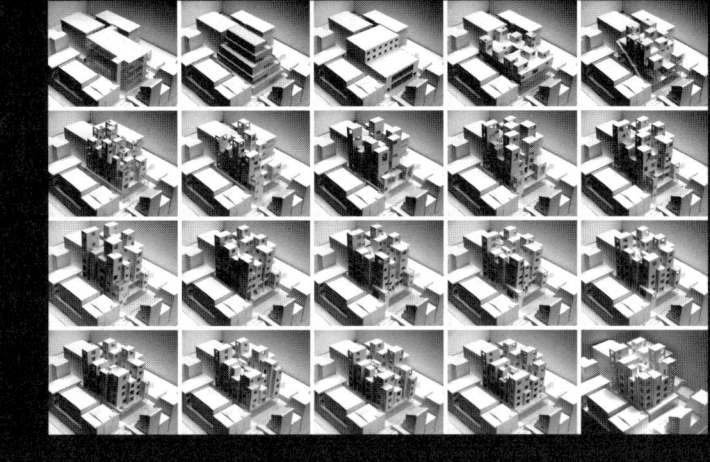

「間」という言葉からは、よりオープンに
多様なものを受け入れて、そのなかでクリエイティブな状況を
つくっていく可能性を感じる。

02 藤村龍至 (p.44)

既存の見方を一度解体し、それを時系列に沿ったバラバラの
コンテンツとして捉え直すことを通じて、それを見た人が
これまでとは別の新しい視点で考えることができるきっかけをつくりたい。

13 柳本浩市 (p.194)

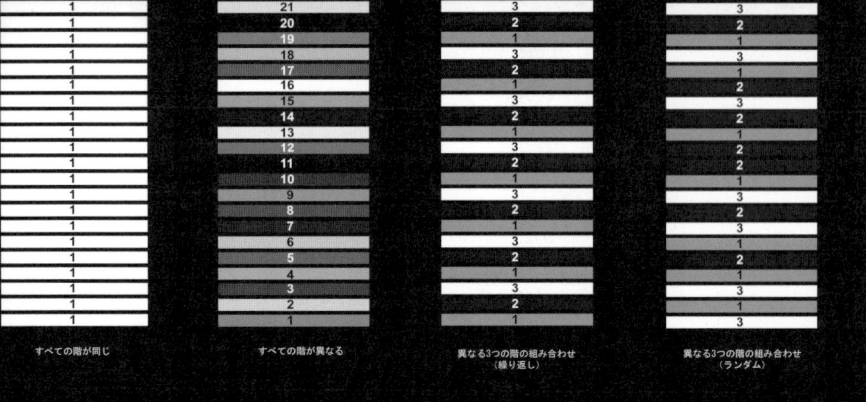

| すべての階が同じ | すべての階が異なる | 異なる3つの階の組み合わせ
(繰り返し) | 異なる3つの階の組み合わせ
(ランダム) |

高層建築を単なる階の繰り返しと考えるのでなく、
リズムと捉え、そこに遊びを見出すこと。それは経済的効率という
制約のなかで建築に豊かさを生み出すきっかけとなる。

12　白井宏昌 (p.183)

構造的に成立し、かつ意匠的にも恣意的に
見えないようにルールをつくり変えながら、お互いに
フィードバックしてゲームをしているような感じ。

15　金田充弘 (p.218)

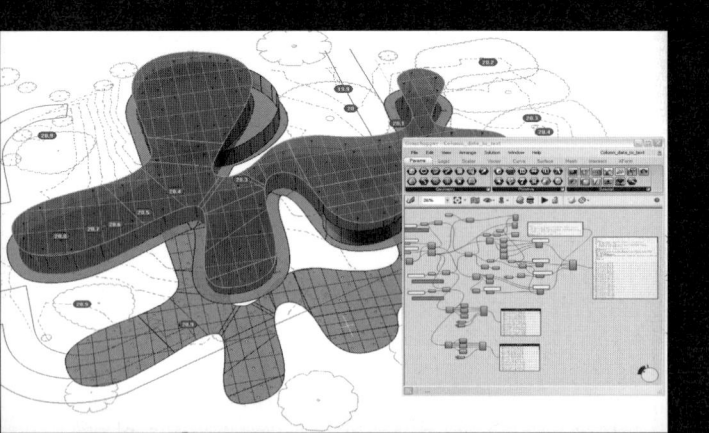

想像もつかない20年後を考えるのではなくて
今現在から20年前に生まれて今も「輝いているもの」を
考えるほうが近道ではないか。　　**06　秋田道夫** (p.98)

スケールの移り変わりこそが密度であり、
空間を発見するとても有効な手段。　　**14　石上純也** (p.206)

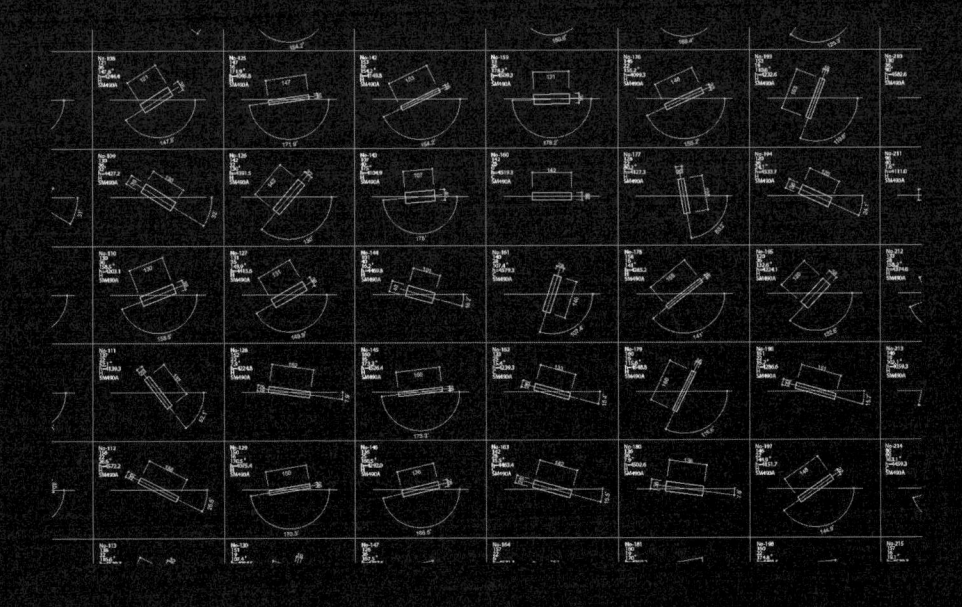

時間のデザイン

渡辺仁史

双六——時間の履歴を「見える化」し、それをゲームに昇華させた素晴らしい例。スタート（有限の過去）とゴール（未来の夢）があり、その間を時にはジャンプし、時には戻ったりしながら、現在の人と場所が移動していく
（「東海道五拾三驛名所入新版道中雙六」
国立国会図書館所蔵、年代不明）

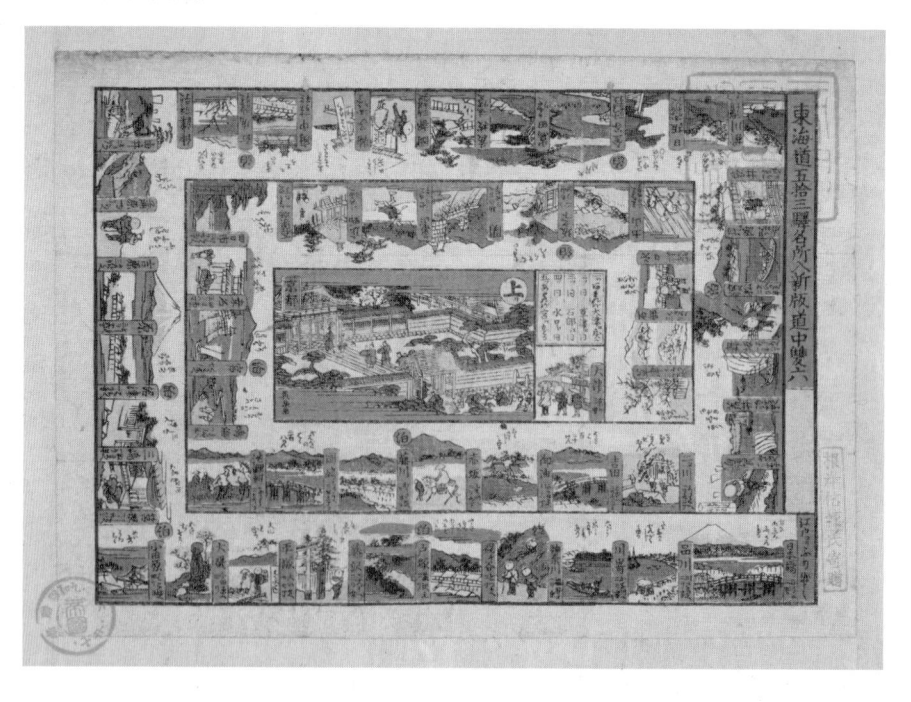

「時間」とは

時間とは何かと改めて問われると、分かっていたつもりなのに分からなくなる。しかも、「時間」と「時」とは、別物のように思えてきた。時は永遠なのに、時間は有限でしかもデジタルであるような気がする。

2012年7月1日に、1秒という「うるう秒」が挿入された。これは地球の自転と時間とを整合させるためだという。人間が物事を認知したり、変化を認めることができるのは、この「時間」が刻まれるからであり、それによって地球上での生き物の行動のルールが規定され、混乱なく社会生活を送ることができる。

一方、「時」は永遠に流れ、「時間」はひたすら過ぎて行く。未来を予測するということは、時間を遡り、そこに時間を定位させることによって時の流れを読み、そこから未来を垣間見ようとする作業にほかならない。時間を知ることは、過去と未来を知り、そこから今という時の流れの中に自分の身を置くことであると思われる。

空間は生きている

建築や都市のデザインをしていると、ふと自分のしている作業は、視覚的なかたちをつくっているのではなくて、じつは目には見えない人間の暮らしという時間を設計しているのではないかと思うことがある。建築や都市空間という静的なものは、人間の使われ方でいくらでもその目的や機能が変化する。その機能の変化を的確に読み取り、それを物理的な空間の位置や寸法に置き換えなくてはならない。そこに利用する人間の過去の記憶や現在の使い勝手、さらには将来の暮らし方の変化に対応した性能を予測し、それらを現在の技術で実現できるように設計することが求められる。

空間の認知は、主に視覚的なもので占められるが、ほかにも人間のあらゆる感覚、つまり聴覚、臭覚、味覚、触覚などや、最近では気配や直感など精神的さらには霊的なものまでが、その要因であると考えられるようになっている。それらの多様な要素（見えるかたちと見えないかたち）の一定の組み合わせが、空間の心地よさや居心地にもつながっていて、それらを総合的に組み合わせるのが設計というデザイン行為ではないだろうか。

その人間の暮らしと空間との間にあって、空間にダイナミックな機能を要求するのが「時間」であり、日々刻々と変わるわれわれのライフスタイルを、どのように設計するか、それが時間をデザインすることである。空間は生きているのだから。

われわれが想像できるということは、必ず実現が可能ということである。だとすれば、想像力を働かせてこれまでの知識からできるだけ多くの未来を描いておけば、やがてそれが実現する日が訪れる。「スマートライフ」は、実現可能な未来の暮らしである

（渡辺仁史研究室編著『スマートライフ』
早稲田大学理工総研叢書No.24、パレードブックス、2011年）

人間・空間・そして時間

このように、われわれの生活の中には、3つの大切な「間」がある。ひとつは生活の主体である「人間」であり、2つ目は生活の場となる「空間」、そして3つ目が生活にいのちを与える「時間」である。これら3つの「間」が総合的に考えられて初めて快適な生活が実現できる。

従来の建築計画学あるいは設計で扱うことができたのは、人間と空間という物理的な目に見える世界だった。つまり設計（建築デザイン）は、せいぜい3次元までのシミュレーションに留まっていた。これまでの建築教育では「立体でものを考えられること」つまり、2次元と3次元の世界を自由に行き来できる能力を身につけることにひとつの主眼が置かれていた。

建築は、50年あるいは100年というかなり長い時間の単位で考えられてきたために、時間のあらゆる状態に対応できるようにデザインされてきた。「長く持つ」は、ひとつの目標であった。しかし、生活の変化が多様になり、人々の移動が活発で広範囲になると、必ずしも長く持つだけではない空間性能も要求され、もっと短い時間に対応した建築性能も必要になってきた。

それに拍車をかけたのがコミュニケーションの時間距離をゼロにすることを可能にした情報・メディアという技術であり、ますます「時間」に対する視点が、空間デザインに要求されるようになってきた。情報技術や情報システムは、時間という4次元の空間をデザインすることを可能にし、それによって建築や都市の考え方、さらにはその設計手法まで大きく変えようとしている。

デジタルデザインが、これからの空間デザインを大きく変えていくことは間違いないと思われる。そのためにはICT（Information and Communication Technology：情報通信技術）の導入も必要だが、何よりもこれまでの建築学の考え方を「時間」という概念の導入によって大きく変えなくてはいけないと思う。そして、これまで蓄積してきた知識を、時間軸に沿って、テキスト、イメージ、動画などを再整理し、あらゆるメディアを駆使してデータベースとすることが望まれる。

そのためには、目に見えない「時間」の概念や人間あるいは空間との関係を、目に見えるようにする必要がある。歴史年表やタイムラインはテキストによる過去の時系列表現であるが、空間的な広がりや未来を見据えるためには、文字だけではなく「絵」として時間が表現されると分かりやすい。個人によって異なる時間の感覚をどのようにして「絵」にするのか、どのようにしてモデル化し、ダイアグラムとして表現するのかが、今求められる新しい課題である。

人間―空間―時間の関係。人間を時間という概念で捉えると、その行動の推移が空間の状態を反映していることが分かる。また空間を時間という視点で捉えると、そこには情報が不可欠であることも明らかになってくる。さらに人間と空間との関わりを評価する指標として健康が挙げられる。このように3つの「間」を通して建築の世界を把握することが必要である

「動く」ことで見える世界

時間の概念を導入して、新しい空間デザインを試みるためには、「時間」をモデル化しておく必要がある。そのひとつの重要な捉え方が「動く」ことで観察される変化を定義することである。つまり時間の経過、場所の移動、状態の変化などを、一定のモデルあるいは数学的なモデルで記述し、さらにはこれを視覚的に表現することである。

さらに、建築や都市のデザインプロセスの中で、その利用者の視点に立つことは、まぎれもなく生活という日々動いている人間の行動を設計計画の評価の指標とすることであり、そのためにはまず人間の行動（いつ、どこで、どのくらい、何をして、どう変わったか）を知ることから始めなくてはならない。

交通網の発達により、世界は狭くなったと言葉で表現することがあるが、これでは抽象的すぎて共通の理解が得られない。それを、1967年に杉浦康平氏は「時間地図」(p.232参照) というまったく新しい視覚的表現で、その変化を示してみせてくれた。これまで地理的な姿で示されてきた日本地図を、時間という尺度を導入して変形してみるなどという発想は、まったく新しい世界の捉え方であり、これによりさまざまなことが明らかになった。というより、われわれの空間の広がりや知識で捉えられたイメージにより近いものが得られ、逆に意外な事実がそこから読み取れるようにもなった。

このようなセンスが、時間をデザインする場合には必要であり、従来のようなリアルな世界と一対一で対応した図面表現に代わる技術や手法が求められる。「動く」もの、あるいは「動く」ことを知ることは、そこに「時間」という4次元のファクターが入り込むということであり、従来の設計図書では表現できない新しい評価軸を導入するということにほかならない。

行動を予測する

時間という概念を導入して、建築や都市空間を見ようとする時に欠かせないのが、そこを利用する人間の行動である。行動を観察することで、空間に固有の特性が明らかになるが、これは時間とともに、あるいは曜日、さらには季節によりその特性が異なることも分かっている。あらかじめ、空間に特有の性格が予測・評価できれば、それに対応した設計が可能となる。

これまでにも、建築や都市空間で「時間」を把握するために、さまざまな指標が使われてきた。時間とともに人間の「数」が変化することを捉えるために「断面交通量変動」が、時間とともに群集の「位置」が変化することを記録するために「軌跡図」が、時間とともに人々の身体的あるいは生理的さらには心理的な「状態」が変化することを記述するために、数学のオートマトンによる「遷移図」が適用されるなど、定量的、定性的にさまざまな表現が工夫されてきた。

そして、これらの結果を建築の設計に生かすために、設計案を「動く」という視点から評価できるモデルを作成することによって初めて、先の時間が読める、つまり新しい空間

で人々がどうやって動くかを予測することが可能になるわけである。

膨大な行動調査のデータの中から「変化」を捉えること、すなわち、動きの履歴の中に共通するあるいは特徴的なルールを見つけ、その行動特性を解明したうえで、そのルールを汎用的なモデルにするという行動科学的なアプローチの研究が、ここにきて成果を出し始めている。

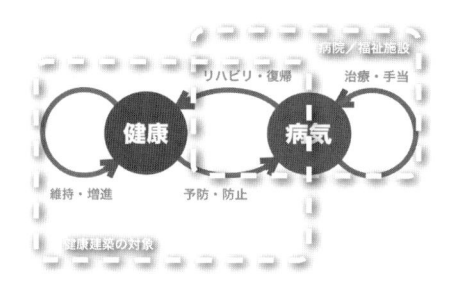

オートマトン遷移図。単純に考えても、人間の身体的状態には「健康」な状態と、「病気」という2つの状態があり、時間とともに推移している。従来の建築計画では、病気の状態を対象にしたアプローチがほとんどであり、健康を維持増進するための建築計画あるいは設計という概念はあまり重視されてこなかった。しかし状態推移を図化すると、両者の関係で対象を捉えなくてはいけないことが見えてくる

人間の行動予測に基づく計画例

具体的には、1975年の沖縄海洋博覧会の会場構成や施設配置計画への適用、1980年代の超高層建築からの避難安全性の客観的な評価が可能になり、近年では、兵庫県・明石花火大会における歩道橋での群集事故（2001年）の原因解明、ニューヨーク近代美術館（MoMA）での回遊動線への提言、東京都葛西臨海水族園での水槽配置計画への適用、鉄道駅コンコースでの群集誘導、さらに百貨店におけるイベント開催時の来客誘導への適用など、主として不特定多数の人が集まる施設での人間の「動き」の評価に使われることが多く、施設計画の見直しや新たな対策が立てられるなど有効に活用されてきた。

このように、行動を予測するということは、未来の時間を、今に引き寄せ、設計の時点であらかじめ有効な対策を立てられるということであり、まさに「時間をデザインする」こととなのである。

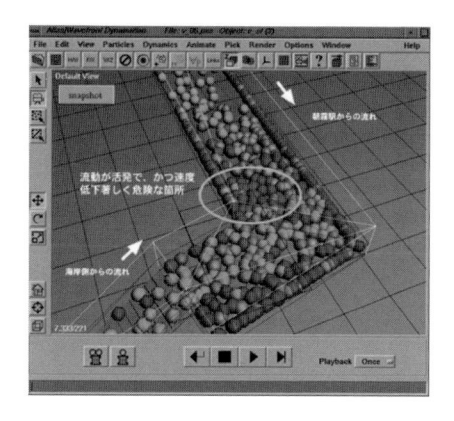

兵庫県・明石花火大会歩道橋事故の再現。事故が起きた箇所に、想定以上の群集の状態をシミュレーションにより再現している。あらかじめこのような行動予測を行っておけば、通路幅員の検討、階段やエレベーターの設置箇所が適切かどうかを、建設以前に客観的に評価でき、設計にフィードバックできる

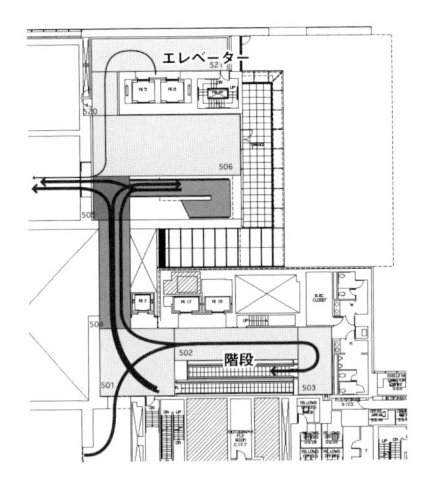

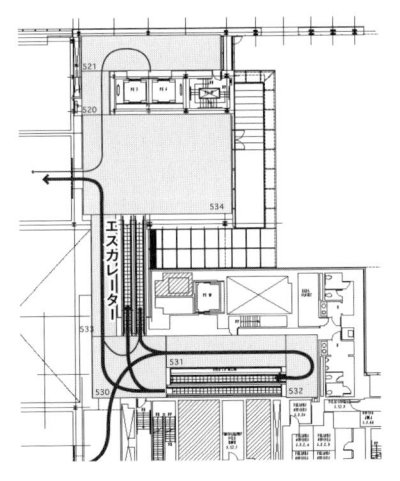

時間のデザイン

建築や都市を考える時の3つの「間（空間、人間、時間）」のうち、本書では主として「時間と空間」との関係を視覚的に捉えるという試みを行っている。時間も空間もスケールをもっている。それをどのように捉え、どのように表現するか、この本では16の視点から読み解いている。これほど多様な捉え方を一冊にまとめたものは他に類を見ない。その16の視点でまとめたものを改めて眺めてみると、そこには「人間」の営みや暮らしに対する深い愛が浮かび上がってくる。時間をデザインすることは、空間としてそれをかたちに表現することであり、そこでの人間の「生」を演出することにほかならないことに気づいていただけると思う。早稲田大学の建築学科に、池原義郎先生を中心とする「人間ー空間系の研究会」が発足して40年、今新たに「時間ー空間研究会」としての成果をまとめることができた。次の目標は「人間と時間」という壮大なテーマに取りかかることである。

MoMAにおける内部通路の検討。最上階に不特定多数が集まるイベントホールがあるが、ここに直接エレベーターなどでアプローチすると混乱するということで、MoMA事務局は1階下のフロアから階段で誘導する案を提示した（左）。これに対し谷口（吉生）建築設計研究所はエスカレーターによるスムーズな誘導を、動線シミュレーション結果をもとに提案した（右）。当初、エスカレーターが美術館内から視覚的に目立つということでMoMA側は反対したが、観客の安全を行動予測から納得し、設計者側の案が実施されることになった

Contents

時間のデザイン　　　　　　　　　　　渡辺仁史　　12
この本の読み方　　　　　　　　　　　白井宏昌　　20

01　瞬間　　　Moment　　26
インタビュー：ホンマタカシ
写真における時間と空間　　32

02　履歴　　　Log　　38
インタビュー：藤村龍至
超線形設計プロセスと履歴の関係　　44

03　同時性　　Simultaneous　　50
インタビュー：長坂常
1/1で考えるということ　　56

04　速度　　　Speed　　64
インタビュー：廣村正彰
「意識の発火」をうながすデザイン　　70

05　一時的　　Temporary　　76
インタビュー：猪熊純
シェアと「時間」を巡って　　82
インタビュー：山本陽一
テンポラリーな空間の可能性　　87

06　持続　　　Sustainability　　92
インタビュー：秋田道夫
時間と向き合うデザイン　　98

07　遷移　　　Transition　　104
インタビュー：内藤廣
空間の価値としての時間軸をつくる　　110
インタビュー：宮城俊作
変化する時間をデザインする　　115

08　進化　　　Evolution　　120
インタビュー：平田晃久
時間の「からまりしろ」から
生まれるデザイン　　126

アジアで感じる時間　　　　　　　　　　　　横木真理子　　62
「時間」の対義語　　　　　　　　　　　　　山本陽一　　103
未来は良くなる　　　　　　　　　　　　　　林田和人　　159
リーマン・ショックという「転換」が都市にもたらしたもの　　白井宏昌　　171
蓄積される生活の痕跡　　　　　　　　　　　小池太輔　　199
デザイナーにおける時間と時間軸の考察　　　加藤孝司　　236

09	シークエンス	Sequence	132
	インタビュー：中原慎一郎	理想的な風景をつくる	138
	インタビュー：石川初	空間と時間のストーリー	143
10	軌跡	Trace	148
	インタビュー：中村拓志	行動をデザインする	154
11	転換	Conversion	160
	インタビュー：リッキー・バーデット	オリンピック都市における「都市の転換」	166
12	リズム	Rhythm	172
	インタビュー：南後由和	都市の奏でるリズム	178
	インタビュー：白井宏昌	都市のリズムを再編する	183
13	蓄積	Accumulation	188
	インタビュー：柳本浩市	データベースか、もののアーカイブか	194
14	密度	Density	200
	インタビュー：石上純也	空間を構成するあたらしい要素を考える	206
15	予測	Prediction	212
	インタビュー：金田充弘	予測と変化	218
16	歪める	Distortion	224
	インタビュー：杉浦康平	伸び縮みする「時間の襞」	230

あとがき　238
執筆者紹介　239

この本の読み方

白井宏昌

　この本は建築計画を専門とする早稲田大学創造理工学部建築学科 渡辺仁史研究室のメンバーおよびその卒業生などで構成された「時間―空間研究会」の、現時点での成果をまとめたものである。この研究会が始まったきっかけは、研究室の建築、都市空間に関するこれまでの研究成果を「時間」という切り口から紐解いてみようと考えたことにある。約40年の間に蓄積された膨大な論文からは「時間」にまつわる魅力的な言葉が引き出され、さらにはこれまで一見無関係と思われていた研究どうしが、「時間」という切り口ではとても密接に結びつくような発見もあった。また、[リズム]や時間による空間の[歪み]など、私たちがふだん建築や都市を語るうえであまり耳にしないような言葉を見出すこともできたのはちょっとした驚きだった。

　「時間」と「空間」に関する議論を始めて、私たちは両者の関わりを表す言葉とその可視化の手法が想像以上にたくさんあることに大きな興味を覚えるとともに、これまで建築あるいは都市を扱った書物で「時間」と名の付くものは意外と少ないことに驚いた。それでも「時間」と聞いてまず浮かぶのは、ジークフリード・ギーディオンが1941年に出版した『空間・時間・建築』であろう。この名著を読み返してみると、「時間」という言葉が直接用いられることは少ないものの、そこには現代建築が時間の遷移とともに形成されてきた歴史と、「空間」に豊かさをもたらす第4の次元としての「時間」の存在を感じずにはいられない。そして、建築・都市「空間」と「時間」の関わりの中で、多く語られてきたのが「時間」の経化とともに、変わりゆく「空間」というテーマである。時間とともに朽ちてゆく建築の有り様をさまざまな視点から描き出したモーセン・ムスタファヴィらによる『時間のなかの建築』。あるいは、ケヴィン・リンチが都市環境の時間的変化について考察した『時間の中の都市』。さらには居住空間の変容を扱った日本女子大学高橋研究室の会『時間の中の住まい』や、「時間」という名がタイトルにつかないものの、居住者の経験によってつくられる時空間としての住まいを追求した多木浩二の名著『生きられた家』も挙げることができよう。

　これらの書は「時間」の線形性に注目して、「空間」の変容について書かれているが、その「時間」のもつ線形性に知的な遊びを見出した書もある。磯崎新、土居義岳による『建築と時間』は、建築家磯崎新が自身も含めた建築史という時間軸の中で自在に跳び回る思考を、建築史家の土居義岳が問い直すというも

のだ。両者の対話が読者を知的な時間の旅に誘う。また20世紀の巨匠ル・コルビュジエが描いた建築図を、その「過去」「現在」「未来」と時間上での視点の置き方を変えることにより、多様に描き出した、加藤道夫の『ル・コルビュジエ 建築図が語る空間と時間』も「時間」という線形性の中を自由に動き回ることで、「空間」に新たな解釈を得ようと試みたものとして理解できよう。さらには、永続的な「時間」を意識した設計デザインを見つけることも可能だ。「時間」の永続性と真摯に向き合い、そこで有効な設計手法を説いたクリストファー・アレグザンダーの『時を超えた建設の道』。これとは異なり、1分、1年、100年、1,000年と、異なる「時間」の抽出方法によって異なる都市デザインを考察したワークショップをまとめた書籍『時間都市 時間のポリフォニーとしての都市像』などがこの部類にあたるだろう。また、五十嵐太郎による『現代建築に関する16章 空間、時間そして世界』のように現代建築を語ることで、今日の「時間」にまつわる課題をあぶりだしていこうという書もある。

これらの書に加え、タイトルに「時間」という文字がなくても、そこに「時間」を意識した書は数多く存在する。それでもやはり「時間」をテーマに扱ったものは、「空間」について書かれたものに対し圧倒的に少ない。そして何よりも、私たちがこれまでの研究会の中から発見してきた、私たちの身の回りに存在する建築・都市「空間」と「時間」の多様な関わりを包括的に紹介しているような書が見当たらないことは、出版への大きなモチベーションとなった。建築・都市分野で、「時

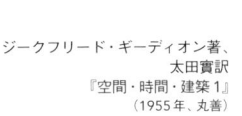

ジークフリード・ギーディオン著、太田實訳
『空間・時間・建築1』
(1955年、丸善)

モーセン・ムスタファヴィ、デイヴィッド・レザボロー著、黒石いずみ訳
『時間のなかの建築』
(1999年、鹿島出版会)

ケヴィン・リンチ著、東京大学大谷研究室訳
『時間の中の都市』
(1974年初版。2010年、新装版SD選書、鹿島出版会)

日本女子大学高橋研究室の会
『時間の中の住まい 高橋公子と五つの住まいの現在』
(2003年、彰国社)

多木浩二『生きられた家』
(1984年、青土社。現在は2001年、岩波学術文庫)

間」と名のつく新たな書をつくること。そして「時間」と「空間」の多様な関わりを、できるだけ視覚的に見せる書籍ができないかと考えるに至ったのである。

　実際、「時間」と「空間」の多様な関わりは、日々の設計活動でも多く感じることである。設計プロセスには、打ち合わせ記録の[**履歴**]、空間の[**シークエンス**]、あるいは構造・環境の[**予測**]といったさまざまな「時間軸」を含むモノやコトが多く関わり、また実現した建築・都市空間でも素材の[**遷移**]など、設計者は常に「時間」と対峙しているといっても過言ではない。そして2011年に起きた東日本大震災は、設計者にとって「時間」をデザインすることの重要性を認識させる大きな[**転換**]期になったのではないだろうか。未曽有の災害に遭遇した被災地には、多様な「時間」が存在する。短期的には、人々が[**一時的**]に生活する場を提供するのに多様なアイデアが求められ、長期的には、これまで、そこに[**蓄積**]された時間を考えながら、今後、建築・都市をどのように[**持続**]していくかを考えることが必要になってくる。また、被災地を個別に見ていると、その復興の[**速度**]にはかなり差が生じていることを感じずにはいられない。これらさまざまな「時間」に向き合うことを経験した後では、「空間」をデザインすることは「時間」をデザインすることになっていくようにも感じられる。

　そして、建築・都市を設計することとは「イメージを用いたストーリーの構築」だとすると、今後、そこに「時間」という要素を入れることが求められる私たちにとって、「時間」をいかに可視化するかという問題は大変重要

磯崎新、土居義岳
『対論 建築と時間』
（2001年、岩波書店）

加藤道夫
『ル・コルビュジエ
建築図が語る空間と時間』
（2011年、丸善）

クリストファー・
アレグザンダー著、
平田翰那訳
『時を超えた建設の道』
（1993年、鹿島出版会）

伊藤公文、松永直美編
『時間都市 時間の
ポリフォニーとしての都市像』
（2003年、東京電機大学出版局）

五十嵐太郎
『現代建築に関する16章
空間、時間そして世界』
（2006年、講談社）

な課題となるはずだ。そのために過去の事例から学ぶことは多い。たとえば、波と富士の大きさと位置関係が倒錯するような葛飾北斎の『冨嶽三十六景』「神奈川沖浪裏」の絵など、作者が意図的に切り取った空間の[**瞬間**]を描いた絵画を私たちは多く目にしている。また、ひとつの空間の中で多くの人々が喋っている様が、いくつもの吹き出しにより表現される漫画の世界は空間の[**同時性**]を強烈に表現する。これまで描かれてきた多くの図像を見ていると、「時間」と「空間」の関わりを可視化する手法もじつに多様であることが理解できる。またその表現媒体をさらに広げて見てみると、月の[**軌跡**]など、ある空間の中で事物の時間的変化を客観的に記録する写真や、宇宙空間の星雲の変化など、空間の時間的変容を事物の[**密度**]で表現する科学的なアプローチまで、その探究は果てしなく続けることができるように思える。

これらの「時間」と「空間」に対する興味を、本という物理的な限度がある媒体の中で表現するために、私たちは「時間」と「空間」をつなぐ16のキーワードを選んで章立てし、それぞれのキーワードに対して可視化の事例、分析方法、そしてデザインへの展開と3つの切り口から考察してみることにした。16のキーワードは「時間」そのものの性格を表したものから、それにより物事が変化する様を表したものなど多岐にわたるが、それぞれを共通の切り口で読み解いていこうというものである。各章の最初は、キーワードを表す象徴的な絵画、漫画、写真、グラフィックなどの表現例を紹介し、「時間」を可視化する際の手法とその背景にある思想をわずかだか覗いてみた。その意味でこの部分は各キーワードのイントロダクション的な性格ももつ。次にそのキーワードをテーマとした建築・都市空間における研究や分析を取り上げた。ここでは渡辺仁史研究室のこれまでの膨大な研究データベースから、いくつかの論文を抽出し、その分析の視点を図版によって視覚的に説明することを試みている。章の最後は、そのキーワードが社会の中でどのように展開されているかを、現役のデザイナーや研究者にインタビューした。インタビューには、建築家はもとより、ランドスケープアーキテクト、写真家、社会学・都市学者、グラフィックデザイナーまで、多様な人選を試みている。幅広いジャンルの人に話をうかがうことで、「時間」と「空間」に関するより広い見識が得られると期待したためであり、実際、独自の視点で「時間」をデザインに引き込もうとする彼らの言葉は多くの示唆に富んでいた。

なぜ、この16のキーワードなのか？ ほかにも「時間」と「空間」を結びつけるキーワードはないのだろうか？ という疑問は湧いてきて当然だろうし、この本で話をうかがった以外にも、「時間」を意識して仕事をされているデザイナーは多数存在するのは承知である。また、それぞれのキーワードに沿って展開される可視化の事例、研究、デザインの関連性も、未検討である。本書の冒頭で、この本が私たちの「現時点での」成果をまとめたものとあえていったのは、私たちの探究はこれからも続いていくという意志も込められている。その意味でもこの本によって、今後、ますます「時間」と「空間」に関する議論が活発になればと思う次第である。

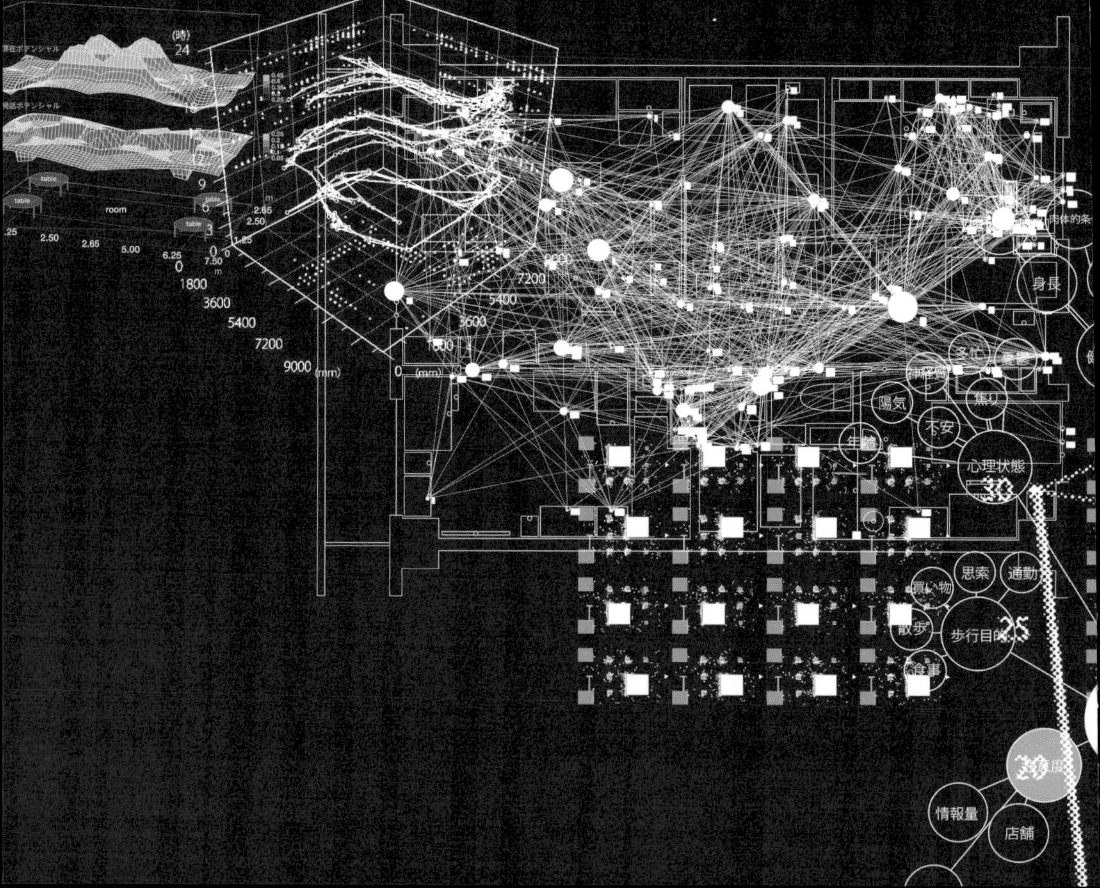

(時)
24
table
room
(mm)
身長
多忙
神経質
陽気
焦り
不安
年齢
心理状態
思索
通勤
買い物
散歩
歩行目的
食事
情報量
店舗

時間のデザイン

瞬間　　Moment

しゅん-かん【瞬間】
［名］きわめて短い時間。またたく間。つかの間。また、何かをした、そのとたん。

瞬間の切り取り

『冨嶽三十六景』は葛飾北斎が富士山を中心に据えて描いた浮世絵である。その中の「神奈川沖浪裏」においては"波"という連続的に変化し続ける存在をある瞬間に限定して着目することで、流動的な事象を2次元へ落とし込んでいる。富士山を超える高さの波などあり得ないが、デフォルメした表現を用いることで、写真では表現しきれない非日常性を映し出すことを可能としている。

流れの中の瞬間 ── その希少性

エジプト・アブシンベル宮殿は紀元前1250年頃にラムセス2世が建造した。この宮殿内には多くの像が飾られているが、その中でも特別な機会にのみ鑑賞することができる像が存在する。それはラムセス2世の生誕の日と、王に即位した日の年2回だが、その日に合わせて太陽の光が最深部（至聖所）に設置された4体の神々の像に差し込むよう設計されており、それによって一種の壮大なパフォーマンスを実現している。流れ続ける時間の中で、ある決定的瞬間に限定して着目することで「希少性」をもたらす。裏を返すと決定的でない瞬間の存在が「希少性」を引き出している。

fig.1 葛飾北斎『冨嶽三十六景』「神奈川沖浪裏」（所蔵：東京国立博物館　Image : TNM Image Archives）

01

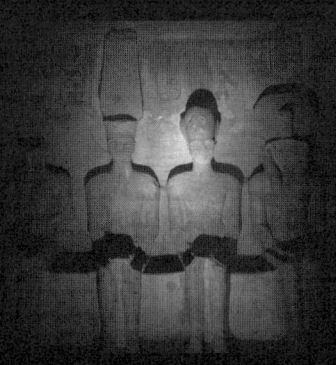

fig.2 アブシンベル宮殿
（出典：Dennis Jarvis, Egypt-10C0-24, http://www.flickr.com/photos/archer10/2216683271/）

fig.3 高森朝雄原作、ちばてつや画『あしたのジョー』
（© 高森朝雄・ちばてつや／講談社）

前後関係の中の瞬間

ボクシングをテーマにした漫画『あしたのジョー』の中で主人公〈矢吹丈〉とそのライバルにあたる〈力石徹〉の試合が行われる。白熱する試合の中、丈の必殺技であるクロスカウンターが炸裂した瞬間を描いた漫画独自のコマ割・作画が、強い衝撃による両者へのダメージの深さを表現している。同時に、作中で試合を見守る観客・漫画を読み進めてきた読者の視線を静止させ、そのシーンへと意識を引き込んでいる。前述の『冨嶽三十六景』のように単独の絵で"瞬間を切り取る"のに対し、漫画の"瞬間を切り取る"表現では、複数の絵（コマ）を並べた連続的なストーリーから構成され、前後のコマの大きさや配置、テキスト表現などのあらゆる要素が、ある「瞬間」を際立たせるために機能しているといえる。

瞬間のデザイン

これらに見られるようにメディアによっても「瞬間」の表現は異なる。また、私たちが生活する実空間で瞬間を捉えることがある。とくに、生じた出来事の特徴的な「瞬間」を無意識のうちに切り取って記憶に残すことが多い。衝撃的なものと出会った時ほど、この現象は顕著に現れる。時間の流れの中で、特定の事象に対して全体を一様に傍観するのではなく、際立つ一点に注目することで、事象の潜在的特徴を顕在化し全体の印象へと拡張していくことが「瞬間」を捉えることで可能となる。また、逆にある瞬間以外の時間を演出することで、その瞬間を特徴的なそれへと足らしめることができるといえる。瞬間とそれ以外の場面とのコントラストが強ければ強いほど、その瞬間は鮮やかに人々の意識に刻まれるのである。

Analysis : [瞬間]の分析

fig.4 人の人数や位置が入店の瞬間的な判断材料となる

　商業施設内で散策している時、交差点などの分岐点で次に進む通路を選択する場合や、数多くの店舗から入る店舗を選択する場合には、それまでの行動の履歴を加味したうえで、私たちは瞬間的に判断を下している。たとえば交差点であれば、通路の幅や天井の高さ、先の明るさなども決定の要因の一部となっており、また店舗を選択する場合には、店舗の明るさや店内の混雑具合などのさまざまな要因が入店の決定に関わっている。

瞬間の判断

　瞬間、瞬間において、人間は空間から視覚、聴覚、嗅覚などの情報を得ている。そして、それらの情報を咀嚼し、自分の状態などと照らし合わせ総合的に判断し行動している。

　たとえば、商業施設内を目的もなくブラブラと回遊している際にも、店舗自体の空間、色、素材、照明、また店舗から漂う匂いなどを感じ取り、自分の興味などと対応させ、入店するのか、まだ歩き続けるのかを決定している。入店した履歴などそれまでの行動、疲労などの体調的な状態、また趣向などは個人ごとに異なるので、同じ空間を歩行していても瞬間の判断は各々で異なる。

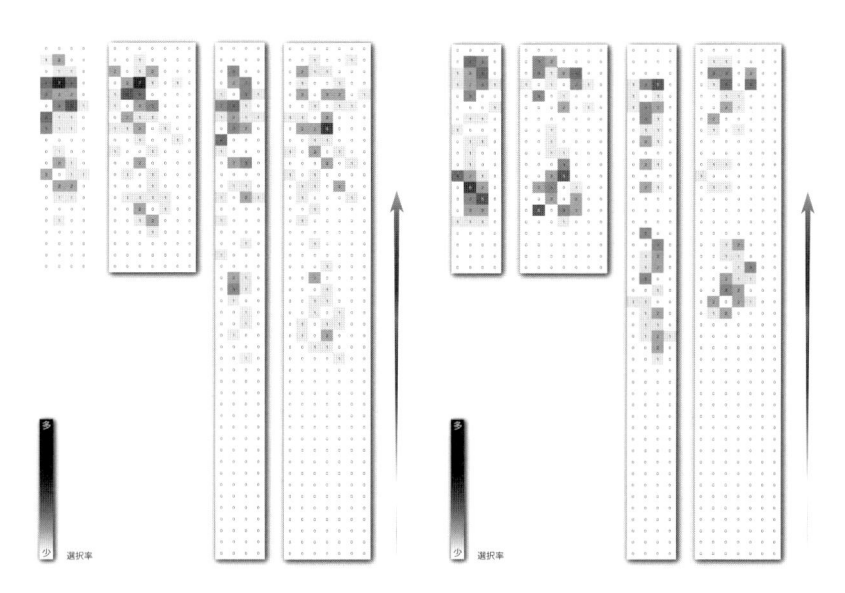

fig.5 街路でのひったくりの情動を引き起こす地点（左：全体的に明るい道、右：曲がり角が明るい道）

　また、空間の情報は、人間に対して雰囲気的な感覚を与えるだけではなく、たとえばサインのない空間からその空間をトイレではないかと感じさせるような、つまり空間からその空間の機能を類推させるといった、人間の第六感的な感覚に対しても働きかける。

人による空間演出

　店舗に入るかどうかを決める際には、店舗が発信する空間の情報だけではなく、そこにいる人も要因のひとつとなる。たとえば、店の中で商品を物色している人、レジの順番を待っている人、店舗前を歩いている人、店舗前で立ち話をしている人、店舗で子供を遊ばせている人、店舗内で休憩する人、店舗前のショーケースを見ている人といったように、人による店舗の演出（**fig.4**）も入店する際の判断材料となっている。

空間による情動のコントロール

　路上犯罪を防止するには、たとえば夜回りのような人的な努力、防犯灯の増設や新たな設置、また照度のコントロールなどの空間的な配慮など、さまざまな工夫がある。この空間的な配慮には、監視カメラを多数設置するといったハード的な工夫とともに、空間構成によって犯罪を犯さない気持ちにさせる心理的な工夫があり、どちらも空間デザインの仕

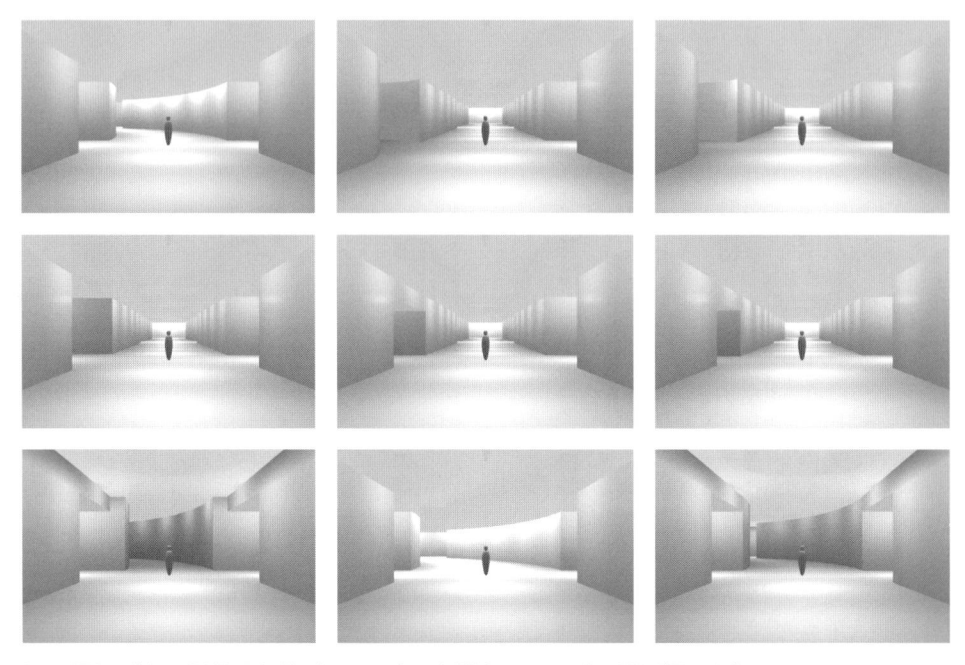

fig.6　照明、天井高さ、通路幅、通路形状を変えたさまざまな空間構成においてその先の空間を瞬間的に類推する

事である。

　たとえば街路の長さや交差点の位置、また街灯や自動販売機の位置などを、その場から逃走しにくいと犯罪者が感じるように設計することは、路上犯罪抑止に効果がある。fig.5は、街路の長さや幅ごとに、ひったくりに及ぶ可能性を、街灯、集合住宅、商業施設、自動販売機、可視領域など街路空間を構成する要素との関係で、濃淡のついたメッシュで示している。

空間機能の類推

　商業施設では利用客が快適に買物できるように、休憩施設の充実、通路の拡幅などさまざまな工夫が施されているが、空間の機能を示すサインがあふれかえり空間の統一感を壊してしまっている。逆に、サインがあふれかえっているという理由でサインを排除しすぎ、分かりにくい空間になってしまっている事例もある。

　通路を歩いている時、あっちのほうに駐車場があるのではないか、トイレがあるのではないかとふと思ったことがあるだろう。これは第六感、つまり経験から来るデジャブのようなもので、過去に体験した空間との類似性から空間の機能を類推しているのである。

　そこで、今いる場所から先の空間の照明、

天井の高さ、通路幅、通路の曲がり具合を変えたCGを見せ、出入り口、広場、エスカレーター、階段、トイレ、エレベーター、喫煙所、駐車場、非常階段のどれが先にあるかを類推させる実験（fig.6）を行った。

デザインによる感性のコントロール

店舗を人で演出することで入りやすい店舗へと変貌させ、住宅街の街路の構成を操作することで路上犯罪を起こす気にならない路上を実現し、電車の車両内部の空間構成要素をうまく配置することで、痴漢や車内暴力を防ぐ車両ができるかもしれない。

また、これからの大規模空間にとって、歩いているだけで2次元、3次元的にその空間が理解でき、トイレや休憩施設、またエレベーターなどがどこにあるのかを無意識に把握できることは、安全の面からも必要な条件である。

「人が利用している状態を考慮した店舗空間の印象評価に関する研究」永田晃一、2007／「犯罪者心理・行動特性に基づく防犯環境設計CPTED―路上犯罪軽減のための街路設計―」入江貴之、2009／「商業施設における通路の構成要素によるアメニティスペースの想起に関する研究」阿部真大、2007

Design：［瞬間］のデザイン

写真における時間と空間
ホンマタカシ
（写真家）

ほんま・たかし
1962年東京都生まれ。主な作品に『Babyland』（リトルモア、1995年）、『Hyper Ballad: Icelandic Suburban Landscapes』（スイッチ・パブリッシング、1997年）、『東京郊外 TOKYO SUBURBIA』（光琳社出版、1998年）、『東京の子供』（リトルモア、2001年）、『TOKYO』（Aperture、2008年）、『M』（Gallery 360°、2010年）他、多数。2010年より東京造形大学大学院客員教授。

決定的瞬間はない？

——ホンマさんの著書『たのしい写真』（平凡社、2009年）では、「決定的瞬間」と「ニューカラー」という2つの概念が対比的に述べられていました。「決定的瞬間」は文字どおりある一瞬を、「ニューカラー」はどこにでもある日常、ジェネリックな状況のことだと思うのですが、どこにでもある日常というのは、長い歴史の目から見ると「一瞬」と言い換えることもできると思います。「瞬間」の捉え方も、時間軸をどう捉えるかでだいぶ変わってくると思うのですが。

　今いった意味においては、まったくそのとおりなんじゃないでしょうか。今この瞬間はこの時しかないわけで、その意味ではそれも「瞬間」といえるのですが、「写真を撮る」という行為でいうと、やはり「瞬間」はないのではないかと僕は考えています。

　よく写真家が一瞬のすごくよい表情を捉えたといいますが、本当はどの瞬間であっても別にいいと思うんです。その意味で僕はどちらかというと「ニューカラー」派ということなんですね。ただ、歴史のなかから見たら、この時って今しかないというのはまさにそのとおりだと思います。

——なるほど。実際にホンマさんが撮られている日常的な風景でも、長い歴史の目で見たら、特殊なところを見ているという意識はありますか？

　そうですね。それこそ僕らが生きている時間なんて、地球の歴史からしたら一瞬しかないわけじゃないですか。当然ながら自分が生きている時代しか写真には撮れないわけですから、それはそうだと思うのですが、それは時間なのか、空間なのか、どのレベルで見るかによって変わってくると思います。僕は

「決定的瞬間」というのは写真的行為において、重要じゃないという立場をとっているというだけです。

――それはすべての瞬間が等価だからということですか。

そうですね。

スペシフィックに撮るか、ジェネリックに撮るか?

――ホンマさんのお仕事には建築家が設計した建築を撮影したものと同時に、匿名的な郊外の風景を撮影したものがあります。オランダの建築家レム・コールハースは、都市のリサーチの際にスペシフィックなものとジェネリックなものとよくいうのですが、ホンマさんご自身は建築空間や都市空間を撮影する時に、スペシフィックなものとジェネリックなものの関係についてどのような意識をおもちですか?

僕にとってはスペシフィックなものをジェネリックに撮るほうがしっくりきます。むしろジェネリックとスペシフィックを分けないほうに興味があるというべきでしょうか。だからコールハースが『S, M, L, XL』を出版する前に『ジェネリック・シティ』を出しましたが、あれを見た時に、自分がやりたいことにすごく近い感じがしました。

THE HOUSE IN BORDEAUX（2001年）

──それは「すべてが等価値だ」というお考えとつながるのですね。

　そうですね。スペシフィックなものをジェネリックにすることに興味があるのかもしれません。

──それはやはり視点の問題、あるいは自分がそういう視点をもって写真という媒体を使って示すことに興味があるということでしょうか。

　今いわれたのは、スペシフィックとジェネリック、strange(＝一風変わったもの)とfamiliar(＝ありふれた)ということと似ていると思うのですが、写真家ってやっぱり変なものを探して撮影をするのだけど、僕はそれだけじゃつまらないと思っています。それはやはり一風変わったものを、familiarなものに変えてく過程、結果的にそれがfamiliarなものに見えることに興味があるのかもしれません。逆にいうと、familiarなものというか、何の変哲のないものをすごく重要なもののように撮るという、その意味の置き換えみたいなことに興味があります。

写真を撮る際の「見え」について

──ホンマさんが作品を撮られる時の構図の決め方や、空間と時間をどう区切るかということについて教えていただけますか。

WAVES（2003年）

そこは秘密、あるいは魔法のうちのひとつですね（笑）。でも明らかに、「決定的瞬間」がないということを、自分のなかではっきりと確信をもった時から、写真を撮る「見え」がまるっきり変わったとは思います。

――それは写真をはじめた頃から「決定的瞬間」がないというスタンスでやられていたわけではなく、ある時から意識したということでしょうか？

誰もが「決定的瞬間」というけど、本当にそうなのかな？　という気持ちは最初からありました。でもその後しばらく経ってからアフォーダンスについて書かれた知覚心理学者のジェームズ・J・ギブソンの本を読んでそれがはっきりと分かったし、腑に落ちました。

――アフォーダンスの環境が情報をもっていて語りかけてくる、ということは、ギブソンの本を読んで意識されたのでしょうか。

ファインダーを覗いていて薄々感じていたことが言語化されたという感じでした。環境が情報を埋蔵しているという以外に、「絶対的な瞬間はない」ということをギブソンは書いていてそれではっきりとしました。

――なるほど。では被写体から影響を受けたことはありますか？　たとえば『たのしい写真』では、波を撮ることについて詳しく述べられていますが、被写体から自分のキーとなるアイデアが出てくるということはあるので

TRAILS（2009年）

しょうか。

　とくにはありませんが、「時間」と「決定的瞬間」という意味では、波の写真は、全部同じだけど全部違うということがすごく面白いと思いました。波の写真は先ほどお話ししたギブソンの理論を端的に示した被写体というか作品のひとつだと思います。

自分のクリエーションを超えるもの

──作品をつくる時に、別にそこで終わらなくてもよかった、たまたまそこの時点である媒体に出ただけ、という感覚というのはありますか。

　自分のなかでは絶えずそれはあります。僕は撮影する時に、失敗込みじゃないと絶対にいいものはできないと思っているんです。だからいつも合格点の写真を撮れる人って、逆に満点の写真は撮れないと思うんです。僕はなんか、写ってないかもしれないぐらいのことは、自分のなかでは折り込み済みです。

──よくいわれることですけど、ヒットを打つんじゃなくて、三振してもいいからホームランを打ちたい、という感じですか。

　そうですね（笑）。ヒットの延長線上にはホームランはないと僕は思っています。

──やっぱりホームランは打ちにいかないと。

　（笑）半分冗談ですけどね、そうじゃないと自分自身もつまらないと思うんですよね。僕は普段仕事ではフィルムの大きなカメラで撮っているので、デジタルカメラや一眼レフカメラと違って、実際に写真に撮っている瞬間というのは見えていないわけです。

　よくアマチュアの人と話す機会があるのですが、「自分が撮りたいように撮るにはどうすればいいですか？」という質問をされることがあります。僕は自分が見ているように写真に撮れたらつまらないと思っていて、どう撮っているか不安になりながらも、実際に写真が上がってきた時に、こんなの撮れていたのか！　みたいなことが最大の喜びです。

──じつはレムも似たようなことをいっていて、竣工後の空間の使われ方にすごく興味をもっています。それはやはり、自分の予測できないものが自分のクリエーションのなかにあるということを直感的に感じているからだと思います。今のホンマさんのお話をうかがっていて、近いものを感じました。

　僕自身も自分の写真がなるべく、そこで完結しきらないように気をつけています。それはすごく難しいのですが。

──オランダに働きに行って最初に僕（注：白井宏昌）が驚いたのは、スタディ模型をスタッフがつくって見せる時に日本ではどうしても完成形を選んでいくプロセスだったのですが、レムの事務所では、とくにオランダ人はそんな考えをもっていないんです。きれいでもないし完成度も低いものをつくって、「なんでこんなものつくったの？」と聞いたら、「これでディスカッションが起こればいい」って言う。そうした考え方ってやっぱりすごくオランダらしいなって思いました。

　そうですよね。じつはコールハースの予測できないものを受け入れるそのやり方って、今の大学の建築系の教育では普通にやられているのかもしれないけど、美術教育の場ではあまりやられていません。だからコールハース的な考え方が教育の現場でも、もっと広まればいいなって思いますけどね。

──デザインの世界では、オランダのデザインの手法もそうですし、教育の仕方にしてもそういうところがあると思います。それは逆に日本も、徐々にレムがやっているようなリサーチ重視のオランダデザインの手法や教育

に影響を受けた世代が教育の現場に行った時に、多分そういう手法も受け入れられる状況がくるんじゃないかと思うんですけど、世代的なこともあり、今はなかなかまだ難しいところがありますね。

それが表現でいいんだっていうふうに、なかなかならないですね。やっぱり日本ではまだ「アイデア」より「手」なんだなって気がします。

空間を「面」で捉える

——作品がさまざまな媒体に載ったり、あるいは展覧会みたいなかたちで、別の表現を生む瞬間があると思います。それってじつは建築にもすごく似ていると思っています。表現の表現、といった二重性に関しては、どのようにお考えですか？

建築なら一応建物というものが確実に一個はありますが、写真はそもそも最初からオリジナルというものがないし、写真は全部が二重性だと思うんですね。それこそ写真というもの自体とそのなかに写っているものの二重性というのもあるし、最初からそういう宿命をもっています。これは建築も同じですが、撮り手のものなのか、撮られた人のものなのか、という二重性もあります。だけどその二重性なるものが、写真のいちばん面白いところだなと思っています。

——「時間」と「空間」と聞いて思い浮かぶことを教えてください。

答えとして合っているかどうか分かりませんが、空間ということに関してギブソンは、ある空間を見る時に実際の空間のことは考えなくていいといっています。面とレイアウト、それと包囲光配列の構造だけ、それだけを考えればいいと書いています。

——空間の密度としてではなく面として考えるということですか？

そうです。面のレイアウトとして考えるということです。ある空間を撮る時に「空気感を撮る」みたいないい方をする人が多いのですが、実際は違うと僕は思っています。写真には面と面のレイアウトが写っていると思うので、漠然とした「空間」というものにとらわれていると写真として難しくなると思います。

——建築家にとっては空間だと思うのですが、建設をしてる人たちにとっては「空間」ではなく「面」なんですよね。

そうですよね。絶対「面」ですよね（笑）。

——壁をつくるという。

写真をやっていて思うのは、結局空間とは面の「圧」だと思うんです。たとえば、そこのドアがもう少しこっちにきたら空間がきついと人が感じるとしたら、それは面の圧がきついと考えてみるってことじゃないかと思うんです。

時間に関しては写真に関連した話しかできませんが、先ほど写真には「決定的瞬間」がないという話をしましたが、逆にいえばそれは、写真には時間しか写ってないということです。だからそのなかから「決定的瞬間」を探すという作業は、論理的におかしいと思っています。

よく写真ってムービーに比べて時間が写っていない、時間が表現されないみたいなことをいわれるのですが、写真って結局は時間しか写っていないんですよね。だいたいそういうことがギブソンの本には書いてあります（笑）。

履歴　　　　　　　Log

り-れき【履歴】
［名］①現在までに経てきた学業・職業など。経歴。②コンピュータで、過去に行われた通信の送信先・送信日時などの記録。

固定化された履歴

文字を発明した人類は、史実を記録として後世に残すために、石碑に文字を刻み込んだ。1799年、エジプト遠征を行ったナポレオン・ボナパルトは、ナイル河口の都市ロゼッタでひとつの石碑を発見する。後にロゼッタストーンと呼ばれる石碑である。そこに記された内容は、時の皇帝プトレマイオス5世への賞賛と礼拝の実施方法であり、ヘレニズム期の紀元前196年に開かれたメンフィスの宗教会議の布告を書き写したものだった。使われていた3種類の文字（ヒエログリフ［聖刻文字］・デモティック［民衆文字］・ギリシャ文字）の解読が非常に困難であったことから、解読、難問を表す隠喩としても用いられる。これは記録者の視点で物語として記された、石に固定化された履歴である。

fig.1　ロゼッタストーン　（© The Trustees of the British Museum）

02

無意識の履歴

私たちの生きる現代は、送り手と受け手が流動化し、誰もがwebを通して情報を受発信できる時代である。あらゆる空間での行動履歴は容易に記録され、無意識のうちに新しい情報の発信源となる。たとえばAmazonのリコメンデーション機能は「協調フィルタリング」と呼ばれ、過去の購入・閲覧履歴から一人ひとりの趣味や読書傾向を探り出し、それに合致すると思われる商品を自動的に推奨する。ここではすべての人の興味を限られたランキングに集約するのではなく、従来商業的に切り捨てられていた極少数の好みに対しても、相応しい情報を提供できる点に注目したい。無意識のうちに集められ、単体では意味をもたない履歴＝log（ログ）も、大量に収集し、事後的に任意の視点から眺めると、意味をもった情報となる。批評家の東浩紀は著書『一般意志2.0 ルソー、フロイト、グーグル』の中で、こうして集められた膨大な量の行動履歴とその公開が、やがてルソーのいう一般意志（共同体の意志）の新しいかたちになると指摘している。

fig.2　Amazonのリコメンデーション　（© Amazon.com, Inc.）

新しい都市の姿

現実の空間において私たちが目にする建築や都市の姿は、都市計画法や建築基準法による規制だけでなく、建築主のライフスタイル、経済的な制約などのさまざまな条件によってかたちづくられている。その意味でこれまでの建築や都市の姿は、固定化された履歴の集積であったといえる。東日本大震災の混乱を経て、多くの人々が近代都市の欠陥を明確に意識した。これから目指すべき新しい建築や都市のあり方は、固定化された履歴を乗り越えた先にある、ダイナミックな変化を伴うものであろう。先述の一般意志の形成過程は、そのダイナミックな変化の様相を示唆している。

Analysis : [履歴]の分析

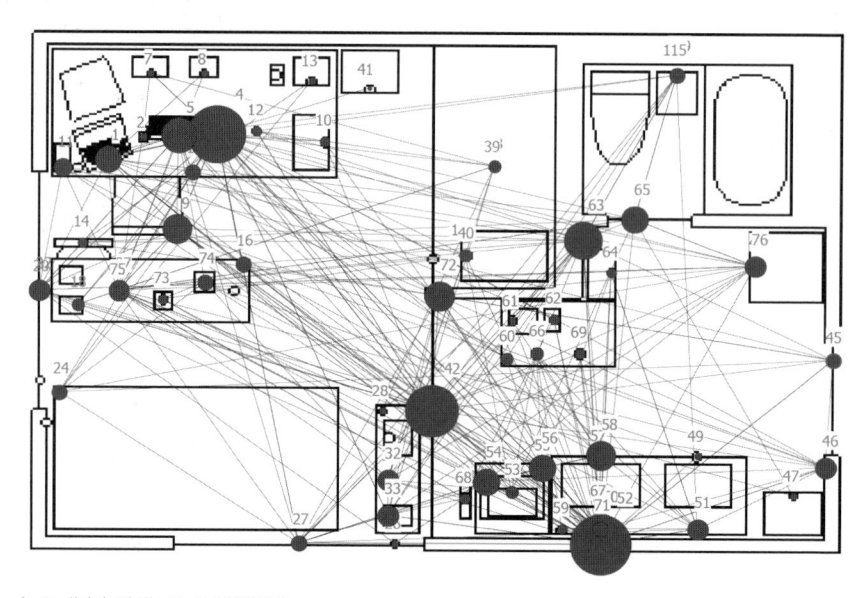

fig.3　住宅内の行動とモノとの接触履歴

いつどの通路を通り、どの店舗を訪れどの程度の時間滞在したか、またどこで休憩したかといった行動の履歴を記録する。そして、その行動の履歴から属性別、たとえば世代別の特徴が見出せれば、それを高齢者向けや若者向けなど、特定の属性にターゲットをあてた商業施設の店舗配置計画に生かすことができる。

また、空間における人間の行動を時間の経過とともに記録し、その特徴を把握すれば、次の行動を予測することが可能となる。

行動の決定手順

私たちは、現時点より以前の行動、つまり過去にとった行動の履歴を参照し、今の行動、そしてその先の行動を決定している。このように、過去の行動は、時間を通して未来の行動に影響を及ぼしている。行動の履歴には、人それぞれの特徴があり、その特徴を明らかにすることでその人の未来の行動を予想することができる。

たとえば、ショッピングセンターで買い物をする場合、同じタイプの店舗を見歩き続ければ、少し毛色の違った店舗を訪れてみたいと思うこともあるだろう。このように、これ

履歴　　　　　　　　　　Log

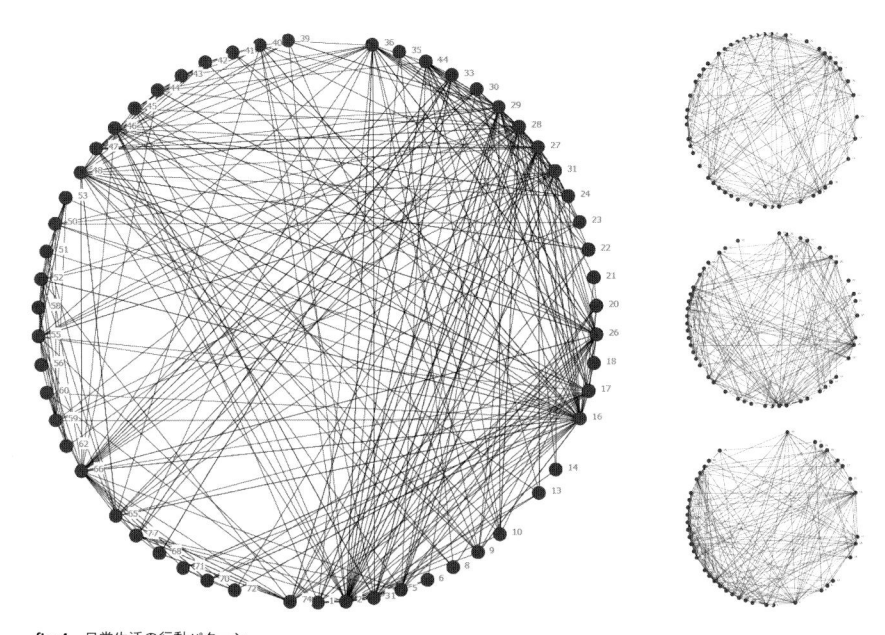

fig.4　日常生活の行動パターン

から取ろうとする行動は、過去の行動によって決まることもある。

　普段の日常生活では、出発前で忙しい時間帯の行動はルーチン化され、日々決まった行動を決まった順番でやっているのではないだろうか。一方、仕事で疲れて帰宅したあとのくつろいだ状態では、朝のようにルーチン化された行動の順番ではなく、たまには一杯といったように、普段の履歴に従わない行動が出現する。

日常生活の行動パターン

　このように、住宅内における日常生活の行動の多くはルーチン化された行動で、そこには人それぞれ決まった行動パターンがあるはずである。たとえば、朝自室のベッドの上で起床し、洗面所へ向かい顔を洗う、そして歯を磨くように、起床からの行動は誰しもほぼ同じである。その後、お父さんは用を足すためにトイレへ、お母さんは朝食をつくるためにキッチンへ、子供たちは朝シャンのために風呂場へ向かうように、朝の行動パターンは人によって異なって形成されている。

　ただし、それぞれの人の行動パターンが決まっていても、その人の体調や気分などによっては毎日の行動パターンに変化が生じることもある。たとえば、憂鬱な授業が待ち構え

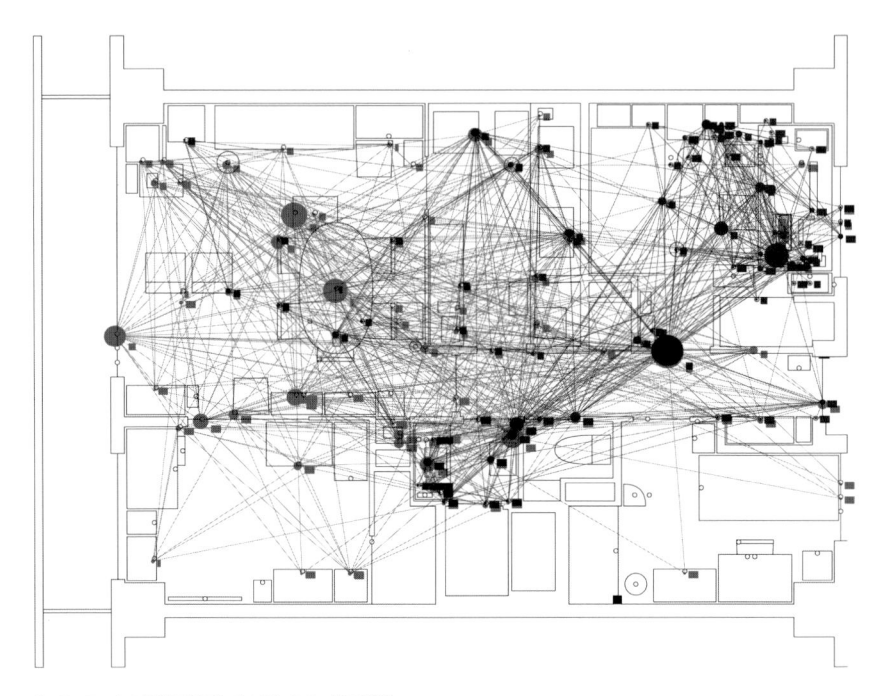

fig.5 モノとの接触の履歴とそれぞれのモノ間の関係

ている曜日の小学生は、お母さんに甘えるためにいつもの行動パターンを変え、朝シャンの前に朝食をつくっているお母さんがいるキッチンへ向かうかもしれない。また、ダイエットを思い立ったお母さんは、朝食をつくる前に早起きして玄関の掃除をするなど、いつもとは違う行動をするかもしれない。

モノとの接触の履歴

ここでそれぞれの行動を細かく見てみると、行動を行う際にはモノと接触することが多いことが分かる。たとえば、起床時はベッド、洗顔時には洗顔料やタオル、歯磨きの時は歯ブラシや歯磨き粉など、行動はさまざまなモノとの接触により成立している。異なる人の行動であっても、行動とモノとの関係には共通性が潜んでいるはずである。

そこで、モノにタグを貼り、人間側にはタグの情報を読み込むリーダを持たせる仕組みにより、普段の生活におけるモノとの接触行動を記録した。そして、モノとの接触行動の移動を線分で表現し、ネットワークの中心を示す度合いを●の大きさによって表す「接触ネットワーク」として可視化した（**fig.3**）。また、**fig.4** はそこから見出されたモノとの接触による行動パターン、**fig.5** は同居人のモノとの接触行動の移動を重ね合わせ、中心を

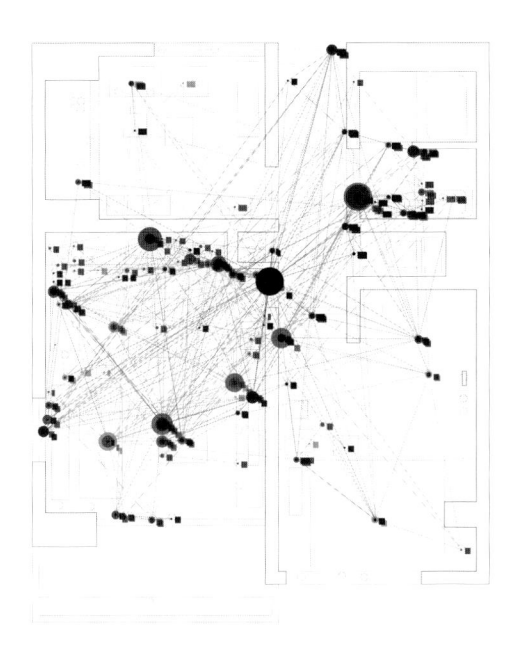

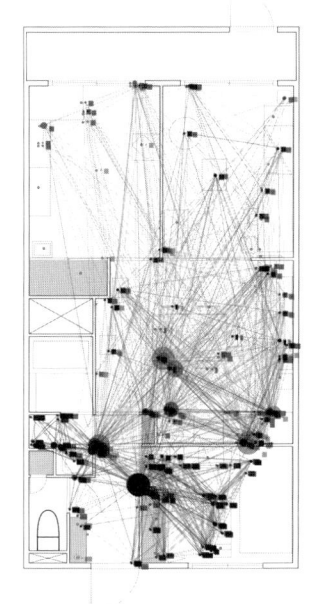

示す度合いに応じて●の大きさを変えて表現したものである。

モノとの接触から見える未来

最近ではリーダも小型化し、指にはめるタイプも発売されている。これを用いて、リアルタイムに日常生活でのモノとの接触の履歴を記録し逐一データを貯め、その膨大なデータを分析することで、モノとの接触の履歴の特徴を見出すことができる。この履歴の特徴が見出せれば、人間が行動している間、絶えず履歴の特徴を参照し、普段とは異なるモノとの接触や接触の順番が違った場合に異常として感知するような、子供や高齢者の見守りシステムへの応用が考えられる。

また、履歴を参照すれば次の接触行動を予測することができるため、次の行動に合わせてモノを移動させておく、また健康のため体を動かすようにあえて不便な位置にモノが移動するなど、空間やモノが行動に合わせて変化してくれる未来が想像できる。

「人間とモノとの接触行動ネットワークに関する研究―RFIDタグを用いた生活行動の分析と可視化」小林賢太郎、2007／「指輪型RFIDリーダを用いた住宅内におけるヒトとモノとの接触行動モデル」大塚佑治、2008

Design：［履歴］のデザイン

超線形設計プロセスと履歴の関係

藤村龍至
（建築家）

ふじむら・りゅうじ
1976年東京都生まれ。2008年東京工業大学大学院博士課程単位取得退学。2005年藤村龍至建築設計事務所主宰。2010年より東洋大学専任講師。主な建築作品に「倉庫の家」「小屋の家」(2011年)、「家の家」(2012年)。主な編著書に『アーキテクト2.0』『3・11後の建築と社会デザイン』(2011年)、『コミュニケーションのアーキテクチャを設計する』(2012年)。主なキュレーションに「CITY2.0」(EYE OF GYRE、2010年)、「超群島——ライト・オブ・サイレンス」(青森県立美術館、2012年)。
写真：新津保建秀

模型のアーカイビング

——まず、藤村さんが実践されている「超線形プロセス」という手法、とくに「履歴」を残すことについてうかがいたいのですが、この手法をはじめたきっかけ、あるいは、ご自身がもたれていた問題意識とはどういったものだったのでしょうか。

　学生時代、アルバイトで建築やプロダクトデザインの展覧会にスタッフとして関わっていて、展覧会のキュレーションを裏側から見ていました。その時に、ル・コルビュジエは、ありとあらゆる設計資料を保存していて、図面や模型、スケッチや手紙、ノートなど、何でも通し番号をつけてアーカイビングしていたという話を聞いて、とても面白いと感じました。ところが僕が所属していた東京工業大学の塚本（由晴）研究室では、残しておいたほうがいいのに、と思う資料でも大掃除などの機会にどんどん捨ててしまうんですよね。そこで自分で事務所を開設した時には、きちんとルールをつくって資料を全部保存していこうと思ったんです。打ち合わせのたびに毎回模型をつくる、通し番号をつける、そして日付を裏に書いておく、ということを決め、実行したんです。

　それが重要だと思いはじめたのは、スタッフとやり取りするようになってからですね。プロセス模型を会議室に置いて打ち合わせをするのですが、過去の模型を並べた時と並べなかった時とでは、指示したことや決定したことがきちんと反映してるかどうかなど、更新する時の案の精度がまるで違います。クライアントとの打ち合わせでも、話が脱線せずにある方向に向かっていくのを確認するのにとても有効でした。そこで、きちんとフォーマットを整えて番号順に並べ、模型を見なが

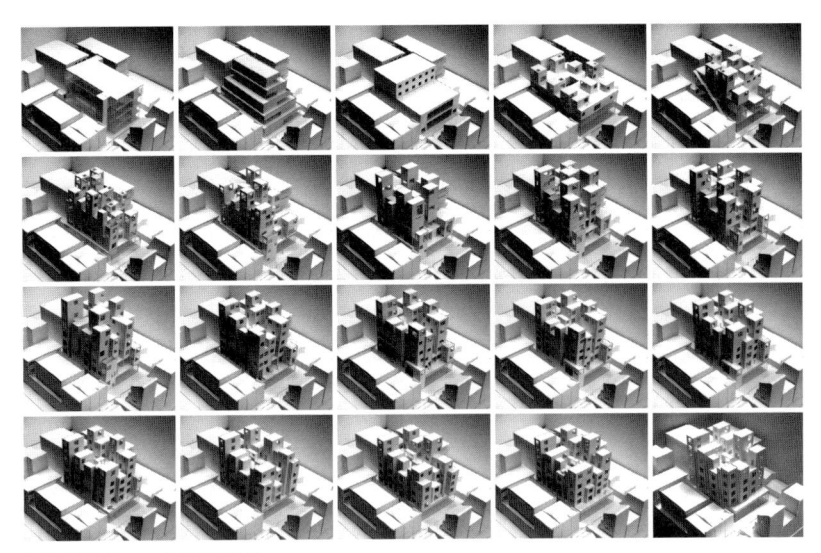

超線形設計プロセス〈BUILDING K〉

ら設計するということをルール化していったんです。

　もちろん留学したオランダの影響もあるかと思います。当時MVRDVが「ワンビジュアル・ワンセンテンス」の絵本形式でプロジェクトを説明していました。彼らがプロジェクトの背景はこうで、そこで得られるタイポロジーはこれで、実現するとパースがこうで、ということをとてもリニアに説明するのを見て、ああいうふうに物事を決めた理由を時系列で説明できると強い説得方法になると知りました。プレゼンのためにダイアグラムを描いたり、新しいグラフィックを起こしたりするよりは、やってきたことを素直に出すというのがいちばんいいのではと思いました。

多様性を引き受ける方法

——実際に超線形プロセスに基づいて設計をされていて、メリットだと思うことはなんですか。

　メリットは、入力する情報が多ければ多いほど、「モノ」の豊かさに反映されていくというところです。一般的には、設計時に情報が多ければ多いほど、アウトプットのクリエイティビティ、純度は下がるとされています。磯崎（新）さんがよく言及するのですが、「総評会館」という建物を建築家が共同で設計してみたらものすごく凡庸な建物になってしまったという事件があります。1950年代の出来事ですが、それ以来共同設計というものの議論が盛り下がってしまったくらいにあまりにも鈍い結果になってしまった。本当は色んな意見があればあるほど、面白くなるという方法論をつくれなければ私たちの民主主義の社会はアウトだと思うんですね。だから入力が多ければ多いほど、面白いものができるということを言い切れなければデザイナーとし

てはまずいと思っています。そういう多様性を、超線形プロセスは引き受けやすい。

逆にデメリットは掴みが弱い、ということです。クライアントに最初にプレゼンに行く時、コンペだったりする場合には、最初はニュートラルな「箱」の状態のものしかもっていけないので、プレゼンテーションとして弱い。やる気あるのか、みたいな（笑）。

──最初の「箱」というのはプリミティブな形、ということでしょうか？

最初はなるべくニュートラルな形にしたいなと思っています。はじめになるべくニュートラルな形にしておくことで、あとあといろいろな方向に広がっていくことができる。最初にある方向を示してしまうと、そちらにしかいかないということがあるので、自分たちとしてはまずはニュートラルなボリュームからはじめて、それをだんだんと複雑な形にしていく、というプロセスを毎回イメージしているんです。

履歴で時間と空間を共有する

──そのプロセスのなかで、実際に設計では予想もしていなかったようなことも起こるかと思います。想定外の不確定要素でも、それもプロセスの一部に取り込むようなことを考えられているのですか？

プロジェクトですから常に想定外の状況は起こると思うんですが、デザイナーとしてはそれらの出来事をひとつのストーリーにして示すということが重要なのではないかと思っています。したがって設計プロセスを共有する時にすべての履歴が事実として示される必要は必ずしもなく、ドキュメンタリー作家のように「履歴を編集する」ということも場合によっては必要だと思っています。

──**なるほど。では多様性をネガティブなものとして捉えないで、ポジティブなものとして捉えること、最終的には自分が思っていたのと全然違うものができるということを、積極的に受け入れることの今日的な意義は何でしょうか？**

価値観が多様化した社会、ポストモダンの社会であれば、それは必然的なのではないかと思っています。実際、都市計画などの現場ではそうなっているわけですよね。とくに2000年代に入ってからは地域分権が前提となって、中央がつくった標準形を地域で広めていくのではなくて、あくまで現場のニーズを

「鶴ヶ島プロジェクト」ワークショップ （提供：東洋大学建築学科）

検索過程〈BUILDING K〉

「鶴ヶ島プロジェクト」シンポジウム（2012年9月14日、鶴ヶ島市役所　提供：東洋大学建築学科）

吸い上げて物事を決めていくという方針になっています。そのような場面で、多様な人たちがひとつの場所で生きていくための意思決定を構築していく方法論を、アーキテクトが提示できなくてはいけないと思っています。

――履歴を残していくという設計プロセスは、今後、藤村さんのなかではどのようになっていくとお考えですか？

　死ぬまでやっていたら歴史になるんじゃないかなと思います（笑）。自分たちのなかでは事務所の規模を「40歳で10人、50歳で100人、60歳で1000人」というのが目標になっていますが、少なくとも10人を超えて、つまり1テーブルを囲めなくなるスケール、クリティカルなコミュニケーションのスケールを超えて共有できる方法論をもつことは、チームを運営していくうえで有効だと思っていま

す。ひとつのテーブルを囲めるということは時間と空間を共有できるということですが、組織が拡大すると必ずしも時間も空間も共有できなくなります。そういう時に、どういうインターバルで、どのようなコミュニケーションをすると一貫したものがつくれるかというのは、ライフワークとしては取り組んでいくべき課題だと思っています。

webというリアル

――もうひとつの話題、web上での履歴についてもうかがいたいと思います。藤村さんはTwitterをかなり積極的に使われていると思うのですが、そこに建築家としてどういう可能性を見出していますか？

　webはいわゆる世間、世論が凝縮されてい

るというイメージがあるので、そこでの反応は自分に対する世間の反応の縮図と捉えています。なのであまり過度にwebの流動的な世論を警戒する必要もないですし、ある程度付き合い方もあると思うんです。それはリアルな世間の付き合い方と同じで、住民集会などがあるからといって過度にディフェンシブになる必要もなく、そことの付き合い方を工夫しておけば、世間にさらされることもクリエイティブなプロセスの一部にできると思っています。

Twitterの使い方は人文系か情報系の人たちのほうがすごくざっくりと使いますよね。建築家の人たちはすごいフォーマルなので、人文系のノリでガンガン適当につぶやくという感じだと建築界で浮いているのかなとも思ったんです。だけど、失敗談などどうでもよいことのほうが反応が多かったりするわけですよ。「今から学食に行ってカツカレーを食べます」とか「モーニングコーヒーをキメた」とか、そういうほうが反応があって、あんまり真面目っぽいレビューばかりだと逆に反応がなくなりますね。そのあたりの間合いというのをTwitterをやりながらはかるという感じです。そうやっていって分かるのは、評判のつくり方というか、そういうのが何となくあるんだなということです。つまり評判とはただあるというのではなくて、ある程度設計可能なものだ、ということです。

──そう考えると、**Twitterのような場はオープンな議論の場にもなっているともいえるし、なっていないともいえるというようなところはあるのですね。**

Twitterのなかで議論を積み上げていくコツがあるんでしょうね。普通はどんどん流れていってしまうんでしょうけど、そのなかでも上手い人は世論を積み上げていけるわけで、そういうメディア独特の間合いというのはあると思うんです。僕らがやっている「LIVE ROUNDABOUT JOURNAL」などでも、Twitterを使って、会場にいない人の意見もフリーペーパーのなかに参加してもらう試みもしています。そうやって議論を広げる工夫をすることには可能性があると思っています。

時間という「間」の捉え方

──**お話をうかがっていると、設計において模型で履歴を取ることによってストーリーを組み立てていくことと、Twitterを使って組み立てることは、とても似ているなと思えてきます。藤村さん自身が、そういうリスクをできるだけ含めて取り込んでしまう、というオープンシステム的な考え方をもっているからできるのかなという感じを受けました。**

わざと開放的な構えにしている面もあります。学生の頃は、建築家というのは強い、閉じた構えをとるものだと思い込んでいたのですが、実際に塚本さんをはじめとする建築家

Twitter

と接すると、レム・コールハースもそうだと思うのですが、その人自身にものすごく強い考え方があるというよりは、その人自身はすごく開放的な感じで、いろいろな役柄を演じてはいるんだけれど、基本的にはいろんな脚本でものをしゃべるような、透明な構えをとる人が多い、という印象があります。なのであまり警戒せずに外に開いていったほうが、建築家本来のあり方に近づいていくのかな、という気もするんですよね。

——**最後は今回インタビューをお願いしている全員に聞いている質問なのですが、藤村さんにとって「時間」とはどういうものですか。漠然とした質問ですが、時間と聞いてまず何を意識しますか？**

磯崎さんの「間の理論」です。僕がちょうど学部の4年生くらいで、1999年くらいだったと思いますが、インターネットというのは「間」のメタファーで語れるんじゃないかと磯崎さんがいっていて、なるほどなと思いました。磯崎さんは、西洋の哲学の基本である「時間」と「空間」の対立を、日本語では「間」という言葉でつないで、ひとつの概念として理解していた、とよく論じています。「間」という言葉からは、よりオープンに多様なものを受け入れて、そのなかでクリエイティブな状況をつくっていく可能性を感じます。とくに「間合い」という、時間と空間のインターバルにとても興味があります。僕は、2〜4か月という大学のリズム、1週間間隔の設計のリズム、それにTwitterのリズムとか、それぞれのメディアでリズムを変えていくことでいろいろなことを整理していることもあって、僕にとって時間とは「間」、リズムである、というイメージがありますね。

「LIVE ROUNDABOUT JOURNAL」編集の様子

同時性　Simultaneous

どう-じ【同時】
[名] ①時を同じにすること。同じ時に行われること。「到着はほとんど一だ」「一進行」 ②同じ時代。同じ年代。

非同期メディアと同時性

非同期メディア（情報の発信と受信の間に時間差があるメディア）における表現上の特徴は、ある情報を読解する時に実際に消費する時間と、その情報の中で扱う時間との関係に表れる。たとえば週刊誌などの漫画のキャラクターが、読者とともに歳を重ねることによって同時性が表現され、逆にまったく歳をとらないことで、終わりのない日常が表現される（「サザエさん時空」とも呼ばれる）。またfig.1のような漫画表現では、ひとつのコマにさまざまな吹き出しを交錯させることで、同時多発的に起こった出来事を、視覚的に認知させる。映画やドラマのような映像表現では、それ自身の内に時間軸をもっていることで、その中で描かれる時間が視聴者に実時間と同期したかのような錯覚と緊張感を与えるものもある（ドラマ「24」など）。このように、メディアがもつ非同期性とその遅延の大小が、それぞれに相応しい表現を生み、自己言及的に自身を特徴づけてきた。

fig.1　手塚治虫『火の鳥 未来編』（角川書店、1968年）

同期メディアと同時性

一方、TwitterやSNS、動画ストリーミングといった新しい同期メディアの発達は、グローバル・ヴィレッジの感覚を今まで以上に強固なものとした。**fig.2**は東日本大震災の地震後の1時間に日本から発信されたツイートに対するリツイートの流れを示した動画のひとコマである。情報が短時間のうちに地球規模で共有される様子が見てとれる。これらの新しい同期メディアでは、同期のタイミングを規定するアーキテクチャ自体が、各メディアの差異を特徴づけている。情報環境研究者の濱野智史は著書『アーキテクチャの生態系』の中で、Twitterは利用者の自発的な選択によって同期・非同期を選ぶことができる選択同期のメディアであり、ニコニコ動画は仮想的に同時性を実現する擬似同期のメディアであると指摘している。

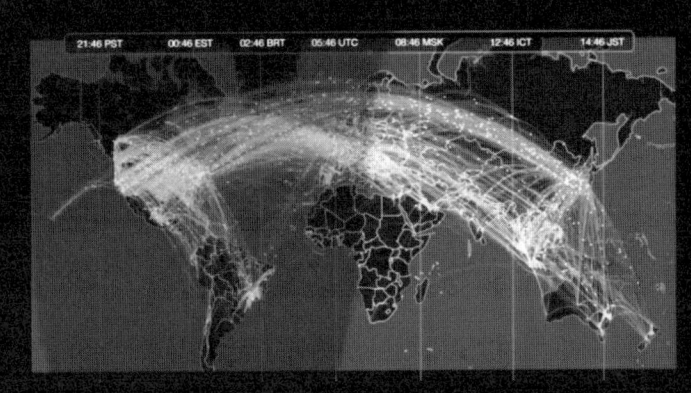

fig.2　東日本大震災における地球規模の情報の流れ（Twitter、2011年）

建築と同時性

建築や都市は、竣工時のかたちのまま相当な期間維持される、典型的な非同期メディアであった。センシング技術の発達に伴い、建物内外のさまざまな状況を数値化することが可能になり、それに応じて建物自身がリアルタイムに変化する技術も開発されつつある。また最近注目されているコンバージョンやリノベーションは、その時々の要求に応じて柔軟に建築の機能を更新する行為であり、その場の状況に応じて計画が決定されるような、即興的な側面もある。こういった旧来の非同期メディアで起きはじめている新しい動向を、次に紹介したい。

Analysis：[同時性]の分析

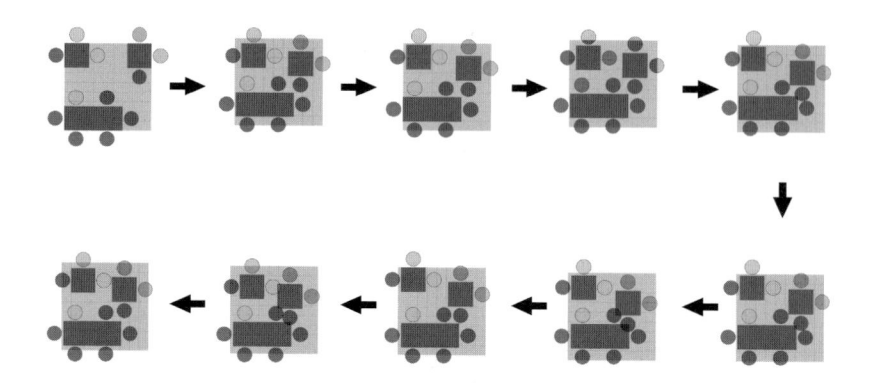

fig.3　机の配置を毎日変更し、座る位置や向き、他人との距離を計測

　センサーが安価にそして容易に手に入るようになったため、今ではリアルタイムでデータを取得できるようになった。つまり、過去のデータを分析するのではなく、まさに現在起きていることのデータを収集し分析ができる時代になったのである。

　そのため、気温などの環境データ、地震時の振動データ、また人間の行動データをリアルタイムに取得し活用するという研究が見られるようになってきた。

リアルタイムセンシングへ

　リアルタイムで、しかも微小な時間間隔で、人間の行動や状況をセンシングできる時代に突入した。これを可能にしているのは、センサーなど情報技術の指数関数的な進歩である。リアルタイムで、そして微小間隔で人間のデータを得ることができれば、ほぼリアルタイムに人間側にサービスを返すことが可能となる。

　これまで空間内の人間の行動を知るためには、目視で観察し、それを調査用紙に書き写す古典的な手法や、カメラで行動を連続撮影し時系列で記録する手法があった。そして、ビデオカメラの登場により、行動を微小な時間間隔で画像として記録できるようになった。

　ただその画像を漫然と眺めていても何の発見もないため、たとえば画像に映る人間の位置を、座標といった定量的な情報へと変換する必要がある。その変換方法は、記録した画像をモニターに表示し、そこにトレーシングペーパーを重ねて人の座標をなぞっていた時代から、映像からある程度人間を識別して座

同時性　　　　　　　　　　　　　　　　　Simultaneous

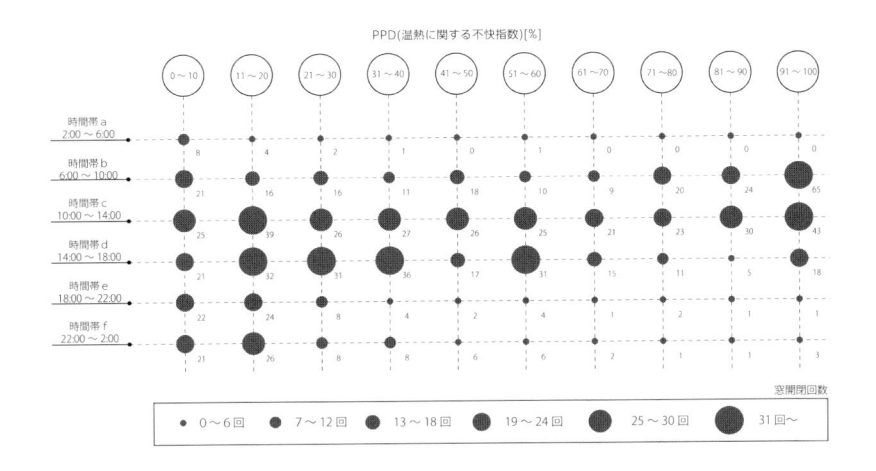

fig.4 時間帯別のPPD（温熱に関する不快指数）と窓開閉回数の関係

標化してくれるソフトウェアを利用する時代へと移っていった。しかし、このソフトウェアも正確に人間を識別することはできないため、手動で行わなければならない部分も多くあった。

その後、高価であったタグなどのセンサー類が急速に普及し、人間につけたタグを識別するなどの方法により、リアルタイムにそして正確に人間が歩行する座標、つまり行動軌跡を取得することができるようになった。

家具配置と行動の変化

住宅には机など数多くの家具があるが、これらの家具の配置はそれぞれの人の経験則により決められる。しかし、家具どうしを近くに配置しすぎて家族のコミュニケーションに支障をきたすなど失敗もあるため、コミュニケーション時の人と人との距離や向きなどの行動特性を知ったうえで家具を配置することが重要である。

そこで、家具の配置と生活行動との関係を知るため、机と椅子の配置を変えた数種類のパターン（**fig.3**）で実験を行い、複数人の行動を観察し、お互いの距離や視線などの特徴を見出した。このような実験は、人間の行動を追尾できるセンシング技術によって可能となり、このセンシングはリアルタイムに情報を取得できる点で多くの可能性を秘めている。

建築とのコミュニケーション

部屋を移動する場合はドアノブやドアと接触し、階段の上り下りでは手すりや壁を触り、また空気の入れ替えをする場合には窓と接触するように、1日を通して建築自体と接触す

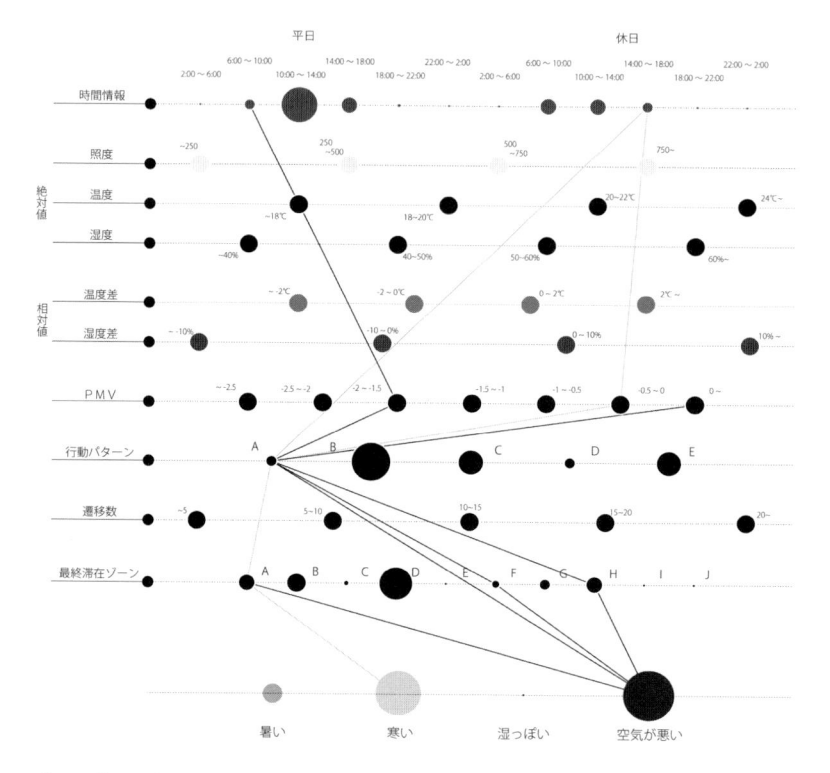

fig.5 計測した数値と心理状態の関係

る機会は数多く存在する。窓に着目してみると、室内の寒暖のコントロール、空気の入れ替え、また気分転換のためといったように、人間の状態によって開閉されることになる。このタイミングには、室温と外気温の差などの環境的な要因、また人間の気分といった心理的な要因がある。もし、この要因に特性があるとしたら、人の行動を先読みして窓を自動的に開閉するといった仕組みも可能である。

特性を見出すためには、窓の開閉状況、気温などの環境、そして人間の状態をモニタリングする必要があり、これを可能にするには各種のセンサーが不可欠である。fig.4～6は、部屋の照度、温度、湿度、外気の温度や湿度などの環境の指標と、暑い、寒い、湿気がある、空気が悪いなど実際に窓の開閉に結びつく人間の心理状態との関係を示している。

同時性　　　　　　　　　　Simultaneous

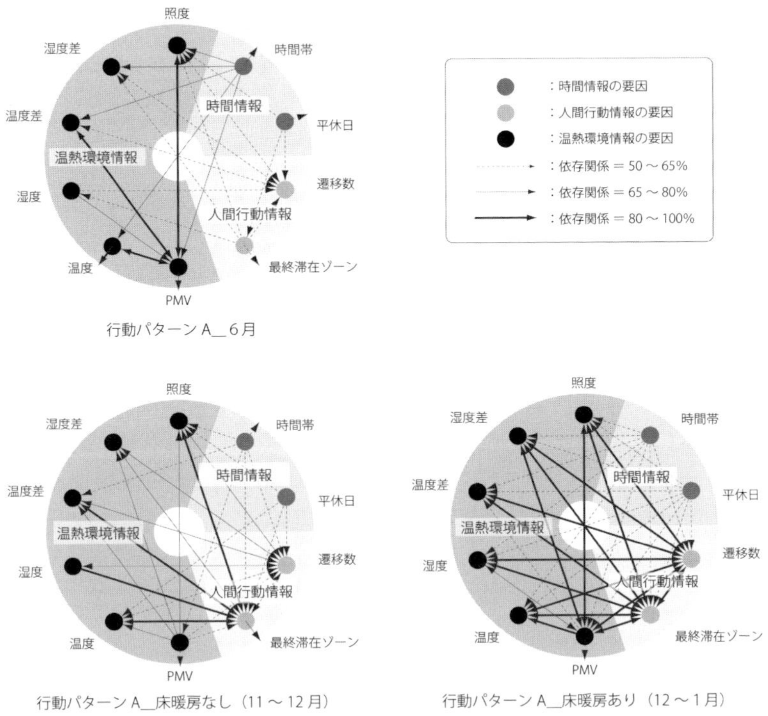

fig.6　行動と環境の依存度の推移

呼応する空間

　さらには人間の心理など内面の状態までリアルタイムにセンシングできれば、たとえば疲れたと感じている人に椅子を差し出すように、その時々の人間の状態に合わせた的確なサービスを、空間が人間に提供することが可能になる。

　これまでは、照明を明るくしたいと人間が意識しなければ照明は明るくならなかった。しかしこれからは、その人に合ったサービスを、気づかれることなくさりげなく空間が提供する、人間の状態に呼応する空間が実現されるはずである。

「人体通信機器を用いたアンビエント空間の提案と実証──動的配置システムの導入──」岡本達也、2008／「ICT技術を用いた生活状況把握によるアンビエント空間の実現」岡本達也、2010

Design : ［同時性］のデザイン

1/1で考える ということ
長坂常
（建築家）

ながさか・じょう
1971年大阪府生まれ。1998年東京藝術大学美術学部建築学科卒業後、スキーマ建築計画設立。主な作品に「Sayama Flat」「円山町の部屋」(2008年)、「奥沢の家」(2009年)、「Aesop Aoyama」(2010年)、「Flat Table」「はなれ」(2011年) ほか、多数。

選択肢を自由につくる

——〈Sayama Flat〉のお仕事などで、即興や引き算といった言葉を使っていらっしゃいますが、その言葉で説明される背景を教えてください。

　即興というかギリギリまで決断を後ろにして、できるだけ詳細に考えてから判断するのがよいと思っています。その模型の1/100で判断するのか、それを1/50、1/20、1/10にするのかという判断と同じだと思います。プランだけでも判断できるところから詰めていって、とりあえずつくりはじめるということがあると思いますが、その延長で、〈Sayama Flat〉は1/1まで迫れる状況があったから、迫っただけで、もとから現場施工を依頼されたわけではありませんでした。

——そこで重要なのは即興で何かをするということよりも、どこで判断をするかということですか。

　そうです。仕事にもよりますが、〈Sayama Flat〉の場合は、リアルタイムに判断をするほうが結果的によいと思ってそうしました。

　机上の計画だとつい機械的になってしまいがちで、使える既存のものも邪魔に見えてしまうと考えていました。ですので即興が特別な手法というわけではなく、現場により近い判断をするためのひとつの選択肢として考えています。

——〈Sayama Flat〉についてもうひとつ、長坂さんが不動産マーケットについて書かれている文章を読んだことがあります。狭山は街として縮小していて、一般受けするようなファンシーなインテリアをつくっても売れないという状況があり、あのような特別なものをつくったと書かれていました。そこで「即興」という話が出てきていたのですが、現在

同時性　　　　　　　　　　　　　　　　　　Simultaneous

Sayama Flat（2008年　撮影：太田拓実）

の不動産を巡るマーケットのあり方についてお考えはありますか？

　状況を説明するとこうです。不動産というかクライアントが間違って買ってしまったような安いというだけで立地的な理由と築年数から普通では流行らない物件がありました。最初に話をいただいた時から、ただきれいにリフォームしても絶対に流行らないことは分かっていて、しかもそれをデザイナーに頼んでデザインすれば、コストばかりが高く家賃に影響し、結果的に流行らないものができます。しかも一部屋あたり100万円以内の予算しかありません。〈Sayama Flat〉の場合は、それでどうしようかというところからはじまっています。

　その時クライアントが僕の事務所に来た時いわれていいなと思ったのは、「建築家は自分の事務所は自由でいい雰囲気なのに、なぜ仕事となるとかしこまった空間をつくるのか？」という言葉でした。それを聞いて確かにそのとおりだと思いました。

　たとえば、自分の家に100万円以内で内装

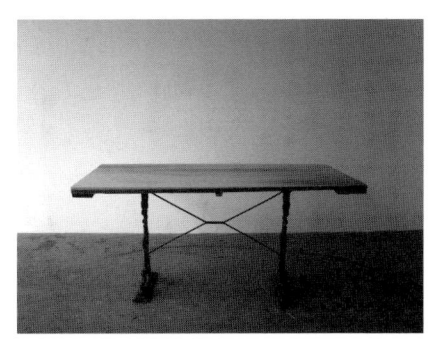

Flat Table（2010年）

だけつくるとなったら、ここにはペンキを塗るか、それとも大工を入れるか、もしかすると家具だけで100万円分使ったほうが適切かなど、いろんな可能性を考えると思います。ですので、建築家としてではなく、エンドユーザー的な視点で見ると、100万円って結構な額だなっていうところから入っていきました。

デザインの新しい辞書を描く

──昔の建物は棟梁が自分で設計をし、人の手配をしたり工期や予算を見積もったり、クライアントはこの棟梁につくってもらいたいという思いがあって、ひとりの人がほぼすべてコーディネートしていた時代がありました。いわゆる建築家が出てきて、それがなくなって、建築家は図面だけつくる人で分業が当たり前になりました。長坂さんにとって昔の棟梁的なものへの憧れはありますか？

　棟梁的な憧れというより、分業で成り立てばそれでいいけど、それでは成り立たない問題があると僕は思っています。だから横断して考えていかないといけません。僕らのやり方としては昔棟梁が全部やっていた時代に戻ることを考えるより、分業化による問題を改善していく必要があるという問題意識です。

──なるほど。長坂さんは新しい建築家像をつくっているような印象があって、その設計手法はモデル化して汎用化することも可能だと思うのですがいかがですか？

　そんなつもりはないのですが、ただ僕がやっているのは新しいデザインの辞書を描くようなものだという意識はあって、それも個人

Aesop Aoyama（2010年 撮影：アレッシオ・グアリーノ）

同時性　　　　　　　　　Simultaneous

のものではなく、社会のものだと思ってやっているところがあります。

それが現代においてデザインすることの意味なのかなと思っています。歴史に対してもそうで、自分の価値は名前が上がることよりも、誰もが流用可能な言葉を提示できたかが重要なことだと思っています

——**それがデザインのボキャブラリーを増やすことにつながっていると？**

そうです。そういうことに関わっている意識はすごくあります。別に辞書に載るための言葉を自分が増やしたいという思いでやっているわけではなく、同じようなことに他人が興味をもった時のために、少しでもその先をつくって用意しておくといいのかなと思いながらやっています。

——**リノベーションであれば、1/1の空間がすでにそこにあり、手がかりも分かりやすいと思うのですが、新築の場合は、何を手がかりにつくっていくのでしょうか？**

それは情報をどれほど細かく見るかによって決まると思っています。リノベーションがもし新築と比べてやりやすいところがあるとすれば、壁とか既存の設備類が明らかな制限として見えてくるからです。新築の場合も、細かく観察していけば、じつは設計するうえでの手がかりとなるような制限はたくさん見えてきます。それが設計するうえで特別大切とも思いませんが、その条件を並べることで新築でもリノベーションと同じ数の条件はつくれると思います。

逆にいえばリノベーションの場合も、与えられた条件を「これを使おう」と考えたほうが面白いからやっているのであって、最初か

Aesop Ginza（2011年 撮影：アレッシオ・グアリーノ）

らネガティブなものと捉えることは面白くありません。

「抜き差しなる」関係をつくる

最近手がけた千葉の新築の別荘〈はなれ〉も同じような考えでやっています。〈はなれ〉では施主がいだく断片的な考え方が条件としてたくさんぶら下がっているなかで、それをどうつなげていくかを考えていました。新築でもリノベーションでも同じかなと思います。

以前に手がけていた新築などはそうだったのですが、あまりデザインと合わせないように構成的につくっていました。今は明らかに最初に大事なコンテンツを3次元に置いていって、そこを真っ直ぐに通りたいけど、邪魔があって迂回しなければならないというようなことが起こった時に、むしろその障害となるものをポジティブに捉えて、点をつなげていくということを考えるようになりました。

ですので新築の場合の施主の断片的な考えなのか、リノベーションの条件の制約なのか、どちらも意外と同じかなと思うようになりました。どちらも行ったり来たり、早送りしたり巻き戻したり、どっちが前か後かなんて関係なくなりますからね。

自分の手法を説明する時に、よく「抜き差しなる」関係という言葉を使うのですが、モダニズムの限界がいろんなところに出はじめている状況があると思います。かつてポストモダンはそれに立ち向かったのだけど、それはあくまで表現の問題であって、本質的なところでは答えが出せませんでした。

東京の街を見ても分かるのだけど、「刺」のようなものばかりが目立って、バラバラの個性のあるなかで、ひとつの方向性や思想だけでは解決できないことが目に見えて分かってきました。

そういう状況に対して、その場その場で一見場当たり的に見えようと、意識的に考えてつくっていくというのが自分にはあります。リノベーションはとくにそういうことに向き合うことが多いので、それをまじめにやっていく。それは社会に共有してもらうためにやっているかといったら違うのですが、個人的にやっていることに対して、理解者がいれば、素直にうれしいと思いながらやっています。

――**そのように考えるようになった転機はありましたか。**

〈Sayama Flat〉は転機になりました。みんなが見てもドキッとすると思うけど、僕は現場にいて、これはアリなのかナシなのかもすごく迷い、これは発表していいのかどうか悩

はなれ（2011年 撮影：太田拓実）

同時性　　　　　　　　　　Simultaneous

みました。だけど、あの時やったことは今もすごく大事なことだと思うし、そこでは社会全体にとっても意味のあるアイデアが生まれたと思っています。

——長坂さんの考えはいろんなレベルでつながっていて、それは辞書の1ページを足すような感覚で話をされていることでも分かります。長坂さんの実際の設計作業の基本的なスタンスとしてリアルタイムとは、今ある状況をよく見て、それに自分の最適な解を出す、そこにきちんと筋が通っていると思いました。

最後に長坂さんにとって「時間」を意識するのはどういう時ですか？

見えてくる空間そのものは変わらないけど、そこに至るまでのストーリーを書き換えることによって、見えているものに対する印象が変わってくることがあります。これまでずっとそれは時間を操作していることなのだと思っていて、そういう関係というのは可能性としてあると思っています。結論から巻き戻って小説が生み出される、すると、ひとつの結論からたくさんのシナリオが生まれる。そんな多様なことが考えられたらもっと世の中楽しくなりますよね。建築にはそんな可能性も残っているのだろうと思っています。

TODAY'S SPECIAL（2012年 撮影：太田拓実）

アジアで感じる時間
横木真理子

　2011年の初夏から、アジア各都市のグラフィックデザイナーやデザイン関連機関を取材する活動を行ってきた。訪問した都市はシンガポール、バンコク、台北、北京の、東南アジア2か所と中華圏2か所の個性異なる4都市で、毎回弾丸訪問ではあるものの、興奮溢れる旅を数か月おきに経験することができている。また、訪問できなかった都市のデザイナーとも彼らの来日の際に会う機会が続いていて、取材活動に参加し始めた1年半前の当時の想像をはるかに超えた、大量の刺激をアジアのデザインフィールドから与えられてきた。

取材活動の総括として開催した展覧会での、アジアの主要都市で活躍するグラフィックデザイナーの作品群

　その刺激を引き起こすものは、やはり人気・実力が揃った現地のデザイナーの作品を生で拝見しながら、制作の背景や彼ら自身がどういう姿勢や考えを抱いて、デザインを捉えアプローチしているかについて直に話を伺えること、そしてほぼ公に該当する各機関から各国のデザイン施策を知ることに依る。しかし、回を重ねるにつれ受ける刺激の質が安定してきているのも、正直な感想である。それは、単に良いものに触れ、各都市をリードするキーパーソンたちと話すことに目と耳が肥えたというよりは、彼らに影響を与えたソースを辿っていくと、日本にいる自分たちと同じく、同時代的な進行形の物事や人物からであることが大きい要因に感じられる。現代は国や環境が異なっても、世界中から即座に十分すぎる情報を得られる、とても便利な情報社会である。中国のように、国家によってある程度情報制限が成されている環境であっても、実際会って見聞きした上では、他都市と大きな違いは感じない。まさしく、同じ時間を過ごしていると思えるのだ。

　もちろん、時代に消費されていくデザインだからこそ、政治背景やマーケット状況など、各都市が抱えている状況は異なり、最終的な

同時性　　Simultaneous

アウトプットにその都市ならではの個性は強く表れる。それぞれのバックグラウンドが見えてくることが非常に興味深く、同じ時代・時間を経ていながら、社会が異なることで個人が刻む内容がバラエティに富んでいても都市毎に共通して見えてくるものがあり、それが刺激の大きな要因になっていることに気づかされるのだ。

　国土が狭く建国からの歴史が浅いシンガポールでは、皆が口を揃えて海外を常に身近な市場だと言う。東南アジアで唯一欧米から植民地化されることなく、長い歴史を通じて自国の文化が育ったバンコクでは、王室や仏教を身近に感じている様子が多くの作品から見受けられ、独特の文字のデザインは今も進化を遂げている。経済的・文化的に中華圏と日本の両方の影響を感じる台北では、その中庸の面白さを共通して垣間見ることができる。古来、中国の中心都市として常にその存在感を示してきた北京では、文化の礎を築いてきた自負を感じると同時に、政治的な影響を乗り越えようとする意気込みが伝わってくる。国際都市として発展を遂げてきた香港は、中国返還後、より自由になった本国との多くの人と物の往来により、アイデンティティの再構築が日常でも制作においても課題のひとつになっているという。

バンコクの雑誌の表紙。タイポグラフィ・デザインは進化し続けている

　アジア圏はルーツとしてとても近い所から始まり、現代ではどこも、人も街も親近感ある様相を呈しており、デザインも例外ではない。それでも心が動くということは、経てきた歴史の違いを認識していても、やはり積み重ねた時間の異なりを実際に肌で感じるからなのではと思い、時間が与える力の強さに大きく感心してしまうのである。

そく-ど 【速度】

[名] ①物事の進む速さ。スピード。「一定の―で歩く」「制限―」 ②単位時間に進んだ距離に方向を合わせたベクトル量。運動する物体の単位時間当たりの位置の変化を表す。単位にはメートル毎秒のほか、ノットが用いられる。

速度と平面

私たちが目にする速度の平面的なイメージとして、最も身近にあるものは、漫画における表現だろう。西欧の漫画では、どんな場面でも対象の輪郭をはっきりと描くことが多いが、日本の漫画では対象の輪郭を曖昧にし、動きの軌跡を「集中線」の数や密度で表現することによって、速度感を強調する。連続した事象を、静止したコマに分割して定着するために生み出されたこれらの平面表現は、日本人の速度に対する繊細な感覚を表している。

速度と都市

自動車社会では、その移動速度が土地の商業的な価値を決定している。オランダの建築家MVRDVは「FLIGHT FORUM」において、50km/hで走行可能な道路＝メインストリートによってすべての街路を構成する都市計画を提案した。そこに面するすべての区画の価値を最大化する試みである。大きな曲線を描く街路によって有機的に区切られた土地とそこに積層されたタワーが新たな都市風景となる。これは商業的な価値を媒介として、速度を建築として立体的に可視化した事例である。

fig.1 白土三平『ワタリ』(『新装版 白土三平選集14 ワタリ (二)』秋田書店、2010年 © S. Shirato／赤目プロダクション2010)

04

速度と空間認知

自動車などの高速移動手段の発達によって、都市や建築の認知においても、速度の違いが大きな差異を生み出している。ロバート・ヴェンチューリは「Directional Space」(1972、Learning from Las Vegas)において、東洋のバザールや中世の街路などとラスベガスを、速度とスケールの視点で比較し、移動速度によって異なる街のスケール感を、ひとつのダイアグラムによって表現した。自動車によって移動する時に得られる、時間が縮小し、空間が拡大されたように知覚される風景を「新しいランドスケープ」と呼んでいる。これは空間認知による速度の記述である。

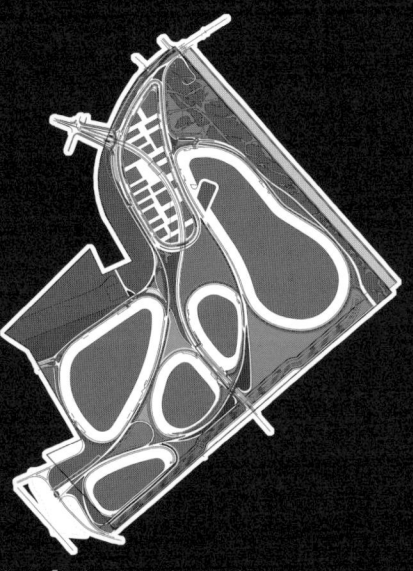

fig.2　「Flight Forum」（© MVRDV）

fig.3　ロバート・ヴェンチューリ「Directional Space」
（出典：R.ヴェンチューリほか著、石井和紘・伊藤公文訳『SD選書143 ラスベガス』鹿島出版会、1978年）

速度の拡張

このように速度はさまざまなメディアで表現されてきた。一方で速度の概念自体も刻々と変化している。都市では移動手段としての自転車や徒歩の価値が見直され、物理学の分野では、これまで最も速いとされてきた「光」よりも速い物質（ニュートリノ）が存在する、という実験結果が巷を賑わしている。私たちを取り巻く「速度」の概念は、遅い方向にも速い方向にも拡張しており、新しい速度に対応する表現が、これからも求められるだろう。

Analysis：[速度]の分析

fig.4　実験で使用したウォークスルームービー

　人の動く「速度」の変化が人の心理、行動にどう影響するか、そしてそれが空間にどのような影響を与えるのか。すなわち速度が変化することにより人はどう変わっていくのか、もしくは人の速度が変わることで空間にどれほどの影響を与えうるのか、これらを考察することは建築計画を考えるうえでのひとつのテーマになるのではないだろうか。

CG内での移動速度と理解

　人は動いている時に何かを見たり聞いたりするとその印象や記憶は静止した状態で見聞きするものと異なってくる。たとえば同じモノを同じ人が見た場合でもそれは異なる。そして、その動きの「速度」によって印象が変わる特性は、現実の知覚だけでなく、3DCGにおいて再現されたバーチャルな空間においても発揮されるのではないだろうか？

　3DCGは表示技術・ハードともに目覚ましい発展を遂げ、設計シミュレーションやボリュームスタディ、クライアントへのプレゼンテーションなどさまざまな形態で建築にも用いられるようになった。しかし、CGのつくり方・見せ方（視野角・移動速度・視点など）はつくり手の主観に頼られがちであり、誰が

作成しても同様の効果・理解を得られるCGを作成する手法が求められてきた。

そこで、CG空間の理解は実空間での人間の移動速度を用いることが重要であることを実証したのが**fig.4**であり、CG空間内の移動速度と空間の理解度との関係性を明らかにして、適切なウォークスルーの速度の知見を得ることができた。

移動速度に着目したバリアフリー

バリアフリーとは障がい、ハンディを負った人の生活にとって「バリア」となるものを撤去し、住みよい暮らしを実現させる試みである。これまでのバリアフリーは「できる」「できない」の二元論で語られてきた。この二元論のみではなく中間にある「〜しづらい」という状態が依然残っている。

この研究は速度計を装着した車椅子で介助移動を行ってもらい、移動速度の減少が見られる空間的要因を発見し、その速度の変化を調査した（**fig.5**）。その結果、路上駐車（駐輪）の有無やアスファルトの欠損や車乗り入れ用の傾斜といった路面状態などによって車椅子での移動の速度が著しく変化することが分かった。そしてこの移動の停滞が移動時間の制約につながり、ひいてはそれが行動自体を制限する「バリア」になりうることが判明

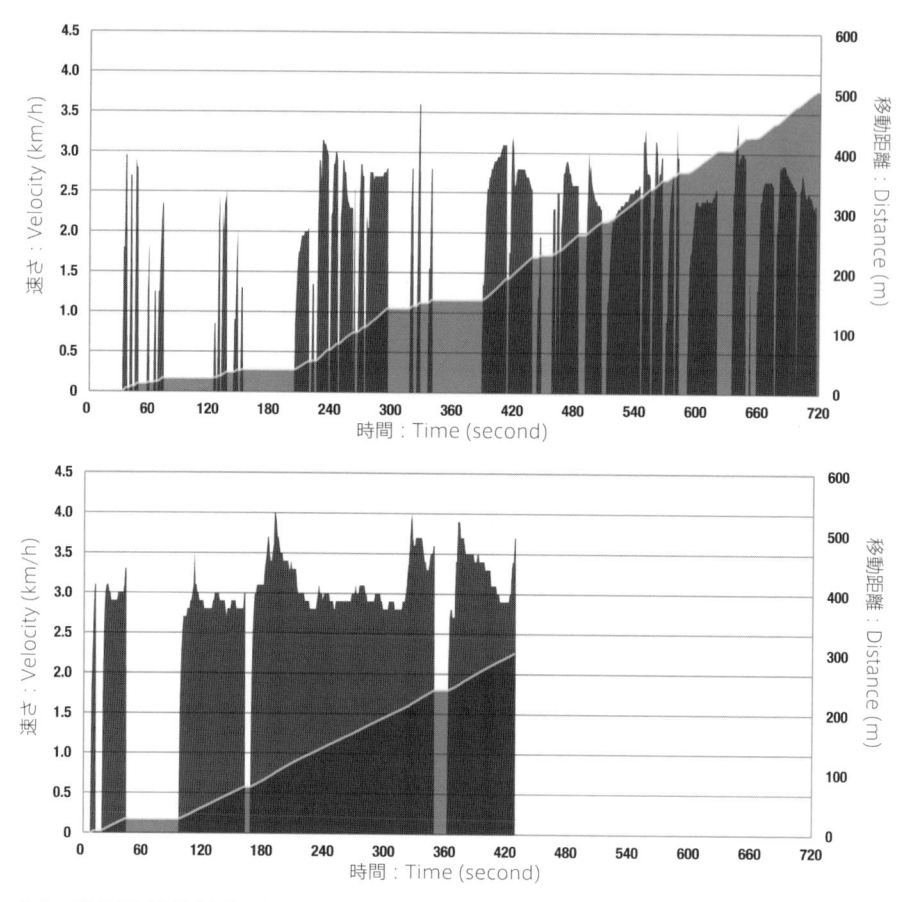

fig.5　車椅子（上）と健常者（下）の速さと移動距離。車椅子の速さは変化が激しい

した。このことはこれまであまり知られていなかった。

　都市で発生する「不便さ」を地図上に示したのが**fig.6**である。本来「行ける」場所を示す地図も、移動速度を円の大きさで表現することで「行きづらさ」の地図へと変形することができる。こうしたマップを見ると、これまで意識されていなかったバリアというものが可視化される。健常者は車椅子を使用している知り合いがいない限り、どういった場所が移動に不便かをなかなか知ることはできない。しかしこのように可視化されることで、行きづらい場所が理解され、バリアフリーに関する意識もより高まることが期待される。

速度　　　　　　　　　Speed

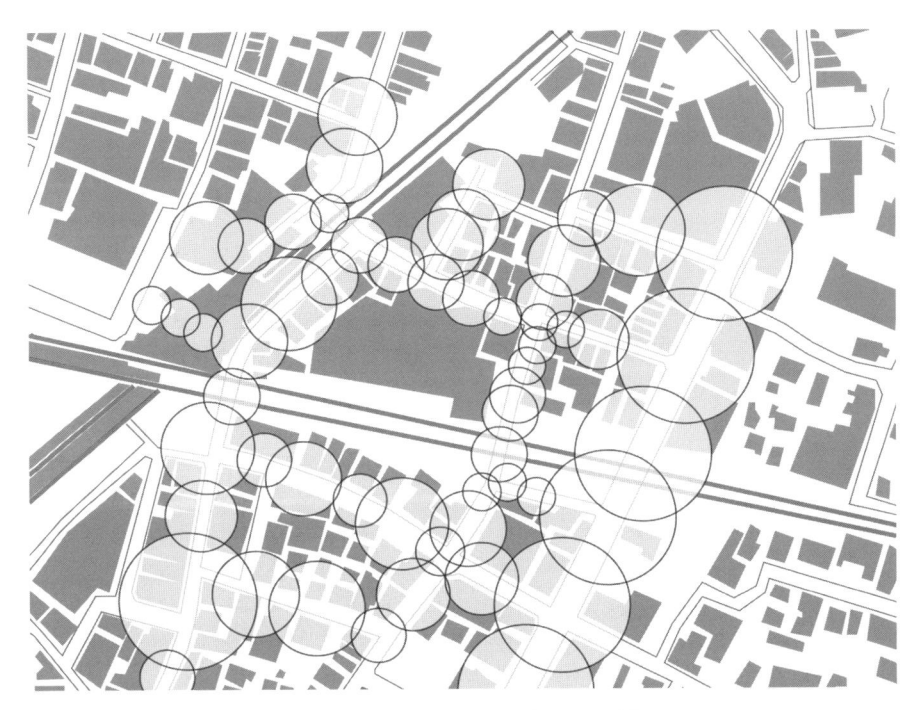

fig.6 移動速度によって描かれる地図。円が大きいほど移動時間がかからずスムーズに移動できる

速度から人を「観る」

　ここで紹介した2つの研究はどちらも速度をひとつの変数、仮説として着目した。人間の活動のなかで発生する速度、そしてその速度の変化はその人間の状態を明らかにするシグナルであり、空間、都市にも影響を及ぼしうる。そのシグナルに着目し、そこから人間の行動、心理を明らかにしていき、ひいては建築・都市計画に役立てていくことが可能ではないだろうか？

「3DCGムービー内の移動速度と距離・空間の理解度に関する研究」片倉潤也、2004／「車椅子介助時の移動・減速の要因と行動時間の制約に関する研究」水落裕樹、2009

Design：［速度］のデザイン

「意識の発火」をうながすデザイン

廣村正彰
（グラフィックデザイナー）

ひろむら・まさあき
1954年愛知県生まれ。田中一光デザイン室を経て、1988年廣村デザイン事務所設立。主な仕事に、横須賀美術館VIサイン計画。北千住丸井食遊館サイン計画。9hナインアワーズ京都寺町AD、サイン計画。西武池袋本店リニューアル計画。有楽町ロフト総合AD。西武ギャラリーにて『ジュングリン』展開催。ミラノ・サローネ ジャパンクリエイティブ エキシビジョン総合AD。すみだ水族館VI、サイン計画。東京ステーションギャラリーVI計画。主な受賞に、毎日デザイン賞、KU/KAN賞、グッドデザイン金賞ほか。

空間からわき上がる意味性

——廣村さんは建築や空間のサイン計画などのお仕事を数多く手がけられていますが、そこでのグラフィックの役割についてどのようにお考えですか？

　空間においてグラフィックデザイナーができることは、その空間の意味性を表現することだと思っています。
　私の主な仕事はビジュアルによるコミュニケーションのデザインです。グラフィックデザインのスキルというのは大きく分けてタイポグラフィ、色彩、構成力の3つがあります。
　グラフィックデザインは基本的に平面的な表現ですが、ピクトグラム、いわゆる絵文字は、文字よりも速い認知が可能な誘導機能をもつアイテムです。空間からわき上がるような演出に加えてよりよい機能をもたせるのにグラフィック表現は有効な手段だと思います。
　サインのデザインをする時、空間の意味性を分解し、必要な要素のみ残し情報整理したあとで、ビジュアルに落とし込んでいます。それに加えて意味や用途が一致するには、瞬間的な脳の気づきも重要なのです。
　私はそれを「意識の発火」といっているのですが、それは、単純に強調されていればよいというだけではなく、何気ない空間のなかに瞬時に脳が反応するものをいかに見つけ出すことができるか、そのことをずっと考えています。

——現代建築のあり方についてはどのようにお考えですか。

　最近の建築は、グラフィカルなものが増えてきた気がしています。20世紀以前の建築というのは、すごくシンボルとしての存在を求められていたので、建物自体の主張が強い傾向があったと思うのですが、現代建築は、

岩出山町立岩出山中学校（1997年 建築：山本理顕 撮影：藤塚光政［HELICO］）

存在の本質的な部分を空間で表現しているように感じます。

——**具体的には、プロジェクトの初期段階からコラボレーションというかたちでやられることが多いのですか？**

ケースバイケースです。途中から参加することもあれば、最初の段階から入る時もあります。

痕跡を消していく

——**実際に建築家とお仕事をされてきて、グラフィックデザイナーの仕事が、建築家にとっても空間を再発見する楽しさみたいなものはあると思いますか。**

そうなってくるといいと思っています。それを目的に一緒に仕事をしてくださる方はなかなかそう多くはないと思うのですが、最初からそういうスタンスでやりましょうという方も近頃は増えています。

実際、最後にサインをなるべく小さくつける、というのではなく、もっと一緒に考えていくことができれば、本質的な部分で解決できることはたくさんあると思っています。

私もよく言うのですが、サインがなくていい方法をまず考えましょうと。そのためには、建物だとすると入った途端にその中のシステムが分かり、なるべくなら自身で動くことが可能で、理解できるというのがいいのではないか。むしろデザインがされているという痕跡を消していきたいと思っています。

——**それはさっきおっしゃった、建築がだんだんグラフィック化しているということと、リンクはしていますか？** 時代によってそう

いう考え方ができたのでしょうか？

　それは最近の話だと思っています。同世代の建築家と仕事をしていると、とくに感じます。以前仕事で、建築家の方から「軽く」と言われた時あたりかもしれませんが、主体とそれに付随するものとしてサインを考えるのではなく、全体が主体であるという考え方です。

　20年ほど前に山本理顕さんと仙台の中学校の仕事をご一緒させていただく機会がありました。最初にお会いした時に山本さんは学校の授業のシステムから変えたいと考えていて、そうすることで自ずとサインも変わってくるのではないかと。「では、そこから一緒に考えましょう」と提案すると、建築自体というところまではいかないが、ゾーニングを含め、たとえば建具のようなものはすべて設計変更するなど、建築自体が変化していきました。建築家としてこのようなものの考え方をもっていることに感動しました。

きっかけを生むデザイン

——デジタルサイネージが普及し、街なかにおけるサインの方法もだいぶ変わってきていると思います。そういうものによって空間の認知の仕方だとか「空間」と「時間」の関係はどのように変化していくと思いますか。

　サインは技術革新とともに、表現が変化していくものであると思います。ある意味人間は既視感があると、あまり脳の発火がしなくなる傾向があります。たとえば、渋谷の駅前にQ FRONTができた時に、その大画面に映し出される映像を見てすごいと思ってみんな見ていましたが、今はあそこにいくつもの大型スクリーンがあります。そうすると最初は映像的に動くサイネージに新鮮みを感じ、注目しましたが、当たり前になることによってそれが抵抗なく視覚に入ってくるようになります。

　私たちの仕事は"気づき"を生む作業なの

丸井 北千住 食遊館
（2004年 インテリアデザイン：新藤力［千寿万彩］ 撮影：ナカサアンドパートナーズ）

速度　　　　　　　　　　Speed

で、「なるほど！」と思わせなくてはいけません。私は今のデジタルサイネージのあり方について、否定はしませんが、積極的に取り入れようとは思ってはいません。何らかの抵抗感、あるいは発火するポイントを探し出していくことが重要なので、先端技術のなかにもそのような要素を探し出していくという作業も必要になってくると思います。

――**抵抗や、発火とは興味深いですね。違和感があって目立つという。**

そうです。気づきを生むということは、抵抗感や意識の発火をさせながら、最適であるべき必要があります。何ごとも多角的な角度で考えてみるということが、私にとっては新しいデザインに思えます。

――**もうひとつお話を聞くと、抵抗をつくりながらも抵抗をつくらない。それは多分、「共有化」という言葉になるのかもしれないですが、抵抗をつくりながらも、じつは抵抗をつくらない努力もされているのかなと思うのですがいかがですか？**

抵抗をつくらないというか、社会性を見出すということだと思います。私たちがつくる"気づき"というのはある程度共有した意識のなかでの発火ポイントでなければなりません。デザインには「社会性」も必要なのです。社会性といっても、それぞれ仕事や世代ごとに違う枠組みがあると考えています。たとえば20代の若者、もしくはシルバーというターゲットなど、ある程度の範囲に分けています。そのなかで共有する意識が重要なのです。例えると駅のプラットホームのようなものでしょうか。"気づき"を共有する場所をつくることもデザインには必要だということなのです。

認知のスピード

――**僕らがイメージするグラフィックデザイナーの仕事というのは、2次元というイメー**

竹尾 湾岸物流センター（2006年 設計：三菱地所設計 撮影：ナカサアンドパートナーズ）

ジがあるのですが、それが3次元ということになると違う時間を意識されるのではと思ったのですがいかがですか。

　平面でも立体でも同様に、物事を単純に考えるようにしています。

　私の仕事はある意味で空間のグラフィズム化という気もしています。

　もうひとついうと、時間の話はグラフィック的にあるいはサイン的に考えると、速度は遅いほうがいいです。

　サインのデザインは、認知の速度をなるべく速くしようとしている傾向があると思います。知覚自体は速いほうがいいかもしれないのですが、そのため共有したピクトグラムの使用や、瞬時に何かを判断できることを最優先にしようとしている部分があります。それは公共的なところ、たとえば駅や空港などでは重要なポイントかもしれません。しかし個別な空間というのは、それとは少し間を隔てたほうが具体的な意味性だけでなく、感覚的な空間の意味性感を理解することができるので、いいと思っています。

　空間の意味性の解釈は、何かに気づいてそこで自分なりの発見をしてもらうということからはじまるものです。一概にはいえないのですが、そのために少し遅くても、よいコミュニケーションがとれると私自身は思っています。

――**それは面白いお話ですね。やっぱりサインという言葉で聞いてしまうと、わかりやすさが第一のような感じでしょうか？**

「わかりやすさ」、常にそれを求められていますね。でも、「わかりやすさ」っていったい何だろう？　もっというと「わかる」ってど

横須賀美術館（2007年　建築：山本理顕　撮影：近藤泰夫）

速度　　　　　　　　　　Speed

ういうことだろうか。「わかる」ということについて、リチャード・ワーマンというアメリカの情報デザイナーが、「わかる」ってことは「わからない」っていうことがわかることだよ、といっています。

「わからない」ということをわからないと、「わかる」ということがわからない。たとえば「笑い」があります。日本のテレビには、お笑い番組がたくさんありますね。でも外国人はあまり笑えないのです。それは当然言語の差があるからでしょうが、じつは「笑い」は共有化した意識がないと笑えない、いちばん高度な文化の表現じゃないかと思いますね。伝えるということにおいて、そこが結構重要だと思っています。

ようするに先ほど話した、意識を共有するプラットホームの話に結びつきます。同じ意識のプラットホームができていれば、トイレに大きな人型のサインをつける必要がない。つまり、文化的な意識の根底にある共有している部分を、探していく作業だと思います。

それを心配になって「わかるように、わかるように」というのだけれど、じつは「わからない」ということがものすごく意識を発火させるようであれば、それはそれですごくこの空間の意味性を表すことになるかもしれないということだと思うことがあります。

「気づく」とか「意識を共有化させる仕組みをつくる」ということが私たちの役割ではないかと思っています。

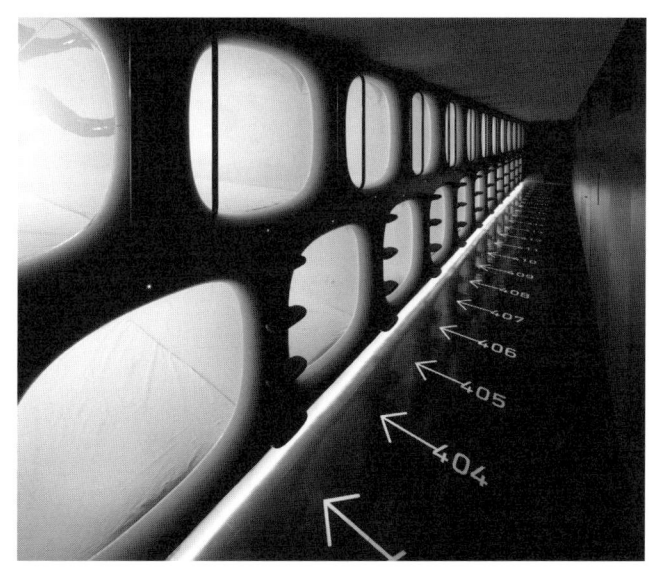

9h nine hours（2009年 クリエイティブディレクション、プロダクトデザイン：柴田文江 インテリアデザイン：中村隆秋 撮影：ナカサアンドパートナーズ）

ハレの場

都市を一時的に非日常の空間へと変容させる「祭り」。このような一時的な祝祭の場を描いた絵画は数多く存在する。そこには通常、神輿や山車、それを担ぎ、牽引する人々の熱狂が生き生きと描かれるが、江戸時代の浮世絵師、歌川広重が描く『名所江戸百景』の「市中繁栄七夕祭」には神輿もそれに熱狂する人々も登場しない。画面には、遠くに富士の山を望む構図の中に、重なり合ういくつもの屋根と、祭りの間だけ出現する無数の七夕の笹竹だけが描かれる。画中の要素を限定し単純化することで、水平に連続する屋根が覆う日常性と垂直方向に伸びる七夕の笹竹が示す非日常性が明確に対比させられる。民俗学者の柳田國男は非日常としての「ハレ」と、日常としての「ケ」を提唱したが、広重の絵ではその両者がひとつの空間の中で共存している。この絵が語るのは、そんな都市空間のもつ両義性である。

fig.1 歌川広重 『名所江戸百景』「市中繁栄七夕祭」
(所蔵:東京都立中央図書館特別文庫室)

fig.2 方丈の生活復元図（出典：イラスト＝中西立太 『週刊朝日百科 日本の歴史5』朝日新聞社）

無常

「ゆく河の流れは絶えずして、もとの水にあらず……」という有名な句で始まる『方丈記』を書いた鴨長明は、晩年になって自らの住まい「方丈庵」を人里離れた山の中に建てた。それまでの人生で多くの天災、人災を経た長明が辿りついたのは、この世は一時的なものである「無常」という境地。ゆえに自らの住まいも、仮の住まいと定め、最小限かついつでも移動することのできるものとした。長明のように土地の束縛からも離れ、日々の生活に必要な最小限のもので、最小限の空間に、仮の宿として住まうこと。すべての時間が一時的であるという「無常」という概念をもって生きることは、現代人にはなかなかできないことであるが、そこには3.11後のわれわれが学ぶものは多いと、福島に住む僧侶、玄侑宗久は唱える。震災後、玄侑は何度となく『方丈記』を読み、さまざまな予期せぬ境遇の中で生きていくには、「揺らぐ」ことをあえて肯定する「無常」という考え方をもつことが有効であると考えるに至ったという。そして、この「無常」という概念はこれからの建築・都市デザインにも示唆的な言葉にもなり得るのではないだろうか。われわれは自分たちの環境を「一時的なもの」の連続だと捉えて、初めて永続性を獲得できるのかもしれない。

fig.3 新宿サザンビートプロジェクト2005
（ステュディオ・ハン・デザイン／
© momoko japan）

一期一会

今日も都市空間のどこかで見られる建設現場。その敷地を囲む仮囲いは、今日では都市空間の中に一時的に出現する巨大キャンバスとしての機能を果たしている。建てられる建物の規模、立地の多様さゆえ、そこに描かれる内容はじつに多様だ。それは危険な建設現場というイメージを払拭するためのやさしいイメージから、建設中の建物の完成予想図を象徴的に描いた広告、さらには仮囲いをアート化して見せるものまで、じつに豊富なバリエーションが存在する。また、海外旅行で観光名所を訪れた際に、あいにく修復中でその仮囲いに実物大の建物が描かれているのを見たことのある人も多いだろう。仮囲いとは、都市にできる一期一会の視覚的悦楽であるといえよう。

Analysis : ［一時的］の分析

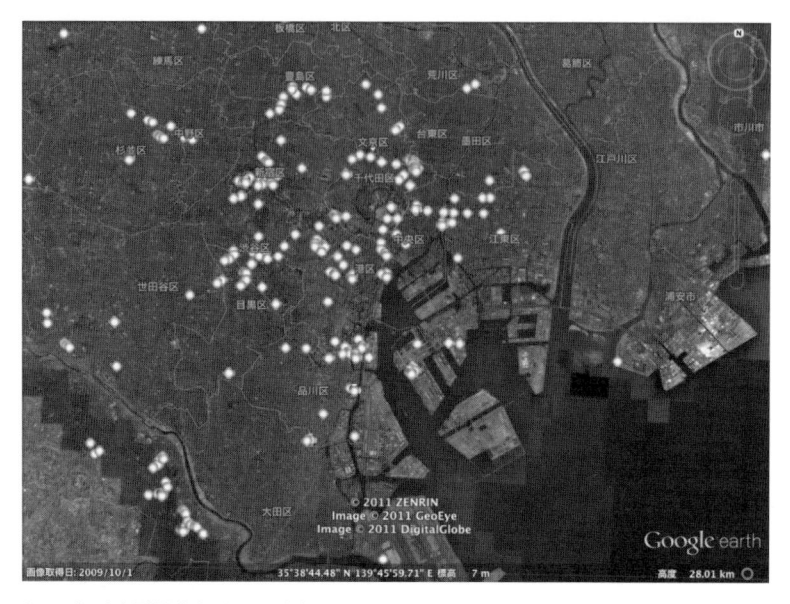

fig.4 東日本大震災発生時の人々の分布（14:46〜17:46）

　地震や津波、また火災などの非常時に備えるために、建築物が倒壊しない構造、材料の耐火、建築物内にいる人々を安全にすみやかに避難させる空間計画といったハード面、そして、避難誘導の手法などソフト面に関するものなど数多くの研究がある。
　首都直下型だけではなく多くの地震の可能性がある中、地震発生時の帰宅困難者に対する一時的なサポート、また避難所生活を強いられる場合のプライバシーの保護に関する対策など、必要かつ急務である研究課題はまだまだ数多く残されている。

非常時のためのデザイン

　何ごともない平穏な状態が永遠に続くのであれば、建築や都市空間を設計、計画する際には平常時だけを想定すればよい。しかし、空間をつくる立場の者たちは、あってほしくはない地震、あってはならない火災などがいつでも起こりうるという認識をもち、このような非常時においても安全で、安心できる空間をつくっていかなければならない。
　地震や津波、そしてそれによって引き起

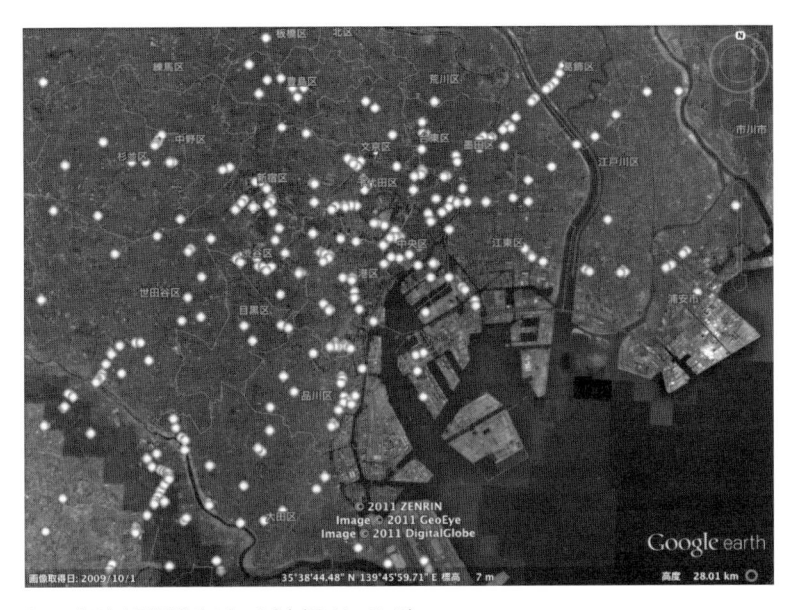

fig.5　東日本大震災発生時の人々の分布（20:46〜23:46）

される火災が発生した場合には、数多くの帰宅困難者が発生する。この帰宅者たちの困難を軽減するためには、適切な機能や規模をもつ施設を必要な場所に設置し、そしてまた正確な情報をリアルタイムに提供することが必要となる。

災害時のTwitter利用

2011年3月11日午後2時すぎに発生した東日本大震災では首都東京でも震度5強を記録し、電車は夜中までストップした。そのため、仕事で都心に来ていた人々は会社に残り一夜を明かすか、歩いて帰れる距離の人は帰宅するかどうかを決断する必要があった。このような状況の中、駅構内から帰宅困難者を締め出してしまうという鉄道事業者の対応の不手際により、歩くには限界を超えた距離の自宅まで徒歩で帰ることを余儀なくされた人もいた。一方、企業や大学の中には、徒歩で帰る人に飲み物や軽食を提供し、また帰宅困難者を一晩受け入れる体制をいち早く取った

食 Eating			
休息 Rest			
疲労 Tiredness			
	14:46-17:46	17:46-20:46	20:46-23:46

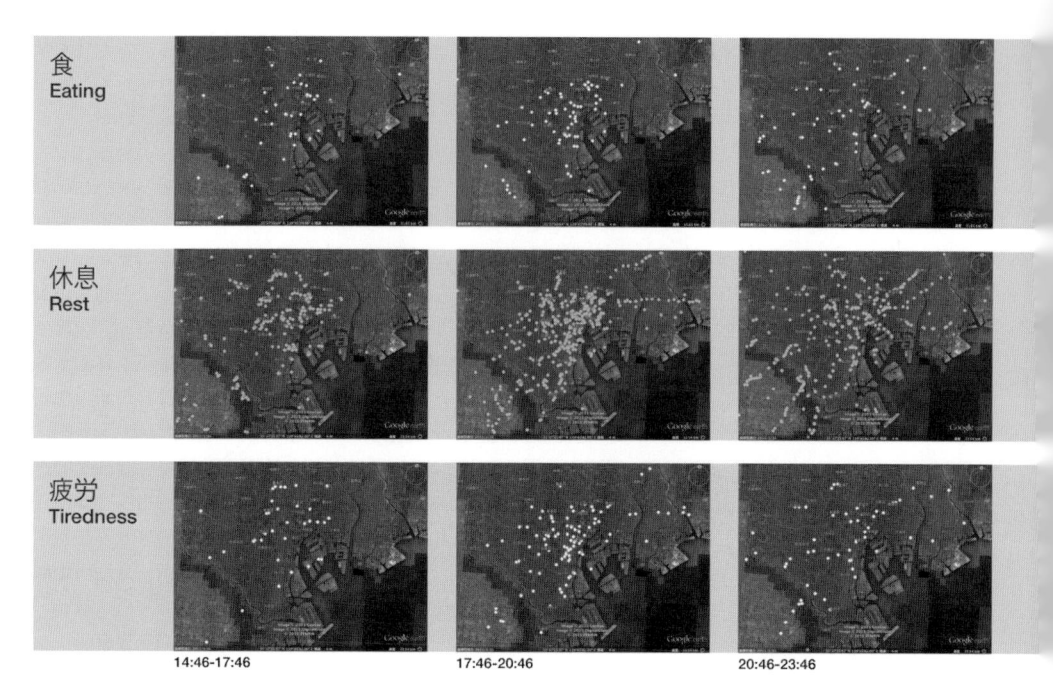

fig.6　東日本大震災発生時の被災者の欲求と分布

ところもあった。

　1995年の阪神・淡路大震災は夜明けに発生したため帰宅困難者の問題はなかったが、まだインターネットの情報網が発達していない時代であったので、正確な情報をリアルタイムに取得することができなかった。しかし、東日本大震災では、即座に情報を取得するツールとして、インターネットを活用したSNS（ソーシャル・ネットワーキング・サービス）が利用された。その中でも、大きくクローズアップされたのはTwitterであった。あのような被災状況下でも、Twitter利用者が地震発生直後から地震や被害の状況を送信し、そ れを受信し自らも状況を送信するといった情報交流が行われた。そして、自分の行動を決定する際にそれらの情報を利用するといった新しい情報行動が見られた。

　このTwitterには、情報の即時性や、細かい場所の情報まで送信できるなどの特徴がある。災害時に発信されたツイートを収集し、被災者側および支援者側で共有すれば、被災者にとっては帰宅時に危険や混雑を避け帰宅するルートを選択する際の有益な情報（**fig.4〜6**）となる。また、支援者側にとっては、食事やトイレなどの提供に関する情報発信など、帰宅しようとする被災者の要求にあったサー

一時的　　　　　　　　　　　Temporary

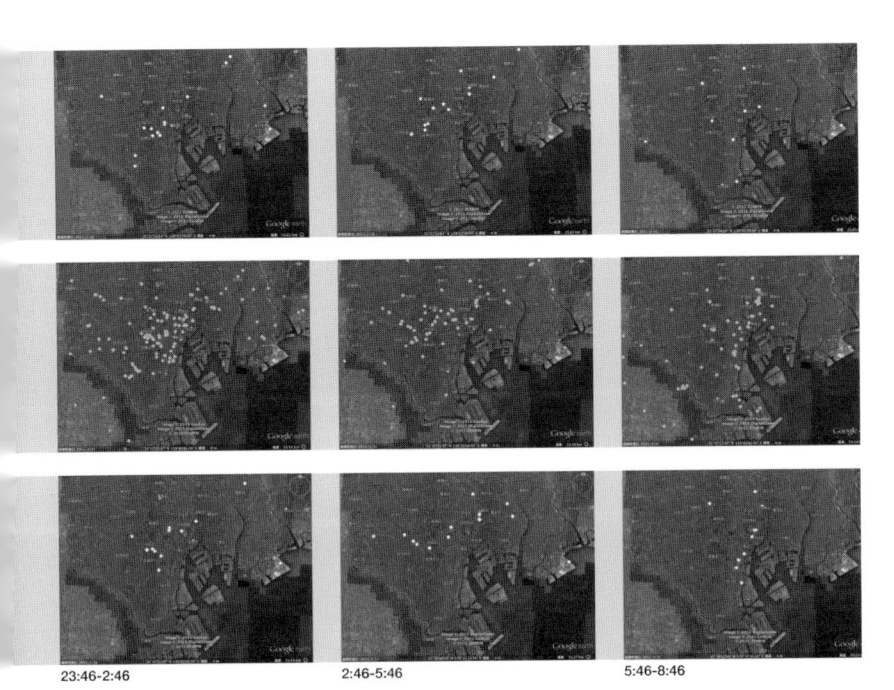

23:46-2:46　　　　　　　　　　2:46-5:46　　　　　　　　　　5:46-8:46

ビスを的確に提供できる。

被害をなくすデザイン

　災害が起きた時、どこにどれだけの人がいるのかを把握し、安全に避難場所へと導くシステムが必要である。そのためには、先の大震災時でもその効果が証明されたTwitterを代表とする情報システムの活用が必須であり、システムをいかに利用するかという利用マニュアルの整備も必要である。また、リアルタイムに状況を把握し、スムーズに救援物資を流通させることができるネットワーク化されたまちづくりを目指すことも重要である。

　東日本大震災が起こってからしばらくの間、政府の対応をはじめ避難施設での状況など、これまでの教訓はどこへ行ったのかというような、まさかというニュースが連日飛び込んできた。次の災害時には、これまでに起こったすべての災害の教訓をもとに、被害ゼロを目指すことも建築に携わる人間としての使命である。

「災害時におけるソーシャルメディアを用いた支援システム」茂庭竜太、2011

Design : ［一時的］のデザイン

シェアと「時間」を巡って

猪熊純
（建築家）

いのくま・じゅん
1977年神奈川県生まれ。2004年東京大学大学院工学研究科建築学専攻修士課程修了。2007年成瀬・猪熊建築設計事務所設立。首都大学東京助教。新しい公共、サードプレイス、ネットワーク、シェアをテーマに活動中。http://www.narukuma.com/

建築における利用と所有の関係性

――猪熊さんが取り組まれているシェアというのも、「時間」というものがファクターになっていないでしょうか。そういった意味ではシェアを考えることは、建築家の新しい職能を考えるうえで、ひとつの重要な要素になってきている気がします。

　シェアの話を時間軸のなかで扱ってもらうのは初めてなのですが、われわれのなかではシェアと時間は関連づけて考えていました。シェアとは共有することと同時に、所有しないことなのですが、それは「利用」の仕方が主題になった建物の捉え方なんですね。家を買うということは、「利用」と「所有」が一体になったことです。シェアになった瞬間にそれが分離しはじめる。そこでは住み方が賃貸以上に多様になる。こうしたなかでは、時間に対する考え方もずいぶん変わってくるのだと思います。

　自分が生活しているなかで人生のタイムラインとして、どの年齢の頃にどのような家族形態で、どの場所で暮らしているのが最適かというのは、終身雇用というものが幻想に近いものになった今、昔と比べてどんどん見え

名古屋のシェアハウス（2011年〜）

にくくなっていると思うんです。そういった意味ではライフスタイルは固定しにくくなっているのが現状だと思います。

僕らの世代だと、都会ではとくに、大学に入ってひとり暮らしをする人も多く、自分も10年で5〜6回引っ越しをしてきていて、気軽に住む場所や働く場所を変えてきました。

その究極、シェアとはある場所に住み続けることの反対がシェアだと思っています。人と一緒に過ごすということもシェアハウスの一側面なのですが、別の視点としては、住まいがこれまでと比べて「軽いもの」になるということです。そのいちばん分かりやすい方法が家であればシェアハウスで、働く場所であれば、コ・ワーキングスペースのような場所だと思うんです。一時的に自分のスペースを大きくしたり、小さくしたりすることのリスクをどんどん減らせることがシェアのメリットだと思います。

社会がこれまで以上に流動化していき、自分の職場や家も、広さも場所も、簡単に変えられる環境づくりということと、シェアということは関わりが深いと思っています。そういった意味では、「一時的」というキーワードは大切になっていくと思います。

THE SCAPE(R)（2012年）

建築のフレキシビリティについて

——**流動的であることと、そうでないことというのは意識的に考えたりされますか？**

そこが建築の面白いところだと思います。人工物のなかで建築は土木についで長持ちするものですが、社会がどんどん速いことを要求してくるのに対し、建物はどう考えても速くはなれません。そのギャップが面白いと思っています。以前、近代以降の住宅について考える展覧会に参加したことがあって、これまで建築家がどのようなことを展覧会を通じて発信してきたかを調べたことがありました。これは偶然だったのかもしれないのですが、バックミンスター・フラーやメタボリズム、アーキグラムや伊東豊雄さんの「遊牧少女のパオ」などに行き当たり、それらは建築を動かしたり、軽くしていく流れだったんですね。

社会の変化のスピードがどんどん速くなっていくなかで、それに効果的に対応する手段として、建築も動かなければいけないと思わされていた時代があり、それに刺激を受けていた建築の流れが、あったのかもしれないと思いました。ただこれは、ひとりの人間がひとつの建築を所有することを決めてしまうから、建築が動くとか、軽くとか、そうなってしまうと思ったんですね。たとえば、3か所くらいに家なりスペースをもっていれば、人だけ動けばすんでしまうのに、建築と人をセットにした途端に、建築は軽くならなければならなくなる。でも実際は、建築を、動かしたり建て替えたりすることは容易ではないし、建築は速度でいえば、そもそも遅い。むしろ、利用と所有を分離して、利用の仕方の技を高めていくというか、使い方のアイデアをうまく高めていくことで、じつはその流動化に対応できるようなイメージがあるのではないか

その建築的なひとつの解答がシェアなんだと思うんですね。

── 建築の使い方の多様性やフレキシビリティについては、1960〜70年代にも建築やデザインの分野でたくさんの議論や提案がされましたが、それとは違うということですか。

おっしゃるとおり、70年代前後に住宅や設備がこういうふうにも使えますよ、というフレキシビリティに関する提案はいっぱいあったのですが、そうではなくて、人間のほうがその時々に応じて適した住まいに移り住んでいけばいいと思っていて、かつてと今のフレキシビリティの考え方の差って、そこにあるなと思ったんです。人や物や情報の動きが加速していく時代に、遅いはずの建築も同じ速度で変えてしまうと、歴史などのゆっくり流れていくものが何もなくなってしまい、速くて安くてチープなものしか街に建っていない、という可能性もあって、そこには建築家として疑問を感じています。建物は遅いままでいられて、利用の仕方は社会のスピード感に合わせて変えていけること、そのつじつま合わせが設計になっていくというイメージがあります。そのいちばん分かりやすい例が、リノベーションだと思うのです。

シェアと環境づくり

── 多様な暮らし方に対応するための内部空間づくりに意識が向かっていくと、都市もそうですが、究極的には建築の外側はどうでもよくなってしまうということはありませんか。

環境も変えながら暮らしたいというライフスタイルは、外側も含めた提案だと思っています。都市の中なのか、川沿いなのか、森や林の中なのか、畑に囲まれた広々とした場所に住みたいのか、コンテクストを含めたところまでの話だと思っていて、そうなった時に、建築がその外側を含めた環境づくりまでを含めた提案になることが重要だと思っています。リノベーションというと、内部の操作という話に思われがちですが、外部の環境まで含めた問題にいずれはなっていくのではないでしょうか。シェアハウスであれば、共用部と個室の関係になってくるので、内装するというレベルをどこかから越えていかないと、新しい住まいにはなりにくいと思うんです。たとえば、川沿いで、ひとり暮らしで、でもみんなでバーベキューもしたいという環境に住みたいとなった瞬間、選択肢のひとつとしてシェアの話が登場します。よりライフスタイルをリアルに想像しはじめると、シェアハウスが提案しうる幅というのは結構あるな、という感じがありますね。

被災地におけるつながりの場をつくる

── 〈りくカフェ〉の取り組みについて教えてください。そこではどのようなことを考えていますか？

今はいくらか飲食店なども復興してきているのですが、被災当初は飲食店はおろか、住

世田谷フラット（2011年）

宅も何もかもなくなってしまいました。そんな状況では、住民の方たちが普段交流する場所もなく、仮設住宅に暮らしている方たちの寄り合い場も、セキュリティの問題から、仮設住宅に暮らしている人しか使えない環境でした。住民の方がばらばらになってしまったこともそうですが、広場や市場、町中のように、誰もが自由に使えて、人が集まる場所というのがなくなってしまいました。

その頃、陸前高田のお医者さんで個人で病院を再建された方がいて、その病院の待合所に患者さんをはじめ、人が集まるような状況が自然と生まれていました。そこで人が自然に集まれる場所があったらいいよね、ということがきっかけで、〈りくカフェ〉の話がはじまりました。

——〈りくカフェ〉は被災地の大変な状況のなかで、公共ではなく、被災された方たちの自発的な活動の一環として生まれたことが貴重だと思いました。今後どのように運営されていくのでしょうか?

具体的には、地元のお医者さんが自分の土地の一部を貸し出し、運営も地元の人たちがボランタリーでやっています。

最初はみんなが集まる場所をつくりたいといった漠然としたものだったのが、最近はカフェの売り上げも少し出ているような状況です。今はいくつか今後のこの場所の使い方の話がでてきていて、ひとつは新しく飲食店をはじめたいという人のスタートアップにしてみたいという話です。被災して何もない状況で、いきなり自分のお金で仮設店舗を、というのはリスクが大きい。そういった時にテンポラリーで何かをすることがしやすい状況をこの場所でつくることで、地元の方たちの起業のためのステップアップの中間的な位置づけになればというものです。社会のなかでも、新たに企業したい人のためのインキュベーション施設が増えてきていますが、そのような施設のよい点は、アイデアを考えることに特化しつつ、まわりに相談ができる環境が整っていることです。そのような初期投資を少なく、実験ができつつスタートアップしやすい環境というのは、少しでもリスクがあると物事は動きにくい今の時代にも合っているのかなと思いますね。シェアも含めて、一時的であることのメリットは、リスクを少なく、いずれ長期でやることの実験をしやすいということがあると思います。

——1960年代以降、70年代くらいまで、公共がそういったことをやるのがトレンドだったと思うのですが、ある時代からそれが変わったと思うんです。志ある人が自らの財産を使って何かをしようということは素晴らしいし、そういった時代には公共のあり方も変わっていると思うんです。地区を引っ張っていくリーダーの存在のあり方も、〈りくカフェ〉を見ていると感じることです。

おっしゃったように、公共のあり方については、この〈りくカフェ〉を通じて、自分も変わったなと思いました。この計画は、地元のお医者さんが場所の提供を含め、声を上げてくださったので実現しているのですが、彼

りくカフェ(2012年)

らは、「町の人たちがいたから病院を運営してくることができた。だから、これからは自分たちが何か町の人にお手伝いをする番である」という話をします。まさに民間がつくる公共です。

一方でずっと奉仕では続かないので、奉仕に近い状態は残しつつ、少しでもいいから利益を上げていくシステムづくりも課題になっていて、今後継続していくためには、それが両立するアイデアというのが重要になってきます。

──それはどこの行政でも課題になっていることですね。経済的に自立していこうとなった時にハードルが上がるし、新たなアイデアが必要になってきます。

被災地の状況が本格的に復興に向かっていくなかで、被災地であるという前提がなくなっても成立していくように、あるいは行政や民間の支援が受けられている今のうちに、より日常化しても成り立つようにしていかなければならないと切実に思っています。

──今は仮設ですが、今後本設に向かうというお話もあるそうですが、本設に向けた状況はどのようなものでしょうか?

今は本設のための補助金や寄付を集めている最中で、うまくいけば来年の夏か秋に建てられるかもしれないという状況です。われわれにとっても、実際にこうした施設の運営に関わったのは初めてでした。やって初めて発見することも得ることも多くありました。〈りくカフェ〉をはじめてもうすぐで1年経つのですが、運営しているスタッフの方たちがイベントを考えたり、Facebookページを立ち上げたり自発的にするところまでいっています。それを練習するための期間として仮設というのはとてもよかったな、と本当に思います。この場所の本当の役割というのが1年かけて見えてきたと思っています。

──最後に「時間」と「空間」についてお聞きしたいのですが、今までのお話をうかがっていて思ったのですが、〈りくカフェ〉もそうですが、「空間」だけを考えてもできないのだけど、「時間」を味方につけた時にできるようになることとは、どのようなことだとお考えですか?

狭い意味のリノベーションではなくて、もともと街がもっていた意図とは違う使い方で空間が使われはじめた瞬間に出合った時に、時間と空間が同時に見えてくることがあります。たとえば新築でも、自分が建てた建築が意図しない方向に使われた時などが面白いと思います。

それは何もリノベ的に、古いもののよさってあるよね、というマテリアルの「味」の問題ではなく、当初計画していたことが矛盾や破綻をきたし、それが別のアイデアを得ることで、価値がよい方向に転換する時があると思うんです。

──破綻したものの自律性というか。それはいろいろなスケールに当てはまるような気がしますね。

「モダン」が意図したとおりに計画的につくる側だとしたら、それが破綻する時が醍醐味であるということです。その時に時間と空間の両方が顕在化してくるのではないかと思いますね。

テンポラリーな空間の可能性
山本陽一
（建築家）

やまもと・よういち
1975年埼玉県生まれ。2000〜06年清水建設設計本部、2006年山本陽一建築設計事務所設立。2006年KOKUEIKAN PROJECT入選、2008年JCDデザインアワード新人賞、2009年田屋リニューアルコンペファイナリスト、2011年沖縄県新看護研修センタープロポーザルファイナリスト、2012年葉山一色海岸海の家コンペ次点、CSデザイン賞準グランプリ。

インスタレーションに込められた時間

——**ISSEY MIYAKEのウィンドウ・インスタレーションの仕事は、一瞬の時間を封じ込めたようなデザインが印象的ですね。**

「一瞬の時間を封じ込める」という表現は面白いですね。とくに時間を意識してつくったわけではないのですが、人間が動く時には必ず時間が伴っていると考えると、その動きのなかのある一点に注目して表現したところは、まさに一瞬の時間が封じ込められているといえます。

——**デザインする際に、どんなことを意識していたのでしょうか。**

初めてインスタレーションに取り組んだのですが、内部空間がなく、外から見られるためだけに存在するものに対して、いかに興味をもってもらえるか、どのように興味を引き出すか、というところに着目しました。僕たちがいつもやっている建築や内装には内部空間があって、住人や利用者が中に入り込んで、そこで起きる体験やそれらの関係性を設計しています。建築は外からも見られるのですが、

2D/3D Chairs for ISSEY MIYAKE
（2011年）

2D/3D Chairs for ISSEY MIYAKE（2011年）

中と外で起きることを同時に考えています。しかしこのプロジェクトでは、基本的に内部に入ることができません。場所は銀座の中央通りから1本入ったガス灯通りですが、「銀ブラ」という言葉があるように、まさにブラブラと歩きながらウィンドウショッピングを楽しむところです。通りを歩きながら眺めるだけで、視点が限られているというところが、この場所のいちばんの特徴だと思います。これ生かそうというところから考えはじめて、歩きながら見るという連続的な動きのなかに、ハッとするような、驚きのある視点を埋め込むことにしました。

──ISSEY MIYAKEの服づくりはコンセプチャルなものが多いですね。

ISSEY MIYAKEブランドにA-POC*1というラインがあって、この名前に顕著に表れているのですが、「A Piece Of Cloth」つまり「一枚の布」という言葉の頭文字になっています。あの立体的で美しいドレスが、たった1枚の平らな布からできているということな

んです。1枚の布にハサミで切り込みを入れて、折ったり縫い合わせたりするだけで、立体的で美しいシルエットができるというコンセプトが、すごく面白いと思いました。2次元の素材を扱いながら、3次元のフォルムを自在につくっていくという考え方は、建築的な考え方にもどこか近いと思います。建築は2次元の図面を使って3次元の空間をつくり出すわけですから。これが今回のプロジェクトのアイデアにつながっていて、下半分がステージ面に描かれた2次元のグラフィック、上半分が3次元の実物の椅子の背で、ある視点でそれらが一体の椅子になるという仕掛けです。平面と立体の間を彷徨うような、ISSEY MIYAKEの世界をインスタレーションで再解釈しています。

記憶をデザインする

──ショップの空間や展示空間は、建築などに比べるとテンポラリーに近いものですが、

一時的　　　　　　　　　　　Temporary

建築との違いとはどのようなことが挙げられますか?

　まず感じることは、デザインの射程が建築よりかなり短いということです。デザインの射程というのは、簡単にいうと「流行」や「賞味期限」という意味です。ISSEY MIYAKEのプロジェクトでは、ファッションというサイクルの速いデザイン領域が対象だったので、施主とのやり取りのなかで、建築とファッションの時間のスケールの違いを肌で感じました。たとえば椅子の色を決めかねていた時、展示が6月だったので、梅雨のジメジメを忘れさせるような、さわやかな寒色系がいいのでは、という意見が施主のほうから出てきて、ハッとしました。これは目から鱗でした。建築では周辺環境のなかでどのように見えるか、馴染ませるのか、際立たせるのか、といった決め方をしますが、季節で色を考えたりしませんよね。彼らはシーズンごとにコレクションを発表したり、半年以上先のモードをつくるわけですから、季節という時間のスケールが体に染み込んでいるんだと思いました。ファッション業界では、年ごとに「流行色」を決めたりもします。何十年も存在する建築は正反対で、ずっと変わらないもの、普遍的な色やかたちを探しているような気がします。

　もうひとつ建築と内装で大きく違うことがあって、設計にかけられる時間や施工期間がまったく違います。これは本当に長距離走と短距離走ぐらいの違いがあって、建築はひとつの住宅を1年くらいかけて、打ち合わせを重ねて施主が言葉にできないイメージを探りながらじっくり設計する感覚ですが、内装では提案から竣工まで1〜2か月というスケールで、瞬発的に発想して、反射神経でつくる感覚です。作品のコンセプトも必然的に、言葉で説明しなくてもひと目見て分かりやすいものが求められます。ですから、依頼があってから参考事例を探してイメージを膨らませて、ということをやっている時間がありません。僕はもともと建設会社の設計部にいたこともあって、竣工までの時間が長いプロジェクトしか経験がなかったので、初めて内装に関わった時は本当に驚きましたね。以来、日頃から街を歩く時でも雑誌を見る時でも、使えそうな素材を探して溜めておくように心がけています。

——テンポラリーだからできることとは、どんなことでしょうか?

　物理的には、建築と内装やインスタレーションでは要求される耐久性がまったく違うので、それが表現の違いに大きく影響している

マセドゥラヴィ・パラディサロン・カレスモア（2007年　撮影：Toshiyuki Yano）

三ツ沢の家（2008年 撮影：Toshiyuki Yano）　　2本の剣（2010年 撮影：Mitsutaka Kitamura）

と思います。たとえば建築では、強度を保ちながら軽く見せるために神経を使ったりしますが、インスタレーションでは華奢な材料でも躊躇せず使えますし、なんでも強力な接着剤で貼り付けてしまえばいいわけです。何を表現するかということには悩みますが、その納まりに悩むことは少ないと思います。

　もっと重要なのは、展示の期限が決まっているインスタレーションと、100年建っているかもしれない建築では、存在することの意味がまったく違うということです。建築には、いつでも見に行くことができる安心感や、建っている場所と結びついた確固たる存在があります。しかしテンポラリーなものは、無くなったあとには見た人の記憶にしか残りません。とくに商業的な用途の内装や展示では、どれだけ人の記憶に残せるか、ということが大事になってきます。それは言い換えると、テンポラリーだからできることは、記憶をデザインすること、ではないでしょうか。

領域の境界

　——設計をするうえで、いちばん大切にしていることはどのようなことですか？

　今まで建築、内装、家具、インスタレーションと、いろいろなスケールのプロジェクトに関わってきましたが、どのプロジェクトでも、その場所にしかないコンテクストや、関わる人たちの思いなど、見えるものも見えないものも含めて、作品のなかに関係づけたいと思っています。建築は否応なしに外界と接続するので、外界とのやり取りは当たり前にやっていることだと思いますが、部屋の中で完結するプロジェクトでは、閉じた世界だけで終わってしまいがちです。そうではなく、たとえ視覚的には閉じた環境であっても、できる限り外の状況を読み込んで、精神的には開かれた状態をつくりたいですね。もともと、それぞれ専門領域が分かれていて、設計の手法も違うし、使われている言葉やその意味も少しずつ違っていたのですが、僕たち若手はそれらの領域を横断的にやっているし、やらざるを得ない状況にいますから、それらを統合するようなアイデアだったり、それぞれの領域の境界に対して意識的にアプローチしたいと思っています。

　——「時間」と「空間」について、どのよう

にお考えですか？

　時間軸をもった空間について、興味をもっています。以前、葉山の一色海岸に建つ海の家のコンペに参加したことがあるのですが、海の家は6月に施工して7月から8月末までの2か月間だけ利用されて、そのあと取り壊される、まさにテンポラリーな時間軸をもった建築ですね。同じように季節限定で存在する建築に、有名な京都の貴船川床や鴨川納涼床があります。夏に川の上に架台を組んで床を張って、その上で食事をしながら涼むわけです。これも10月には解体して翌年の5月までしまっておくそうです。僕は趣味で登山をしますが、北アルプスには、冬の間は解体しておいて夏にまた組み立てる山小屋があります。雪崩が多い場所に建てておくと押し流されてしまうので、あらかじめ解体しておこうという知恵です。建築といっても、すべてが竣工時の姿のまま長い時間建っているわけではなくて、もっとテンポラリーで、自由に建築を使う術が昔からあるんですね。

　一時的な空間利用という意味では、東日本大震災の時、都心では多くの帰宅困難者が生まれましたが、2012年の1月に東京駅周辺の地下道を一時避難や宿泊の場所として利用する社会実験が行われました*2。この地下道はもともとそうした利用を想定した場所ではなかったのですが、有事の際の一時的な空間利用やバッファーを含んだまちづくりを、根本的に考えていかなければなりません。そうした時間軸をもった空間は、建築単体としても、都市的なスケールでも、もっと積極的に利用できるのではないでしょうか。季節ごとに変わったり、生活スタイルに合わせて変化したり、災害に備えたり、多様な時間軸をもった空間が必要だと感じています。この時、内装や家具、インスタレーションなど、いろいろな領域での経験が生かせるのではないかと考えています。

＊1　**ISSEY MIYAKE**　1971年、ニューヨークにてコレクションを発表、その後1973年よりパリ・コレクションに参加。衣服を「一枚の布」と捉えた三宅一生の服づくりは、世界で多くの共感を得た。
A-POC　三宅一生と藤原大によるブランド「A-POC（エイ・ポック）」の語源は、「A Piece Of Cloth（一枚の布）」と「Epoch（時代）」を合わせた造語。コンピュータ・テクノロジーを用い、一本の糸から一体成型で服をつくり出すこの製法は、衣服以外の分野へも広がる可能性をもっている。21世紀の「一枚の布」を生み出すプロジェクトとして1998年に開発がスタートした。（ISSEY MIYAKE ホームページより一部抜粋）

＊2　**行幸通り地下周辺における防災性能向上のあり方検討 社会実験**　実施：東京駅周辺安全安心推進協議会／期間：2012年1月27〜28日、2月17〜18日

葉山一色海岸 海の家の提案（2012年）

持続　　　　　　Sustainability

じ-ぞく【持続】
［名］（スル）①ある状態が保たれること。また、保つこと。中断することなくつづくこと。「―力」「効果が―する」「関係を―する」②［哲］［フランス durée］ベルクソンの用語。意識の直接の事実として、なんら反省の加えられぬ直接の時の流れ。

見えない持続

「雨だれ石をも穿つ」あるいは、「年輪を重ねる」など、持続を言葉で視覚化した表現は多い。しかし三重県伊勢市にある伊勢神宮は「見えない持続」の象徴であろう。まず、実際に訪れても、杉木立に遮られて物理的にその存在をはっきりと見ることができない。仮に見えたとしても、そこにあるのは時間的な厚みをもった素材をまとう建物ではない。20年に一度行われる式年遷宮によって建物は20年ごとに建て替えられるため、われわれが目にできるのは古くても20年という物質の年月の経年変化しかない。逆にいえば、物質が真の永遠性を保持できないがゆえに、式年遷宮によって、その存在の永続性を確保しているともいえる。当然のことながら、そこにおおよそ13世紀といわれる長い時間の持続を視覚的に見ることはできない。あるのは目に見えないシステムの持続だけだ。物理的な持続はなく制度を持続させる。建築家の磯崎新はそこに伊勢神宮の起源を隠す機構が存在すると解読し、「イセ＝始源」のもどきという枠組みを設定する（『建築における「日本的なもの」』磯崎新、新潮社、2003年、p.269）。見えないがゆえ、イセへの誘惑は持続する。そんな逆説的な仕組みを伊勢神宮は内包している。

fig.1　伊勢神宮の式年遷宮
（出典：上＝© 2013 Google Earth, Image © 2013 DigitalGlobe　下＝国土画像情報（カラー空中写真）国土交通省、1983年度撮影）

06

持続することの美

当然のことながら、時が経つにつれて、ヒトは老い、モノは朽ちていく。当初の姿を維持していくことは困難で、不可能な場合であることも多い。然るに時の流れに抗せず、それを受け入れ、そこに楽しみを見出すという考え方もある。化粧品会社、資生堂の「サクセスフル エイジング」という歳を重ねる女性の美しさを追求したキャンペーンもこれに当てはまるだろう。ここには時間を経ることで得られる美を称賛することで、美しさの概念を拡張しようとしている。そして、この美しく持続するという概念は日本古来の伝統美の考え方にも多く存在する。たとえば「金継ぎ」。それは焼き物にできたひびや欠けを漆で接着し、その補修部分を金で装飾する手法である。長い年月の使用の末にできたひびや欠損。それを新品当初の美が損なわれたと嘆くのではなく、逆にそこから新たな美を生み出そうという考えがそこにある。モノにとって致命的だと思われたダメージが、新たな装飾を生み出すきっかけとなる。金継ぎはモノを美しく持続させるための巧妙な手法であり、その文様は生活用具としての持続性を視覚化したものだといえよう。

fig.2 金継ぎ
（出典：g.foucault, 日野明子の仕事4・金継ぎ, http://www.flickr.com/photos/tantalus/7601177106）

持続というシステム

日本社会がますます縮小の時代になるといわれる中で、既存ストックの活用など、今あるモノやコトの「持続性」あるいは「サスティナビリティ」という言葉が時代のキーワードになりつつある。より長い時間軸の中でさまざまなモノやコトが存続していく方策を考える時、重要なのはそれを支えるシステムをいかにつくり上げるかということであろう。持続の可視化、あるいは不可視化が語るのは、そのシステムの露呈であり、私たちは今後その妙を多く目にするのかもしれない。

Analysis : [持続]の分析

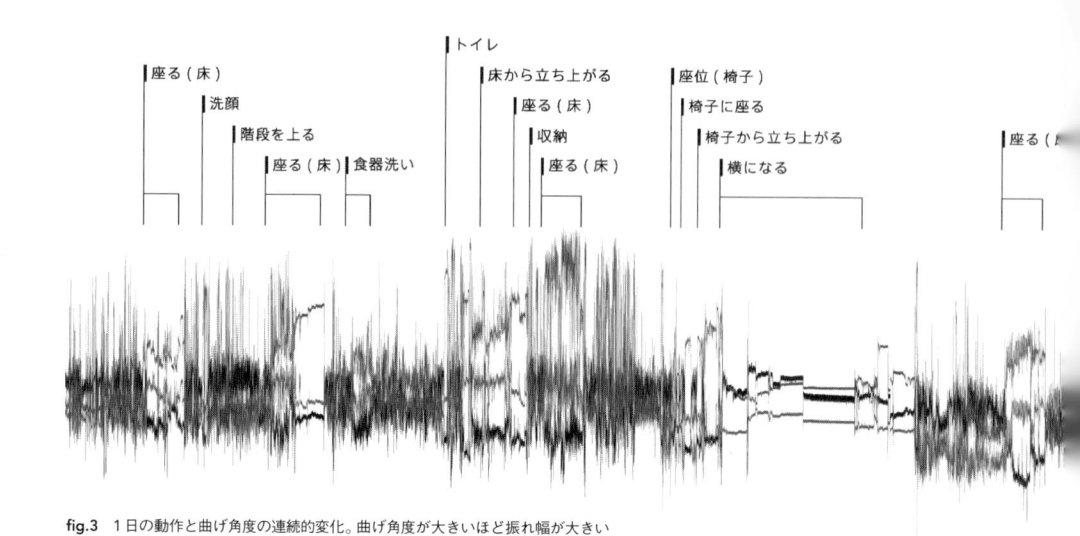

座る(床) / 洗顔 / 階段を上る / 座る(床) / 食器洗い / トイレ / 床から立ち上がる / 座る(床) / 収納 / 座る(床) / 座位(椅子) / 椅子に座る / 椅子から立ち上がる / 横になる / 座る(床)

fig.3　1日の動作と曲げ角度の連続的変化。曲げ角度が大きいほど振れ幅が大きい

動作の持続が生む、身体への負荷

持続とは何だろうか。よい状態を持続させること、悪い状態を持続させないことなど、持続を考えるためには、ある程度長い尺度で見ていかなければならない。最初の時だけや、ある一時だけよくとも、その後に続かないのでは、根付くこともない。一部分だけでなく全体を通して見るということが持続には必要になってくる。ここでは高齢者と子供に関する研究の中から持続というものを考えてみたい。

高齢社会となった日本だが、長寿なだけではなく、健康年齢が長く持続することを望む人は多いだろう。とくに腰痛は、厚生労働省の調査によると、さまざまな疾患の中で最も有訴率（＝自覚症状がある人の割合）が高い。もし、腰痛に悩まされることがなくなれば、健康年齢を延ばし、活動的に生活することが期待できる。

そこで、日常的に暮らす住宅内のさまざまな動作について、各動作が実際に腰部に与える負荷の計測とアンケートから物理的負荷と心理的負担の関係を調査した。1日の中で朝起きてから寝るまでの間に起こる、椅子の立ち座りや階段の昇降から、収納や台所などでの家事に至るまでの動作の腰部曲げ角度を計測したものがfig.3である。心理的負担を尋ねたアンケートの結果と照らし合わせると意外なことに、腰部曲げ角度が大きいほど、つま

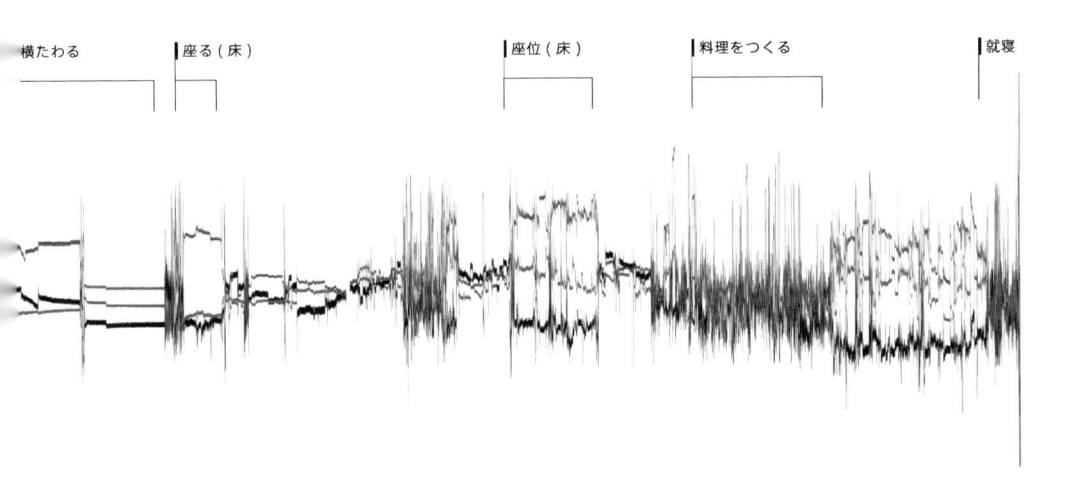

| 横たわる | 座る(床) | | 座位(床) | 料理をつくる | 就寝 |

り物理的な腰部負荷が大きいほど心理的負担が大きいというわけではないということが分かった。その要因としては、身体機能自体の低下や、維持時間の長さ、荷物所持の有無・重量の3つが心理的負担に関わっていると思われる。住宅内での動作計測によって分かった腰痛患者の住宅内での腰痛を起こす動作や、その動作の持続時間を細かく分析すればそれぞれに合った負担の改善策を立てることが可能となるだろう。

動作習慣の持続が生む、高齢者の健康

では、マイナスのイメージで考えられてきたこのような日常生活の中での家事動作について、プラスに捉え直すことはできないだろうか。負荷をすべて取り除くという考えではなく、逆にその負荷を健康のために利用できないかということである。適度な負荷を持続させることにより、わざわざトレーニング教室に行かなくとも、自宅で筋力を鍛えることができる。日常的に最も多くの時間を過ごす住宅内での動作を筋力維持のための運動として見直してみた。

まず、デイサービスセンターなどで行われている高齢者用の運動プログラムの中からとくに腰部を鍛えることを目的としているものを選定した。その動作の腰部負荷の値を指標値とし、住宅内での収納動作と立ち上がり動作の実験との数値を比較した（**fig.4**）。すると、収納動作では実験した23の動作のうちひとつ、立ち上がり動作では30の動作のう

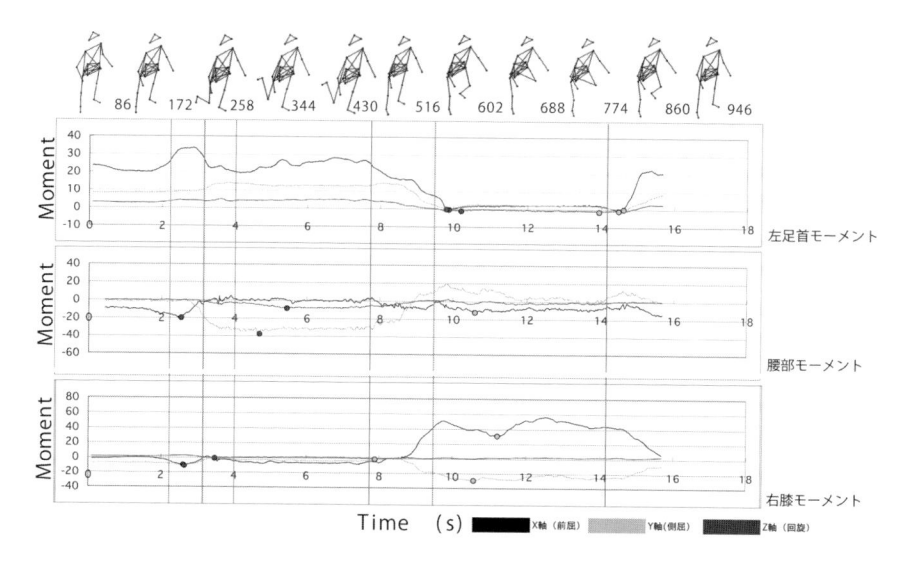

fig.4 収納動作と各部関節モーメントの連続的変化。一連の動きのどこに負荷がかかっているか分かる

ち6つの動作で過度な負荷がかかることが分かったが、それ以外では腰痛を起こすほどの負荷はなかった。このように、危険動作を除いた、収納動作・立ち上がり動作を生活に多く取り入れることで腰痛発症リスクを低減し、かつ身体に安全かつ適度な負荷を与えて健康になるためのデザインを考えられよう。

集中力の持続が生む、学習能力

近年、子供の学習能力の低下が問題となっており、落ち着いて机に向かうことができない子供も増えているそうだ。子供が勉強に励むためにはどのような環境が必要なのだろうか。これまで、集中力に対する改善策として、心理作用や教育指導などのソフト面の研究が多く、ハード面つまり空間についても定性的なものばかりで、定量的な指針がないのが現状だった。ここでは、このような学習能力の低下を解決するための一案として、子供が集中して勉強ができる環境について考えてみよう。幼い頃、秘密基地や狭い空間に入りたがった経験はないだろうか。これを私たちは囲み空間と定義して、学習机に9種類の高さ／囲みを付けることで、集中力はどのように変化するかを計測した（**fig.5**）。実験に参加してもらう子供には、計算問題をしてもらいながら、どう感じたかのアンケートに加えて、体のブレと心拍、目の状態を計測させてもらった。

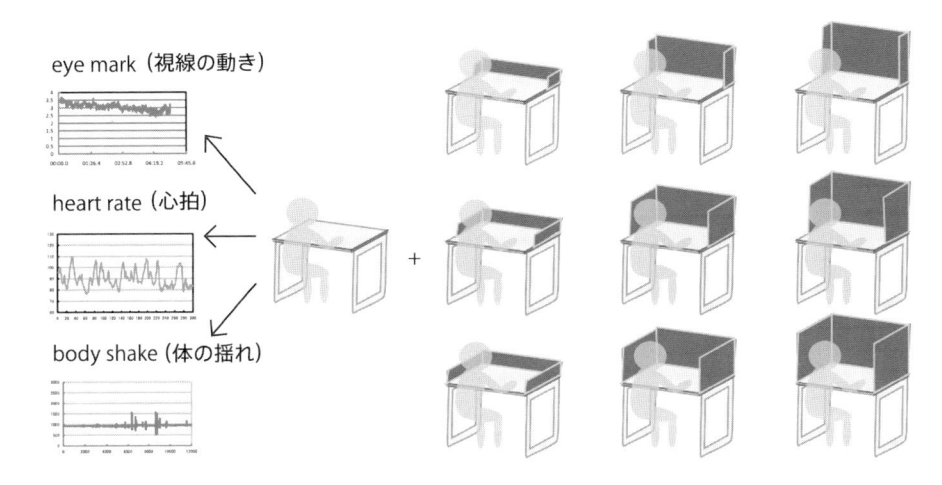

fig.5　囲み空間と身体計測

すると、高さも囲みも比較的大きいものが計算の正答数が高く、アンケートでもほとんどの被験者が囲みの最も大きな机（高さ53.2cm／囲み70.0cm）がよいと回答した。子供にとって、高さのある囲み空間は圧迫感があるのではないかとも懸念されたが、逆に「落ち着く」「安心する」などといった意見が寄せられた。また、心拍や目の瞳孔の大きさからも、集中力が大きな囲み空間で比較的起きやすいことが分かった。このような図書館のキャレルデスクのように、子供用の学習机設計に関しても、高さのある囲み空間が有効で、学習能力を上げることができるかもしれない。

持続を考える

このように、短い時間では分からなかったことが、持続する動きや習慣を見ることで新たな影響が分かることがある。そのためには、持続を捉える視点をもつことが必要だ。このような持続をうまくつくり出したり、排除することができれば、より空間を使う人にとって心地よいものとなるだろう。

「腰部負荷軽減のための住宅内行動に関する研究」 大竹礼子、2004／「高齢者の筋力維持を目的とした日常生活における動作の負荷に関する研究　高齢者用運動プログラムと生活動作の腰部負荷の比較」大河内重敬、2005／「学習机の囲み空間による集中力に関する研究」 西隆明・道垣内まゆ、2009

Design：［持続］のデザイン

時間と向き合うデザイン
秋田道夫
（プロダクトデザイナー）

あきた・みちお
1953年大阪府生まれ。1977年愛知県立芸術大学美術学部卒業。同年、トリオ株式会社（現ケンウッド）入社。1982年ソニー株式会社勤務後、1988年よりフリーランス。主な作品に、「deviceSTYLE 1本用ワインセラー」(2003年)、「セキュリティゲート TAG-5000」(2000年)、LED式歩行者用信号機 (2006年)、「80mm」(2007年) ほか、多数。

ロングライフデザインへの回答

——「持続」というキーワードでご自身が意識されていることはありますか？

　キーワードをお聞きしてぱっと浮かんだのが10年ほど前からいわれだした「ロングライフデザイン」という言葉でした。「長寿の工業製品」ということでしょうか。

　これまで「エルゴノミクス（人間工学）」「エコロジー」「ユニバーサル」という言葉はデザインのキーワードとして多く語られてきましたが「それで長く使えるの？」という使い手側の視点で製品の寿命の価値が問われたことはなかったように思います。

　そのキーワードが生まれた背景には、チャールズ・イームズの再評価や柳宗理や剣持勇といった先人達が50〜60年代に残した今も輝いて見えるさまざまな「ロングライフ」な製品の存在があります。さらにいえばこの言葉には「現代のデザイナーはそれらを超えたものを今生み出しているのか？」という真摯な問いが含まれているとわたしは受け止め、その問いに製品で回答することがこの10年の命題でもありました。

　まずロングライフデザインにおいて「自分ができること」として考えたのが「長く使っていても飽きのこないカタチ」を生み出す事でした。長く使えて飽きないカタチで重要なのは、そのプロポーションと素材だと思いました。形のバランスがとれていて、使う素材が適切であればおのずと「長生き」になると考えました。

——具体的には秋田さんのどのようなデザインにそれはあらわれていますか？

　2002年に円筒形と矩形を組み合わせた1本用のワインセラーをデザインしました。円筒形のワインボトルを包むカタチとして、円

持続　　　　　　　　Sustainability

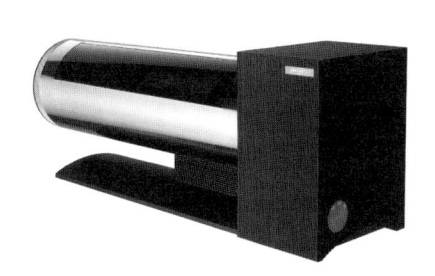

1本用ワインセラー WA-1
（2003年 デバイスタイルホールディング）

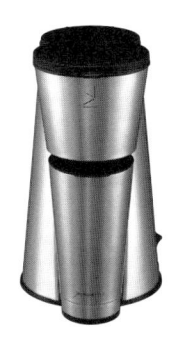

サーモマグコーヒーメーカー CA-3S
（2004年 デバイスタイルホールディング）

筒がいちばん合理的であると思ってそうしたのです。同じメーカーから、マグカップを延長して円錐を上下さかさまにくっつけたコーヒーメーカーをデザインしました。

　それをデザインした時に、「行き着いた」という思いがありました。わたしは「合理的」という気持ちでそういうかっこうにしたのですが、類型が出てこないということは「合理的＝一般性」ではないのかもしれません。おかげですでに製品が市場に出てから10年近い歳月が経った今も売れ続けているので、少しはロングライフに対してプロダクトデザインの答えを出せたかと思っています。

　——円筒、円錐、球は、バウハウスのデザインにも通じるデザインですね。

　わたしがデザインするうえでもっとも影響を受けているのはバウハウスです。「基本形の組み合わせでデザインが成立する」ということを教えてくれたと思っています。他にはミース・ファン・デル・ローエやル・コルビュジエ、イタリアのベリーニやカステリオーニ兄弟、エンゾ・マリなどですがそれらに共通するのがプロポーションと素材と感じたのです。

　——秋田さんのデザインには、消費としての**ファッション的なデザインと異なり、長く使い続けられる製品としての魅力があると思いますが、継続して売ることについてメーカーはどのように考えていると思いますか。**

　この10年自ら「ロングライフ」な製品をつくれたことによってまた新たな視点が自分のなかで生まれました。それは単にデザインに「普遍性」があるかどうかだけでは製品の寿命は決まらないということです。メーカーの規模とその製品ジャンルが技術開発の更新スピードに密接に関係しているということです。

　つまり成熟したジャンルではロングライフ足り得るものができても、機能が日々進歩し

湯のみ 80mm （2007年 セルフブランド）

ているモノを包むカタチではロングライフは困難だと思います。いくらカタチがよくても半分の値段でそれ以上の性能が得られる製品が生まれるジャンルではカタチの完成度だけでは更新を止めることは難しい。しかしそういう「製品寿命のシステム」が分かったからといって自分が飽きのこないカタチを生み出す姿勢を変えるつもりもないのです。少なくともデザイナーからは「ロングライフデザイン・フォルム」を発信し続けなくてはいけないと思っています。

時間を逆算して考える

わたしはフリーランスになる前は企業に所属していました。そのことがプロダクトデザインに対して「複眼」というかさまざまな視点で捉えることができるようになっていると思っています。メーカーが消費至上主義と思われがちですが、たまたま音響や映像のプロが使う業務用製品のデザインに関われたことも今から思えば幸いでした。現在も民放で使われているワイヤレスのマイクが80年代の前半にわたしが担当したものなのでゆうに30年が経過したことになりますが、じつはもっと前につくられたものも現役だったりします。その経験が、のちの公共機器に対する興味とつながっていると思います。

わたしは「デザインのチカラをよきことに使う」ことが大切だと思っていますが、公共の仕事はまさにそうだと思えるのです。信号機は今、従来のランプ式からLED式のものに替わっていく時期にあります。エネルギー問題は重要な課題ですが、省エネで長寿命のLEDはまさにその時代にマッチしたといえます。その替わり目ゆえに信号機のデザインをする機会に巡り会いました。

──今のお話に通じると思うのですが、建築は10年、長くて100年を考えて設計しますが、工業デザインのタイムスケールはどのようなものだとお考えですか。

1本用ワインセラーのデザインにあたってこんなストーリーを考えました。子供が生まれた時に両親がその年につくられたワインを買い、ワインセラーに入れる。そしてその子供が成人した時にセラーから取り出し、家族みんなで成長を祝って飲む。そういう物語です。あらかじめ20年先のことを考慮していたわけです。

想像もつかない20年後を考えるのではな

LED式薄型歩行者用信号灯器（2006年 信号電材 写真：日高正嗣）

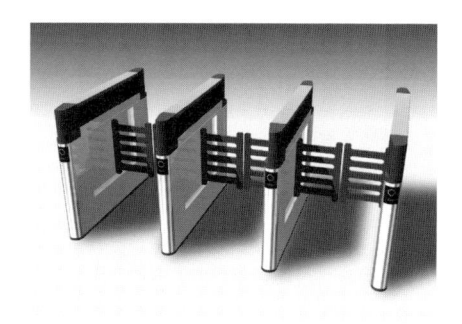

セキュリティゲート TAG5000（2000年 高見沢サイバネティックス）

持続　　　　　　　　　　　　　Sustainability

くて今現在から20年前に生まれて今も「輝いているもの」を考えるほうが近道ではないかと思ったのです。あのセラーの原型はブラウンの卓上扇風機やB&Oのオーディオ、オリベッティーのタイプライター、そしてソニーのブラックアンドシルバーのラジオなどさまざまな製品のデザインから抽出したソースが入れ込まれています。つまり「未来は過去からの逆算」でできているのです。

——ご自身のデザイン以外で「時間」への配慮を感じる製品はありますか？

アップルの据え置き型のパソコンがプラスチック製のG4からアルミ製のG5に変わった時が、「時間」というか「普遍性」を手にした瞬間だと思いました。現在もMac Proとしてそのカタチが継承されていますが、まさに「変える必要のないカタチ」が生まれたわけです。

プラスチックはさまざまなカタチをつくれるのはメリットですが、アルミに比べて残念ながら耐候性や耐久性において劣ります。それはまたアップルのデザインがそれまで高い評価を得ていた曲線を多用したカタチから直線的な形状に変わった瞬間でもありました。

アルミやステンレスなど「長く使える素材」と飽きのこないシンプルな造形があいまって、まさに「持続・継続」がそのまま製品になりました。同時代であることもあってその「価値」の高さを「今流行もの」として考えがちですが、現在アップルが達した次元は価格性能デザインそしてその販売台数において、過去どのメーカーもなし得ていない高みに達したと思っています。

変わるものと変わらないもの

——都市計画はとても長いスパンを考えるため、そこではぶれない軸とフレキシブルな部分を共存させる必要があります。工業デザインにも同じことがいえると思いますか？

70年代にあった『都市住宅』（鹿島出版会）という革新的な建築雑誌から多くのデザインのヒントをもらいましたが、そのひとつはフレキシビリティという考え方があることを知ったことです。たとえばスツールは座るものでありますが、ある時は本棚になる。ひとつの製品が使う状況に合わせて変化し、利便性を高めるという考え方です。

——建築のフレキシビリティは互換性が強調されますが、複数製造されるプロダクトには、そもそもフレキシビリティが内包しているのではないでしょうか？

確かにそうですね。わたしがIHのクッキングプレートをデザインした時に「23時間をデザインする」というコンセプトをカタチにしました。これは鍋を使う1時間を除く23時間を邪魔にならないようにするという意味です。愛されるデザインは邪魔にならないデザインなのではないか？ 普段は隅っこで静かにしている「引き時」をわきまえていることも大切なのでは？ それがプロダクトデザインにとってのフレキシブルなのではないかと考えました。

IH対応土鍋 do-nabe240（2010年 セラミックジャパン）

わたしは単にプロダクトだけでなくてどうもデザイナーの日常のスタンスも同じように考えているように思います。絶えずデザインのことを考えていますし、土日も連休も関係なくほぼ毎日事務所に通っていますが、一方徹夜はほとんど記憶にありません。年齢も関係していますが、淡々と変わりない毎日を過ごすことが健康で健全な自分自身とデザインを生み出すと考えています。

同時にリラックスした状態のなかでアイデアが浮かぶのを待つために「事務所待機」しているようなものです。いつも予備電源を入れた状態のままのようなものでしょうか。

──秋田さんはお人柄もデザインも、とてもストイックな印象を受けるのですが。

人柄はそんなことはないと思いますが、製品のデザインについてはそうかもしれないですね。自分が製品から「しかられている」と思う時もあるので。わたしのサーモマグを買ったけれど「部屋がまだそれを置くのにふさわしい状態にないのでまだ箱に入れたままです」という話を何人かの方に聞いたことがあります。使い勝手のよいデザインを目指している自分がそういう製品を生んでいるのは妙な話ですが、わたしはなぜだかその話がうれしい褒め言葉に感じます。そして高額でもない製品から「使うのがもったいない」という感情が生まれるのは発見に近いものがありますが、わたしはヒットメーカーという役割とは別に、同業者であるデザイナーへ、製品を通してメッセージを投げかける役回りではないかと思っています。

「消耗されない」、「飽きられないもの」そういうことが、発売後爆発的に売れては消えていく製品とは違うスタンスがあるというメッセージが、あのサーモマグには込められています。発売後8年が経ってまだ売られていることが証左になるかと思っています。

──工業デザインは複数の人に長く使ってもらうために愛着が重要だと思います。一人ひとりが製品にもつ愛着は異なると思いますが、愛着というものに対して、何か意識していることはありますか？

長く使われるものは、「人生のシーン（場面）」と結びつき、それぞれの人の思い出に関わることで、「愛着」というカタチに変化します。高価であるとか安いかは関係なく「寄り添った期間の長いもの」がそれぞれの人の「価値」であると思います。長く使えるためには工夫があって、使うほどにつくり手の「真意」や「誠実」が見えてくるものはきっと愛されるでしょうね。

しかし同時にわたしは道具に対して「愛用すれども愛着せず」というのが考えの基本です。道具は使われるためにあり、それが長く使われて壊れることにも意味がある。もし「永遠」に残したければ使わないという本来の役割と異なりそれは美術品になってしまいます。一見、テーマである「ロングライフデザイン」と矛盾しているように思えますが、結局使う人の人生の引き立て役が工業製品の役割だと思っています。

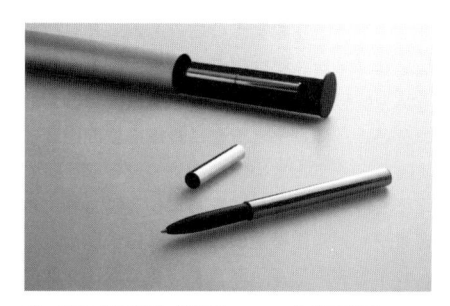

ボールペン PRIMINE（2010年 trystrams[コクヨS&T]）

「時間」の対義語

山本陽一

　小学校の国語の試験で「時間」の対義語は何か、という問題がある。答えは「空間」。正解を言われてみればなるほどと思うが、あらためて考えるとなかなか興味深い問題だ。

　一般的にはこのように説明できる。

> 時間は過去から未来へ一方向に流れ続けるが、空間は方向性を持たない。時間は空間を伴って初めて認識されるが、空間を認識するためには時間が必要。
> 時間は変化を伴うが、空間は広がりを伴う。

　ドイツの哲学者カントは1787年の「純粋理性批判」のなかで、時間と空間をアプリオリ（人間の先天的な認識の枠組み）の概念であるとしている。また時間はあらゆる表象を包括する存在として空間に対して優位だが、時間は空間化されることで初めて経験されるものであることを示した。つまり両者は並列ではなく相互限定的な関係にあることを述べている。

　もうひとつ、両者の関係を端的に示すメタファーがある。「地層の断面」を見るとき、縦方向の層の重なりは、それらが積もるのに要した時間を表す。一方、ひとつの層の横方向のつながりは、空から降り注いだ火山灰、あるいは河川の氾濫によってもたらされた沖積土だから、その場に広がっていた空間の広がりを意味している。つまり時間と空間の関係は、地層の縦方向と横方向の関係に例えられる。そして時折あらわれる斜めにズレた断面は、時間と空間の邂逅と言えよう。

　こうしてみると、空間と時間は表裏一体であり、どちらか一方だけでは成立しない、切り離せない関係にあることが分かる。建築によって空間を切り取るときには、否応なくその裏にある時間も切り取られているのだ。空間を考えるときには同時に時間を考慮しなければならない。私達設計者は、このことを改めて自覚するべきだろう。

　渡辺仁史研究室は発足以来、「人間・空間・時間」というキーワードを掲げて様々な研究を行ってきた。この言葉には、3つの単語に共通する「間（ま）」に着目し、デザインによってそれらの間を繋いでいこうという意図が込められている。ここにもうひとつの意味が読み取れる。時間と空間は表裏一体の対概念であり、その間にいる人間が両者を取り結んでいる。またこの3者の関係が、私達を取り巻く世界をかたちづくる上で、互いに欠かすことができないものであることを表象しているのだ。

遷移　Transition

せん-い【遷移】
[名](スル) ①物事の状態が時の経過につれて移り変わってゆくこと。「事件の一を見守る」②時が経つこと。「季節の変化を反覆（くりかえ）しつつ月日は容赦なく一した／土節」

移り変わるデザインと記号

あらゆるものは時間が経つと変化し、移り変わる。その移り変わりが一種のサインとして表現されるものもある。杉玉は日本の造り酒屋などに見られる杉の葉でつくられたボールである。この杉玉はその年の新しいお酒ができた時のサイン、もしくは酒の神様への感謝の意を込めて吊るされる。杉玉は時間が経つと葉が枯れ茶色へと姿を変える。茶色になった頃、新酒は熟成されたというサインになっている。本来、お酒の熟成の度合いは科学的、もしくは専門家でないと分からないものだが、同時に飾られた杉玉の色の移り変わりから熟成の度合いを可視化できるのである。

fig.1　杉玉

外部環境による移り変わり

情報工学における「遷移」という言葉はシステムの状態が変化していくことを示している。その移り変わっていく状態に応じて一定のルールを与え、処理を行っていく手法として状態遷移図「セル・オートマトン」と呼ばれるものがある。つまり、時刻 t における状態によって、時刻 $t+1$ の状態が決定される。さらに平たくいえば、システムが自ら文脈を読んで移り変わっていくということである。イギリスの数学者ジョン・ホートン・コンウェイはセル・オートマトンを用いて生き物の自然淘汰を簡易なモデルで再現した「ライフゲーム」と呼ばれるシミュレーションを考案した。平面上にセルが敷き詰められており、各セルは「誕生」と「死滅」の状態を繰り返す。あるセルを囲む8つのセルの状態によって、次のステップの状態が決定されるようプログラムされている。つまり、周囲の状況によって自らの様態が変化するのである。

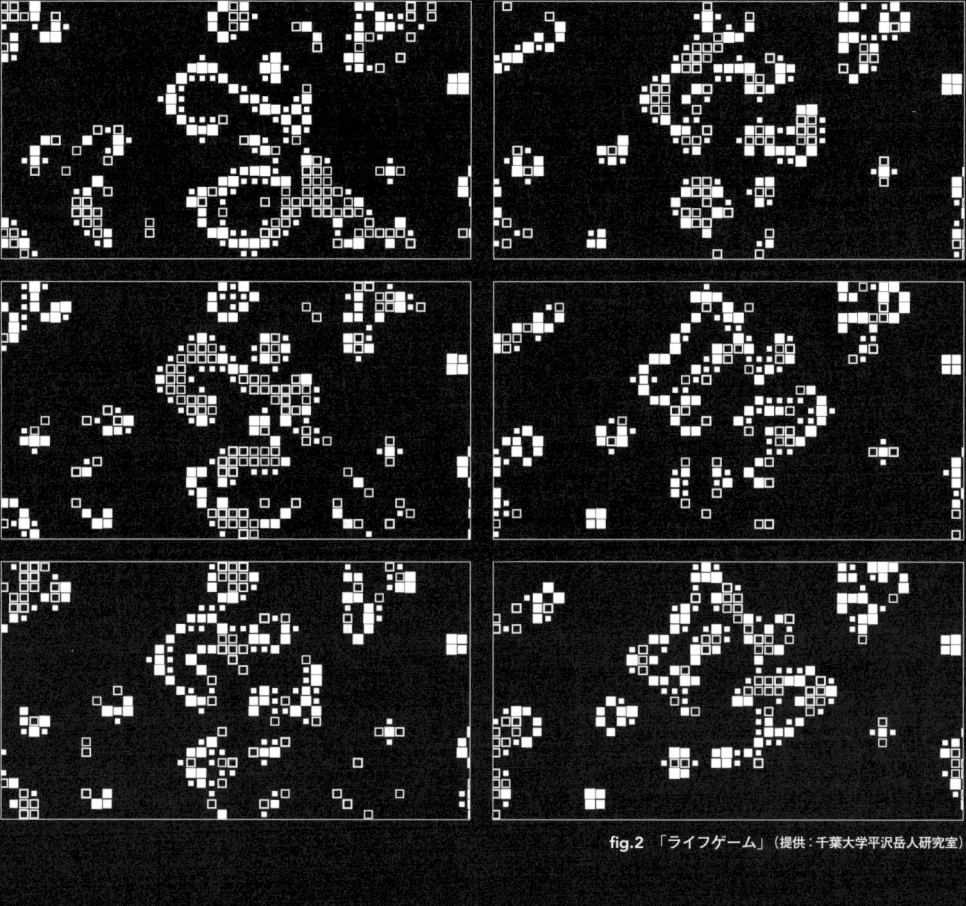

fig.2 「ライフゲーム」（提供：千葉大学平沢岳人研究室）

遷移と建築

前述のセル・オートマトンのような文脈を読んで応答を変えることは、人間の社会ではごく自然に行われている。「ある人がこうしたらこうするだろう」という一種の定式のもとに建築をデザインすることができたら、それは長年連れ添った夫婦のように「あ・うん」の呼吸をもった建築が誕生しうるのではないか？

Analysis：[遷移]の分析

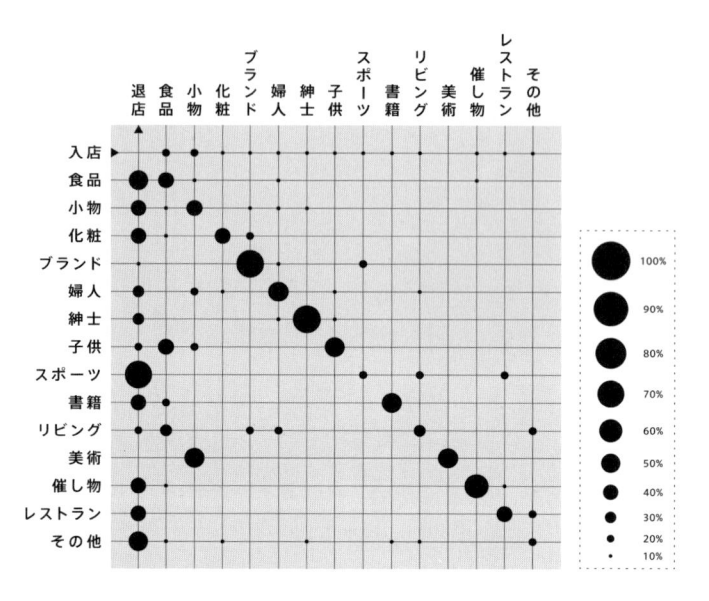

fig.3　商業施設の店舗の種類と別の店舗への移動の遷移確率（直行状態）

移り変わる「ヒトの行動」

デパートなどに買い物に行く時に目的の店舗にすぐ向かう、いろんなお店を見て回る、ちょっと休憩をする、それともただ散歩しているだけ、多種多様な心理状態が考えられる。そしてこれらの状態に人が取るであろう行動はみな異なるはずだ。同じ空間であってもそこでの人間の状態は数多く存在する。取りうる行動は多種多様なのだ。

遷移という言葉は生物学、物理学などで多く用いられているが、ここでは人間の行動と状態の遷移に着目したい。人間の行動や状態を分類し、どのような状態から別の状態へと変化していくのか、その変化の規則を関数化していく。人のあらゆる状態、そしてその状態がどのように移り変わるのか、そして状態ゆえにどのような行動を取るのかを考えることは建築計画を考えるうえで非常に重要なテーマである。

買い物行動の移り変わり

商業施設内の買い物客の移動を調査し、人の状態別に商業施設内の移動の推移を確率で表した。**fig.3**は買い物客が直行状態（目的が明確な状態）の時、**fig.4**は回遊状態（目的が

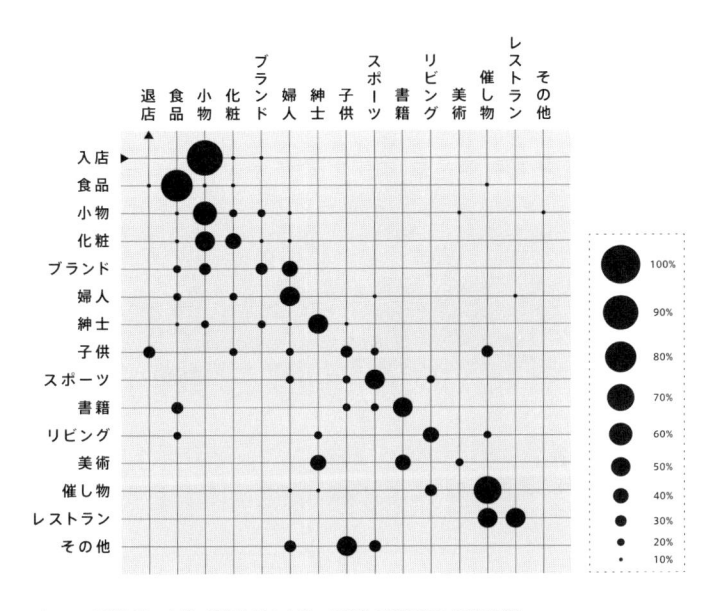

fig.4 商業施設の店舗の種類と別の店舗への移動の遷移確率（回遊状態）

不明確な状態）の時のそれぞれの店舗移動の遷移確率である。直行状態の時は目的の店舗に向かい、買い物が済むとすぐに退店してしまう傾向が強いが、回遊状態の時はいろいろな種類の店舗に立ち寄っていることがこれらの図から読み取れる。さらに、人の状態は一貫しているわけではなく、取り巻く環境や自らの行動や気分に応じて常に変化するものである。商業施設でいえば、買い物客は直行状態と回遊状態を切り替えながら行動している。このようないくつかの調査結果をもとに、建物内での人の行動のシミュレーションを行うことができる。fig.5は吹き抜けのあるプランに新しくブリッジをかけると各地点の買い物客の通過人数がどの程度増減するかをシミュレーションしたものである。2階に新たに通路を設けるだけで、その周辺だけでなく施設全体にその影響が波及していることが分かる。

複合施設においては利用する人の状態、行動はさまざまで、どんな状態でどんな行動を起こすのか、あるいはその状態はどんな要因で変化するのかということを一面的に捉えるのは難しい。しかし状態と行動の関係性を明らかにし、可視化していくことは建築計画において非常に重要な知見となる。

恐怖、情動の移り変わりを視覚化する

人が恐怖を感じるのは危険回避の本能であ

2F

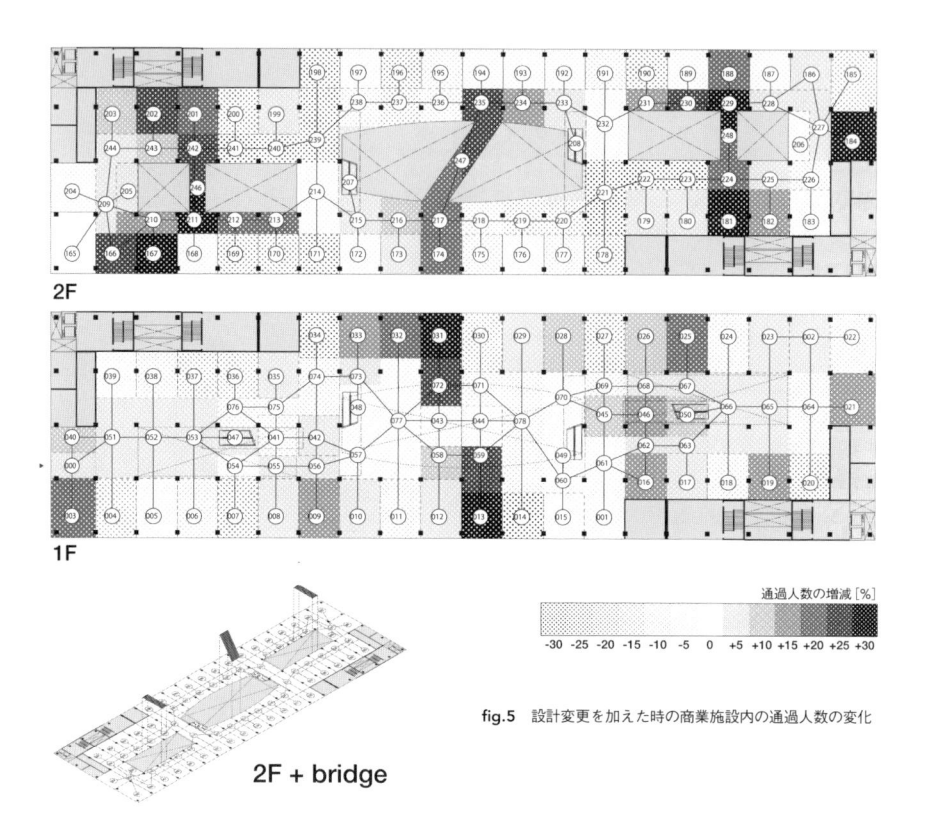

1F

2F + bridge

通過人数の増減 [％]
-30 -25 -20 -15 -10 -5 0 +5 +10 +15 +20 +25 +30

fig.5 設計変更を加えた時の商業施設内の通過人数の変化

る。高所や未知のものへの遭遇を予感すると、身の危険を感じ恐れる。これは人間の本能としては非常に重要な機能だが、普段、生活する空間において恐怖を絶えず感じていては、それは負荷でしかなくなる。

　人はどうして「恐怖」にとらわれるのか？それが建築や街路空間と関連しているとしたら、その要因を減らすことで恐怖のない安心で安らげる環境を実現できるのではないだろうか？　人が恐怖を感じるメカニズムを時系列で分析した結果、それぞれ独立した要因が関係しあって恐怖を感じていることが分かった。たとえば、夜道を歩いていて、うっかり細い路地に入ってしまい、しかも街灯がなく薄暗い。そういった状況で突然、人影が現れたり、物音がしたらたいていの人は恐怖を感じるだろう。つまり、夜道、細い路地、街灯がないこと、といった要因が段階的に不安感を増大させ、普段ならば何とも思わない人影や物音に過剰に反応してしまう。

　fig.6は、人が空間におけるさまざまな要素を「認知」し、それが発汗や心拍数の増加と

遷移　　　　　　　　　　　　　Transition

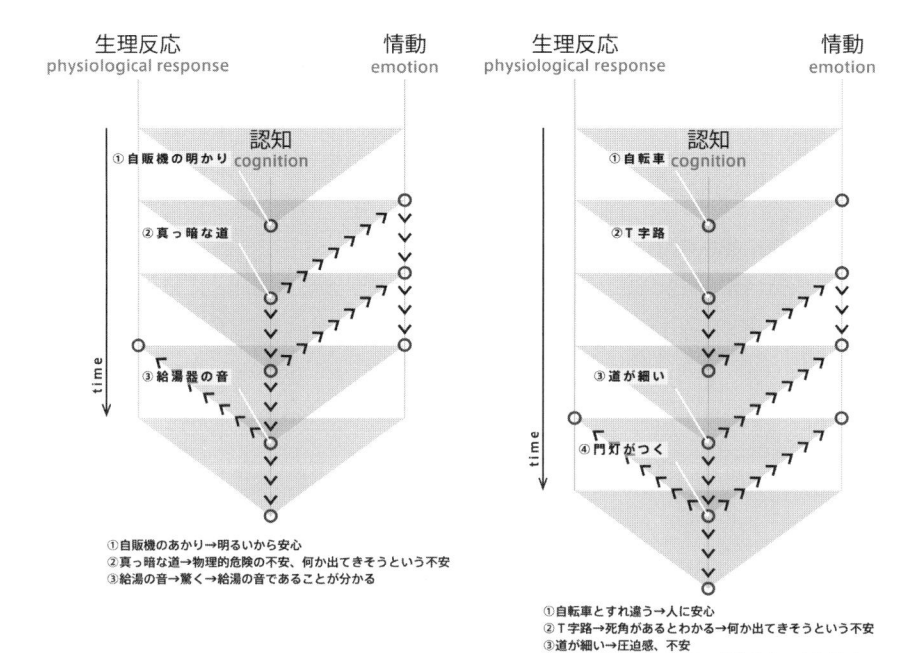

fig.6 認知・生理反応・情動から見た恐怖発生の過程

いった「生理反応」へと結びつき、そして実際に恐怖という「情動」に展開する過程を示している。

移り変わりを知ること

人の行動は常に移り変わっていく。また行動の決定には、その人のその時の状態が多分に関わっており、その状態も常に移り変わっている。そのため、そうした行動や状態の変化を正確に把握するのは難しい。その行動や状態のシームレスな変化を抽象化し、時系列的な情報をシンプルに扱うことで、その様態を捉えやすくなるのである。移り変わりを知ることで、真に使い手のニーズに即した建築空間を設計できるのではないか。

「百貨店における売り場移動特性に関する研究─顧客の直行行動と回遊行動による遷移─」浅野久美子、2007／「大規模商業施設計画のための顧客の買い物行動モデル」佐古崇、2008／「夜道における不安を誘発する要因と恐怖感にする時系列的解析」余語悠里佳、2010

Design : ［遷移］のデザイン

空間の価値としての時間軸をつくる
内藤廣
（建築家）

ないとう・ひろし
1950年神奈川県生まれ。1976年早稲田大学大学院修士課程修了。フェルナンド・イゲーラス建築設計事務所（スペイン・マドリッド）、菊竹清訓建築設計事務所を経て、1981年内藤廣建築設計事務所を設立。2001年から東京大学大学院教授、副学長を歴任後、2011年に退官。現在、東京大学名誉教授、総長室顧問。主な作品に、「海の博物館」(1992年)、「安曇野ちひろ美術館」(1997年)、「牧野富太郎記念館」(1999年)、「島根県芸術文化センター」(2005年)、「日向市駅」(2008年)、「高知駅」(2009年)、「虎屋京都店」(2009年)、「旭川駅」(2011年)ほか。

時間を圧縮した近代

——『構造デザイン講義』のなかのコンクリートは時間を刻む素材であるという言葉が印象に残りました。時間と素材についてたびたび言及されていますが、実際に設計されるにあたり、時間とともに変化していく素材についてどのように意識されていますか？

　時間については卒業設計の頃からずっと考えていたことです。ル・コルビュジエの近代建築の5原則やサヴォア邸、ミースのファンズワース邸は、時間のディメンションがゼロだと考えた時に可能になる自由度を提示していると思っていました。近代的な思考やその現れとしてのデザインは、時間を排除するなかで可能な価値のあり方を示したものです。それは近代建築のみならず、その背後にある近代技術、資本主義経済、高度情報化、それらが生み出す社会構造も含めた、20世紀を通した大きなトレンドだったのではないかと思っています。記憶を主要な媒体にせざるを得ない時間という存在は、最終的には個人に帰着するものですから、一般化しにくいし扱いにくい。効率が悪いから排除されてきたのでしょう。

——**時間という概念が無視されることで近代**

旭川駅（2011年）

が成立したという側面があると。

　ハイデガーが近代的思考に切り込もうとしたのもこの点であったはずです。建築にせよ都市計画にせよ、いわゆる計画という思考すべてが、時間という概念を排除していったと思います。そのほうが明快で経済的でもあったわけですから。もっとも分かりやすい例が、建築が生み出してきた文化です。作品と称して建築雑誌の紙面を飾る時に、その建築の価値のピークがくるように設計するようになる。そうせざるを得ないような社会的な思考が装置のように働いている。でも、建築の価値そのものはそれが生み出されるプロセスや関わる人がいて、でき上がってからはそれがどのように時間のなかで生きていくかということが本来のテーマであったはずです。それなのに、価値のピークが竣工写真にシフトするというのは異様です。カタログ商品のように建築が扱われるようになる。単なる通過点でしかない空間的な価値に意識が圧縮されているのです。

　当然のことながら資本主義経済の原理として、ものが貨幣価値に代わる時、すなわち売買される時に金銭的な価値が最大限高まるように欲望が誘導される。そこでは100年後の価値に対価を払う人はいません。この価値のピークの設定というのは、建築に限らずあらゆるプロダクトや商品、都市ですらそういうことになっている。

空間論ではなく、時間論

——そうなるとどのようなことが起こるのでしょうか？

　本来、物質はそのなかに時間を色濃く内在させています。建築はその巨大な集合体です。それを、あたかも時間が内包されていないかのように考えるようになります。デジタル化がそれの最たるものです。しかし、冷静に見れば、それは1960年代の石油化学革命からはじまっていたのです。生活のあらゆるところに石油化学製品が入ってきましたが、化学製品それ自体は古くならない無時間なものです。それが生活を埋め尽くし、建築自体のつくられ方も変えていったのです。新建材といわれる外装材や吹き付け材が建物を覆っていきます。こうして生まれた生活や建築や都市は、商品としての空間価値に偏ったものにならざるを得ません。わたし自身は、一貫して時間価値を取り戻すための戦いをしてきたつもりです。

　化学者で物理学者のイリヤ・プリゴジンが、生命体の定義はエントロピーを食べることだ、といっています。プリゴジンの最大の功績は、エントロピーが増大するなかでも局所的にエントロピーが縮小する散逸構造が生まれることを理論的に示した点にあります。その散逸的に生じるエントロピーの縮小を、プリゴジンは生命だといったのです。

　もしそうだとすると、僕らは建築という行為を通してエントロピーを減らしている、と考えることもできます。たとえば木でも鉄でも素材をそのまま外に晒しておくと、時間の

島根県芸術文化センター（2005年）

経過とともに崩壊していきます。しかし、建築というのは、素材を組み合わせることによって、それぞれ固有にもっている時間を延ばしているんだと思うのです。全体としてはエントロピーを減らす方向の営みだといえます。そうだとすると、建築そのものは生命体のあり方と本質的に近いということができる。建築という営みは、生命と同じ方向を向いているのです。

建築や都市が時間を論ずる意味もそこにある。建築や都市の全体像が、われわれも含めた生命体の延長上だと考えることができるかどうか。それにはどうしても近代が生み出した空間価値を抜けて、時間価値を目指す議論が必要だと思っています。

時間という価値の再発見

──建築を生命体として捉えた時にメリットと同時に、コントロールできないという側面もあると思います。素材の朽ちていく様子などもコントロールできるものではないですが、そのような面についてはどのようにお考えですか？

コントロールという概念自体が近代的思考の延長線上にあると思います。コントロールという時、人間がその中心に想定されているからです。21世紀の新しい価値は、人間を中心において全体をコントロールする西洋的な思考ではなく、全体のなかで調和をどう取るかという東洋的な考え方にシフトするのではないかと思っています。その時に大切なのは予測不可能なものとどうすれば併存できるかということです。

近代的な思考は無矛盾を目指して効率を優先します。合理主義は矛盾のない極限を目指します。分かりやすい例を挙げると、構造におけるトラスです。力学的な合理性を突き詰めていくと、どんどん構成部材を少なくしていける。無駄がない、しかしこれは見方を変えると冗長性が低いということです。このあり方では、部分的な破壊が全体の系の破壊に直接つながります。合理性と経済性を極限まで突き詰めたWTCの崩壊をみなさんは目にしたはずです。

──そこではどのような方法論が有効になりますか。

僕は「多矛盾系」という考え方があるのではないかと思っています。小さな矛盾がたくさんあることによって全体の系が安定するというあり方はあるはずです。身近なところで分かりやすい例を挙げると、伝統的な木造技術。あれは近代的な構造技術の外にありますが、きわめて冗長性が高い。異なる方向の小さな回転モーメントが数百集まって安定した構造体を構成している。同じような例は、その気になればどこにでも見出せるはずです。人と人との関係性のつくり方とか。近代化の波に呑み込まれてずいぶん合理化されてしまいましたが、この国はまだまだ多矛盾系で成

牧野富太郎記念館（1999年）

安曇野ちひろ美術館（1997年）

り立っていると思います。
　たくさんの矛盾があるなかで、異なる価値を取り込んでいって生きていくというやり方もあります。折口信夫がいったマレビト（稀人）思想です。これはどちらかというとメタボリストがいっていた代謝に近い。取り替えながら生きていくやり方です。20世紀のさまざまな建築運動のなかで、時間のディメンションを計画のなかに取り込んだのはメタボリズムだけです。メタボリズムの歴史的な意義は、空間価値に主眼をおいたモダニズムのなかに時間概念を取り入れたことです。

——**これからの建築は息の長いプロジェクトも増えると思いますが、その時に重要なことはなんだと思われますか？**

　その時代の技術に常に関心をもつことと、あとは人間を知ることです。技術そのものはとても大切ですが、技術自体は時代とともに進化していくわけですから、技術を変えていく人間を知る必要もあります。人間がいったい何を考え、何を感じ、何を必要としているのかについて、建築家は常に関心を払わなければいけません。
　震災以降、三陸を復興するための提案も結構だけれども、そこに生きている人たちの気持ちをどれくらい理解できるかということが

何より大切で、そのことに対する理解を欠いて、いくら技術的な提案や面白いことを提案しても何の意味もありません。技術と人間について深く考え、勉強し、思考すること。それが今の若い人たちにいちばんいっておきたいことです。

人間のサイクルを超えた時間軸へ

——**東北の問題は今まで培われてきたものと、それを次の長い時間でどうしていくかという、時間軸への挑戦というものもあると思いますがいかがでしょうか？**

　震災を土台としてわれわれのほうが変わらなければいけないと思っています。まずは現実を受け止めるということからはじめなければなりません。今回の大震災で起きたことというのは、われわれが変わるための、また、どのように変わったらいいかという設問であって、あそこをどうしたいか、ということではないような気がしています。建築も今回のことで何か変わらなければいけません。多分これで新しくなれなければ、建築や都市や土木、

住居No.15 杉並・黒の部屋（1994年）

海の博物館（1992年）

さらにはこの国全体も含めて、長い衰退期に入るのではないでしょうか。

　変えることができなければ、これまでため込んだ貯金をつぶしながら、徐々に社会的な負荷が増えていって、縮小傾向の社会に入っていくんでしょうね。今はその岐路に立っているのだと思います。この間起きたことの本質を本当の意味で受け止めて、新しい考え方や価値を生み出せれば、次の世紀のステップが踏めるはずです。けれども、何も生み出せなければ、滅びの道ですね。安楽死のシナリオです。だから、未来を生きる若い世代に、このことを自分の問題として捉え、頑張ってほしい。

——**『建築的思考のゆくえ』のなかで、ご自身が建てられた建築にお嬢さんを連れて行って、そこで20年後建築はどうやって使われていくんだろうか、あるいは残っていくんだろうかというようなことを自問した、そこからある意味スタートしたという話がありました。そのくらい人間が建築家みたいなものの立ち位置が変わっていかなければいけないということを書かれていて、そこにすごく感銘を受けました。**

　物理学者で随筆家でもあった寺田寅彦が「天災は忘れた頃にやってくる」と書きましたが、たとえば100年に一度の津波といった時に、人間の個人的な経験値を超えるわけです。人間の生命を超えた時間のサイクルでくるから同じようなことが繰り返されてしまう。だから僕らは、建築や都市を語る時、自分の命を超えたところで価値を考えていかなければいけないのだと思います。3.11以降、とくにそう思うようになりました。そうでないと再び同じことが起きてしまう。

——**「時間」と「空間」についてどのようにお考えですか。**

　ものすごい速さで進化する技術と人間のゆっくりした進化、その進化スピードの異なるものをいかに調和させるのかということが最大の課題です。空間の話は意外と楽観的で、どうとでもなるような気がしています。日本人は意外と早く気づくような気がしているからです。たとえば本当に愛し合っているふたりがいたら、空間としての価値は最低かもしれないけど、四畳半でいいと思う。そこでとてもすばらしい時間が生まれたならば、何百坪の邸宅に住んでいる人より幸せでしょう。これは時間と空間の関係ですね。僕は前者に戻っていくんじゃないかという気がしているんです。少し前まで、そういう世の中だったんですから。六本木ヒルズの30階でワンフロア借り切っている人と、四畳半で本当に好き合って暮らしている人と、どっちが幸せかという話です。ここにおいて、建築家も都市計画家も役人も無力です。そこまで戻ってきちんと議論するべきでしょう。時間価値にシフトすれば、空間価値が捏造してきた幻想は砂上の楼閣だったということが分かるはずです。3.11は、それを問うているのです。

（すべて写真：内藤廣建築設計事務所）

遷移　　　　　　　　　Transition

変化する時間をデザインする

宮城俊作
(ランドスケープアーキテクト)

みやぎ・しゅんさく
1957年京都府生まれ。京都大学大学院農業研究科博士前期課程、ハーバード大学デザイン学部大学院修了。1992年設計組織PLACEMEDIAパートナー、2001年奈良女子大学教授。主な作品に、「平等院宝物館」(2001年)、「国立長崎原爆死没者追悼平和祈年館」(2003年)、「川口市並木元町公園」(2006年)、「The Peninsula Tokyo」(2008年)、「三里屯SOHO」(2010年)、「東北大学青葉山キャンパス」(2011年)、伊勢神宮第62回式年遷宮記念「せんぐう館」(2012年)ほか、多数。

経過とサイクル

——風景あるいはランドスケープデザインとはどのような時間軸をもったものとして捉えていますか? また、ランドスケープデザイナーはどのくらいの時間を射程としてデザインされているのでしょうか。

2つあります。ひとつは時間が経過するということ、もうひとつはサイクルのことです。まず、時間の経過については、やや教科書的な話になりますが、つくったものの成熟度への意識が重要です。ランドスケープの場合は竣工から時間が経過していくことで空間が成熟していくことを考える必要があります。最も分かりやすいのは、植物の生長を長いタイムスケールのなかで考えるということです。

時間のサイクルについては、朝・昼・晩のサイクルや、日本の場合だと春・夏・秋・冬の季節のサイクルもあります。自然の光は明らかに季節によっても1日のうちでも移り変わっていきます。時間のサイクルといった時には、変遷とか遷移のように移り変わっていくという、日本語の「うつろい」という言葉に当てはまることを常に意識することになります。

——ランドスケープはもちろんマチュア(成

東北大学青葉山キャンパスセンタースクエア
(2011年 撮影:吉澤愼太郎)

熟した）な状態がひとつのゴールだとしても、やはり竣工時にある程度のものまで求められると思います。そのあたりはどうお考えですか。

　私がかねてから感じていることですが、ランドスケープのデザインにとって今いわれたことが弱点であり同時に強みでもあると思っています。それはクライアント次第といったところがありますが、いいクライアントに巡り合って、最初の時がいちばんダメな時だよね、と理解してくれる方だとやりやすいですね。

──外苑の並木道にしても、表参道にあった同潤会アパートにしても、それがつくられた大正・昭和にでき上がったばかりの竣工写真を見てもそれはそれで美しいと思いますが、やはり時間を経てきたもののよさを感じる時があります。

　それはあると思いますね。外苑のイチョウ並木に関していうと、あれは大正時代の終わり頃に造成されたのですが、あそこに使われているイチョウの並木は、1本の母樹からとった挿し木で育てた苗木、つまりクローンが育った姿なのです。

　遺伝子が同じということは、同じような環境に置かれると育ち方も同じということになります。もちろんきちんと剪定はしていますが、よく見るといちばん下の力枝が出ている位置がほとんど同じだということが分かると思います。それは意図的にそうしていて、聖徳記念絵画館に向けてのしっかりとしたヴィスタをつくる意識があったからです。あとは剪定の仕方や樹高のコントロールによって、奥に行くにつれてパースペクティブがかかるようにしていたりします。なので、垂直的な密度勾配が考えられていることになります。それも樹木が生長する時間を念頭に入れてのことです。この並木を設計したのは、折下吉延という当時の内務省の技師なのですが、彼はパリのシャンゼリゼのような街路をつくりたいという淡い願いをもってやったわけです（笑）。そういう意味では時間というのがしっかり考えられているランドスケープデザインのよい例だと思います。

近代以降の時間意識

　一方で日本における近代以前の造園は、時間について少し異なる感覚をもっていたように思います。前近代の庭というのは施主の意向が色濃く反映されるような感じになっていて、何十年もかけて時間をかけてつくり直しを繰り返しているものが多い。それによって成熟やサイクルというものをチューニングしているように感じます。日本の伝統的な建築の場合も、住みこなし使いこなしのために、手を入れてどんどん変えていく。ただ近代以降も、自然光や、季節感のことなど、サイクルはすごく考えていますね。

──宮城さんの著書『ランドスケープデザインの視座』ではデザインに「遷移のメカニズム」を取り入れることが言及されています。

ザ・キャピトルホテル東急（2010年 撮影：宮城俊作）

ご自身のご経験からその可能性と課題など思うところはありますか。

遷移のメカニズムをデザインに取り入れるというのはどういうことなのかというと、主役である風景が変化していく舞台、あるいはその基盤となるものを整え、そこに初期値に相当するものを設定したうえで、その後の変化にいくつかの段階をあらかじめ想定しておくことです。その後は基本的に時間任せというところがあります。このような準備をしておけばこれくらいの時間で、これくらいになるだろうという大きな方向性を示すやり方が中心になるでしょう。ちょっと抽象的ないい方になりましたが、たとえば、植栽デザインの場合には、植栽基盤（舞台）を整えたうえに、樹種構成（初期値）を与え、あとは5年、10年、30年……といった生長・成熟の段階を見据えた提案をするということですね。

——石などのハードスケープに関してはどのようにお考えですか。

私は、基本的にタイルは使わないことにしています。もし使うとしても、アクセント的に利用するくらいで、デザインの「地」になるものには使うことはないと思います。タイルは生産された時の状態がベストなんですね。もし時間的な経過をデザインに生かすとすれば、目地の部分だと思います。タイルの表面は、永続的にあのクオリティが維持されることを目指して仕上げられていますので、それであまり使いたくないという意識があります。

——ヨーロッパの石畳だと石は変わらないけど、目地の部分に雑草が生えてきたりゴミが溜まってきたりしますね。

私はランドスケープの素材における劣化と循環の話をする時は桂離宮にある2種類の垣根を事例に挙げることが多いですね。両方とも竹を素材としています。ひとつは桂川沿いにある「桂垣」と呼ばれている垣根です。これは背後にある竹林から生きた竹を引き込んできて、垣根に見えるように編み込んでいます。一部が枯れてくるとその竹を切ってしまって、すぐそばにある若い竹に置き換えるわけです。もう一方は穂垣という垣根です。これは、竹の穂（竹の小枝）を幾重にも重ねたうえで、竹の竿ではさみ込んだもの。穂垣は時間が経てば朽ち果てていきますから、5年程度ですべて取り換えていると思います。この2つは好対照で、桂垣は循環、穂垣は劣化と更新ですね。どちらがいいという話ではなく、私は両方ともあっていいと思っています。

——建築とランドスケープのスケールの違いについてはどうお考えですか。

建築とランドスケープでは扱う空間スケールのレンジが異なります。ランドスケープでは1/10,000くらいのスケールで扱う対象が当然のように存在していて、そのなかに遠景・中景・近景が混在します。また、遠景・中景・近景のスケールは、距離などの絶対値だけで決まってくるものではなく、あくまでも相対的な関係のなかでの取り扱いになります。

私たちは、遠景・中景・近景のなかで、と

ザ・ペニンシュラ東京
（2008年　撮影：川澄・小林研二建築写真事務所）

くに中景に相当する部分については、あまりデザインによって操作しないほうがいいのではないかと思っています。したがって遠景と近景をデザインの対象とするということになるのですが、これには大きくいって2つの理由があります。ひとつは中景には時間の経過のなかでコントロールしきれないものが発生してくるということです。そして中景の部分が絶えず変化するということは、コマーシャリズムのなかにものすごくとり込まれやすいという側面があります。それは端的にいえば形や色が分かりやすいからです。

さらに近景の先には、触景というスケールも想定できます。触覚、嗅覚、聴覚など、視覚以外の人の知覚に訴える景の意味です。

これは、たとえば触った時の温かさや冷たさ、歩いている時の足裏の感覚や音などですね。足音は、床の素材が木の場合、金属の場合、タイルの場合ではかなり違ってきます。さらにいえば、砂利の場合などには、「あの砂利のところを歩いたら、こういう足音がして、こんな感覚だろうな」、というアフォーダンス的な人の身体感覚というものはずっと変わらないと思っていますし、変えてはいけないと思っています。

一方、遠景は風景にとって地の部分になり、それは短いタイムスケールで変化するものではなく、長いタイムスケールのなかで変化していくものだと思います。

都市のインフラとしてのランドスケープ

——**今のお話ではランドスケープから都市計画のスケールまで含まれていると思います。宮城さんは都市デザインもされていますよね。**

都市のインフラづくりをランドスケープ的に指向するという考え方をもっています。日本の場合、歴史的に見れば水系が最も基礎的な都市や農村のインフラだったと思いますが、近代以降の行政区画などはそれとはまったく無関係に成り立っています。かつての農村集落では水利権というものが厳然として存在していて、集落の生業がよって立つ自然と、人がコントロールできる範囲が合致していました。ですが、それを克服するかたちで近代の土木技術が発達してきたという背景があります。それをそのまま受け入れてしまったことが、現在のような混沌とした状態をもたらしているように思います。

——**宮城さんのなかでは都市デザインとランドスケープの境目がないのですね。**

自分自身のなかでは、都市デザインとランドスケープデザインの間には境界を意識していませんね。今、宮城県の七ヶ浜町という東日本大震災で被災したところで、全体的な緑地計画のお手伝いをしています。この町では、復興計画を通じてまちづくりを進めるうえで、緑地をベースにしましょうという方針になっています。それと津波から逃げるルートも、ランドスケープデザインで分かりやすく表現できないかと検討中です。

——**仮に時間軸を入れて変化するということ**

宇治のアトリエ（2010年 撮影：宮城俊作）

を考えた時に、都市的なレベルまでいくと管理する側が行政になってきます。個人であるプライベートの施主と、行政のようなパブリックの施主との違いはどういうものでしょうか。

　基本的には、施主のありようによって区別することはしないようにしていますが、現実的な問題として異なる対応をしなければならないこともあります。設計や施工もさることながら、竣工後にどう手入れをしていくかはとても重要です。やはりしっかりと手入れをされてきたものは、豊かな環境をもたらしていると思います。公共事業の場合でも、行政側が持続可能であることを重視するようになっているでしょう。ただ、時代に合わせて手の入れ方、つまり管理の方法も変えなくてはいけないでしょう。現在の制度に基づいた施策では、そこのところの柔軟性にやや課題があるように思います。

——**ご著書のなかで「昔からの規範がつくっていた町並みが、制度化した瞬間に崩れていく」と書かれていますね。**

　建築やまちづくりに関する現在の日本の制度では、例外もありますがたったひとつの建築のモデルによって、個々の建築の防災や環境も含めてすべて成立することを前提としています。個々の建物の存在が他者に影響を及ぼさないという考えが前提で、あったとしてもどれだけ最小限にできるかということが重視されます。ある敷地の条件が決まってしまえば、そこに適用される制度的な枠組みがかなり固定的なので、結局のところ、そこにでき上がる風景は似たようなものになってしまいます。私は、それを敷地条件と制度による「基底デザイン」と呼んでいます。本来であれば自然環境がさらにその下層にあるはずなんですが、近代都市計画は、その自然の下地そのものを前提としたものになっていないのが最大の問題ですね。

——**「時間」と「空間」で何をいちばん重要視していますか？**

　素材とスケールでしょうか。素材とスケールをどう組み合わせて、どう扱うかということです。それから風景のダイナミズムを紡ぎ出していく時には「時間」を強く意識すべきじゃないかと思っています。

平等院宝物館（2001年 撮影：ナカサアンドパートナーズ）

しん-か【進化】

[名] (スル) ①生物は不変のものではなく、長大な年月の間に次第に変化して現生の複雑で多様な生物が生じた、という考えに基づく歴史的変化の過程。②物事が次第に発達していくこと。⇔退化。

都市の進化

長い年月を経て、進化してきた都市。その進化を、卵を使って可視化したのがイギリスの建築家、セドリック・プライスである。プライスは都市（明らかにヨーロッパの都市を対象にしたものだが）の進化の過程を古代＝ゆで卵、17〜19世紀＝焼き卵、近代＝スクランブル・エッグと表現する。明確な中心をもち、城壁によってその境界がはっきりと分かるのが古代（＝ゆで卵）であるとすれば、城壁という境界の喪失によって、その範囲が拡張し、旧市街と新市街という2つの異なるエリアが共存するようになったのが17〜19世紀（＝焼き卵）だといえよう。そして、近代都市では前2世紀のような際は消え、均質でその境界も不明確なスクランブル・エッグのような状態になる。すべての都市がこのダイアグラムで表現できるわけではないが、卵をアナロジーにしたイメージが示す事実は興味深い。ひとつは都市の進化が、時間的に非均質なものであること。そしてその構成とかたちは変わるが、それでもなお、卵（＝都市）と呼ばれること。またこれらの卵料理のカロリーを見てみると、ゆで卵がもっとも少なく、油を使う焼き卵はより多く、そしてスクランブル・エッグはその調理方法によりさらに多くなることもあり得るということができる。これは都市がそれぞれの時代に消費するエネルギー量のアナロジーとしても読解可能である*1。

*1 http://plus-tamago.net/b06diet.html

fig.1 セドリック・プライス「三つの卵のダイアグラム」
（出典：チャールズ・ウォルドハイム著、岡昌史訳『ランドスケープ・アーバニズム』鹿島出版会、2010年）

モノの進化

私たちの身の回りにあるモノ、とくに電化製品は時とともに進化している。その進化を可視化したものを眺めることは興味深い。カメラの老舗メーカー、ライカ社は自社製品の進化を美しくビジュアル化する。それは単純な1本の線で描かれる進化ではない。起源となるひとつの製品が進化し、それが木の枝のようにいくつかの分岐をもちながら変化していくものだ。これをライカ社は「Family Tree（家族の枝）」と呼んでおり、そこには明確な本家と分家が存在する。そして、本家自身もある時を境に2つに分かれて独自に進化していく。カメラの種類（レンジファインダー型と一眼レフ型）を巡って、2つの異なる路線が取られたことが一目瞭然だ。さらに細かくこの進化のイメージを見ていくと、微小な差異の進化も多く存在することが分かる。大きな進化と小さな進化。やはり好奇心をそそられるのは、その異なる進化の理由であろう。技術の革新、デザインの流行、時代の要請など興味は尽きない。モノの進化を見ること、それは私たちに、モノがつくられた時代背景に思いを巡らすきっかけを与えてくれる。

fig.2　LEICA Family Tree 1914-2012（提供：ライカカメラジャパン）

進化の行く末

あまりにも有名なダーウィンの人類の進化図。そこには手と足を使って歩く猿から2本足で背筋を伸ばして歩く人に至るまでの進化が、あたかも歩いているうちに変わっていくかのごとく、時系列的に表現されている。そしてこの壮大な人類の進化の今後を示すイメージがユーモアとしてたくさん存在する。それらの冗談めいたイメージの多くはTシャツの絶好の図柄として使われ、観光地などでも多く見受けることができる。たとえばそんな事例のひとつは、猿から進化し直立歩行するようになった人類が、コンピュータを使うことによって、また猿のように前かがみの姿勢になっていくという、現代人の生活をシニカルに表現したものだ。そのほか、将来、人類がロボットへと進化していく様子をコミカルに描いたものなどもある。これらのイメージが語るのは、現在の批判から導き出される多様な未来の物語である。進化の先にあるもの、私たちは過去の進化図を見る時、そのまだ見ぬ未来への期待と不安を同時に思い描いているのかもしれない。

fig.3　人類の進化図のパロディ

Analysis：[進化]の分析

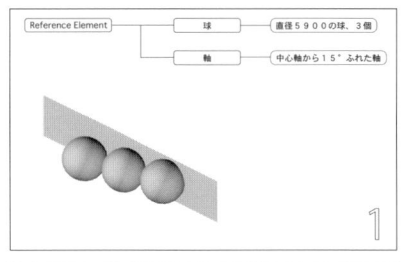

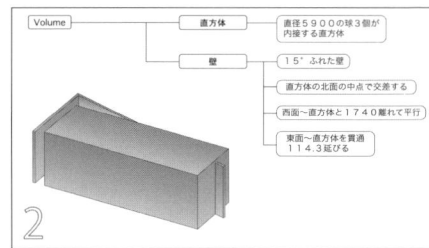

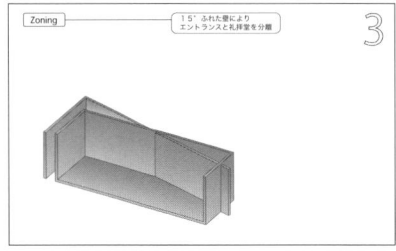

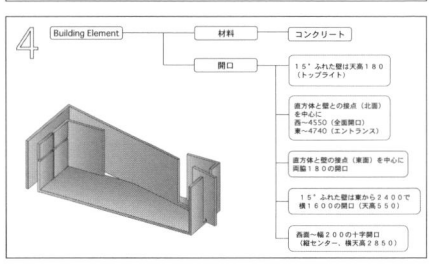

fig.4　4つの表現要素の体系化による設計プロセスの明確化（「光の教会」を例として）

アイデアをさらに進化させるため、専門家の思考プロセスを解明しその知識を役立てる研究が、20年ほど前にエキスパートシステムとして盛んに行われていた。最近では、アイデアを創発しやすいオフィス空間をつくるため、オフィスを構成する空間要素とアイデアの創発との関係を探る研究も行われている。

また、配置計画などの最適解を素早く見つける方法として、遺伝子の進化を模した遺伝的アルゴリズムを用いる研究も行われている。

アイデアの進化

ひとりでは煮詰まってアイデアがなかなかいい方向へ進まない時に、仲間どうしで話をしてみると何かのきっかけで突然アイデアがいい方向へと進んだり、また自分の机を離れて雰囲気のよいカフェでお茶をしていると、ふいにアイデアが面白いように展開したりした経験があるだろう。このようにアイデアが進化してくるのは、どのような状況の時で、どのような空間であるのかを解明できれば、アイデアが自然と創発し進化するオフィスや教室、また子供部屋といった空間も実現可能になる。

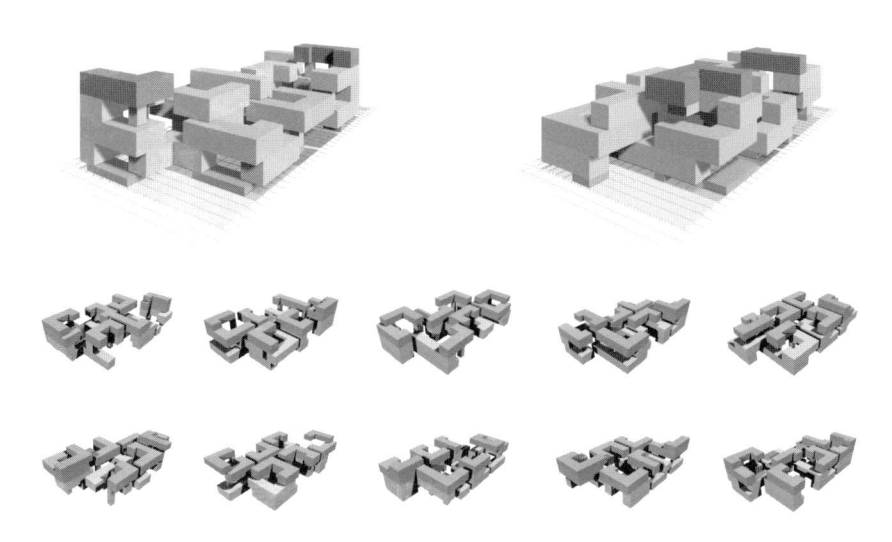

fig.5　人間の思考による2つの解(上)とツールによる解の多様性(下)

設計者の思考

　学生が課題で設計を行う場合に、実際に社会で活躍している設計者とは異なる思考プロセスを辿ってしまい、その課題の設計案に多くの問題を生じてしまう場合がある。

　そこで、設計者が行う設計時の思考プロセス（fig.4）を明らかにし、それと対比することで学生の思考プロセスの問題点を抽出し、ツールを用いて学生の理解を的確に支援する仕組みを構築した。fig.5は、グリッドや軸の設定、また建物を構成する部材を操作するツールを用い、学生が発想した空間例である。

イメージの共創

　複数の施主が共同で住宅をつくるコープ住宅では、施主たちは各個人の利益を優先し意見をいうため、すべての施主の満足のいくように意見を調整するのは至難のわざである。施主が一堂に会して意見を出し合うスタイルでは、集合すること自体で興奮してしまい、自我を通したいという意識が必要以上に働いてしまうという問題がある。また、いつも参加できるわけではない、参加できなかった場合には様子が分からなくなってしまう、その場で手書きのメモやデッサンによって全員の共通認識を得ようとするには無理があるなどの問題もある。

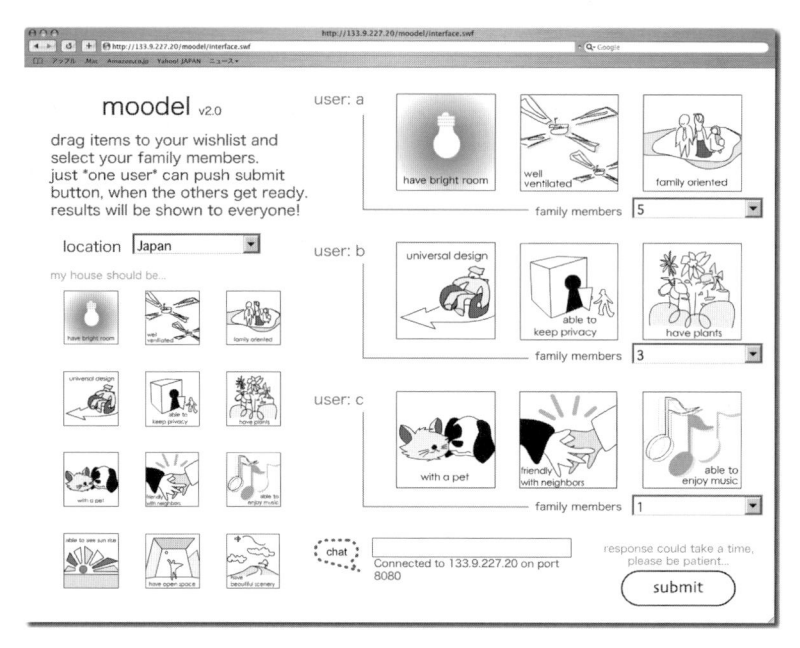

fig.6 システムのインプット画面イメージ。ニーズや設計条件などを入力する

そこで、同じ場所、同じ時間に集まる必要がない、これまでの経過が分かる、また分かりやすく3Dで表現された設計案を見ることができるなどの特徴をもつ、webを利用したシステム（fig.6）を構築した。

遺伝子による配置の生成

図面を描き、そしてその空間でどのように人が動くのかをシミュレーションすれば、たとえばオフィスビルであったら避難時に階段で多数の人が集まり動けなくなる、また昼食時にフリースペースが混雑して利用したい人で待ち行列ができてしまうような問題を、オフィスをつくる前に知ることができる。もしこのような不具合のある空間が見つかれば、図面を修正して再度シミュレーションを行い、修正した図面で問題がないかを確認する。

この図面作成とシミュレーションの繰り返しのプロセスは、設計者の頭の中で行われる場合もあるし、CADで作成された図面をもとにコンピュータで行動シミュレータを使って行われる場合もある。いずれの場合でも、図面の修正を的確に行わないと複数回繰り返すことになってしまう。

そこで、設計案ができ上がったあとに行動をシミュレートするのではなく、人の行動を先にデザインしそれに見合った空間をつくり

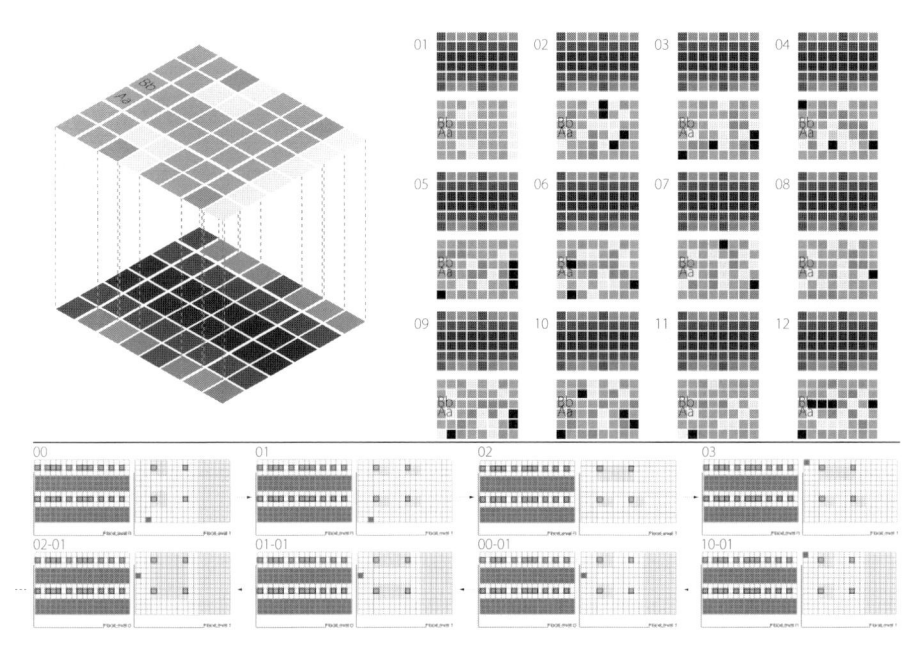

fig.7　遺伝的アルゴリズムを用いて人の行動に即した空間をつくる

出すシステム（**fig.7**）を構築した。これは、流動や滞留の様子をシステムのウィンドウに描き、その後は部屋に見立てた遺伝子が遺伝的アルゴリズムに従って進化しながら、描いた流動や滞留を実現する空間を出力してくれるシステムである。

進化するデザインの環境

　設計に限らず、さまざまな分野における優秀な専門家たちの思考プロセスが解明できれば、学生がその思考プロセスをなぞることで、優秀な専門家と同等のアイデアを発想できるようになるだろう。

　またこれまでは、苦労して描き上げられた図面をもとにして、その空間の中で行動する人間の様子をシミュレーションし、たとえば通路が混んでしまうなどの不都合が見つかれば図面を修正し、再度シミュレーションを行なって確認していた。しかしこれからは、設計者の望む行動を入力すれば、それに合わせた空間を出力してくれるCADが登場するかもしれない。

「設計プロセス支援ツールに関する研究―主として設計教育での適用の評価―」藍耕平、2002／「コープ住宅の計画における施主間での空間イメージ共創システム」渋谷悠介、2003／「遺伝的アルゴリズムによる建築空間最適化システムの構築―人間の流動設定による建築設計手法の確立」小作玲、1998

Design : ［進化］のデザイン

時間の「からまりしろ」から生まれるデザイン

平田晃久
（建築家）

ひらた・あきひさ
1971年大阪府生まれ。1997年京都大学大学院工学研究科修了。1997〜2005年伊東豊雄建築設計事務所。2005年平田晃久建築設計事務所設立。現在、東北大学特任准教授、東京大学、京都大学非常勤講師。第13回ヴェネツィア・ビエンナーレ国際建築展日本館共同出展で金獅子賞など受賞歴多数。

生物進化という「歴史」

——平田さんが興味をもっていらっしゃる「進化」という視点から、建築はどのように捉えることができるか、また「進化」という概念はどういうかたちで設計手法に反映されているのかなどうかがいたいと思います。まず最初に平田さんが「進化」という概念に興味をもったきっかけを教えてください。

そもそも生き物に興味があったということが大きくて、本当に生物学科に入ろうとしていたくらいです。「進化」ということでは、目下2つのことに興味があります。ひとつは生物の進化もひとつの歴史として捉えられるのではないかということです。歴史というのは、必然的にそうなるのではなく、たまたま起こってしまったことがその次をつくっている。本当に偶然決まってしまったことをもとに次に進むしかない。だけどそのような進み方の累積で、物事が豊かになっていく。このことは人間の歴史においても同じようなことが起こっていますが、生物の歴史においても起こっていて、その歴史のなかで本来であればもっと伸びていってもいい枝がなくなったりするということが無数に起こっている。そうい

桝屋本店（2005年 撮影：ナカサアンドパートナーズ）

うことが面白いなと思っています。もうひとつはダーウィン的な自然淘汰では説明しきれない進化の側面についてです。たくさんのものが勝手にできていって、時間が経てば生き残るのに有利なもの以外は淘汰されていき、大局的にはある程度進化した状態になっていくという説明もできるのですが、あるまとまりが生まれていくという創発的な側面というのを無視して、進化が多様に起こっていることを説明するのは非常に難しいところもあります。

　フランスの哲学者アンリ・ベルクソンはそれを「エラン・ヴィタール」といっていましたが、最近の科学では「創発的」と説明されています。そのあたりの領域は非常に面白いことだと思っています。単純に歴史といった時に、硬直した文脈主義におちいると面白くない。たとえば、まちをつくっていく時に歴史的な要素を文字どおりに意識しすぎると同じようなものしかできていかないですね。ある種の保守主義になってしまう。その歴史の連続性ということとジャンプするということをつなぐのが「進化」ということなのではないかと思っています。同じ地平が少しずつ変わっていくということもあれば、ぴょんとジャンプする時もある。そういうことが面白いなと思っています。

——**平田さんの著書『建築とはからまりしろをつくることである』のなかでは、建築の歴史も「進化」という観点から記述されていましたね。**

　この本のなかでは、前川國男がいっていることをもじって、ピラミッドから近代建築を超えて、さらに発酵が進んでいけばということを考えていました。進化というのはそこまで直線的なものではないと思うのですが、ひとつの建築的な方向性から遡った時に、こう

いうふうに見えるというのもあるんじゃないかと考えました。また、人間の建築や都市をつくる行為も進化の一部だという話もできるのではないかと思いました。スティーブン・ミズンという認知考古学者の話ですが、農耕や建築のような行為は人類がさまざまな異なる知性のモジュールを重ね合わせて思考する能力を獲得することで初めて可能になったのだという、それも進化のひとつだといっています。そう考えると建築の歴史というのが生物の進化の歴史の一部分として捉えられると思います。

——**「建築はモジュールの組み合わせでできている」というところに興味をもったのですが、そのことについてもう少しご説明していただけますか？**

　ここでミズンのいうモジュールの話は心のモジュールの話なんですよね。その能力を技

csh（2008年 撮影：ナカサアンドパートナーズ）

術的知性、博物学的知性などに分けることができるとして、その完全に分かれていた状態をミズンはロマネスクの聖堂になぞらえ、聖堂の各部屋が完全に分かれていた状態からそれがつながるという例えをしていました。ぼくはこれを読んだ時に、それとは違うメタファーが浮かびました。枝が成長していって、それぞれが個別に成長していく過程から、ある時に枝と枝がまた癒着してネットワーク状になるということが、ここでいう混ざるということなのではないかと思いました。ある程度各枝の特性は保たれたまま、そういうブリッジがいくつかできている状態に近いかなと思います。これと類似した過程は進化の過程で何度も起こっているようです。それは哺乳類の進化においてもそうだし、脳の進化においてもそうです。建築の進化においても同じようなことが起こっていると思います。それぞれの分野で起こっていたことを重ね合わせる時期があると思うんですね。

話が飛ぶかもしれませんが、近代というのはジャンルをいったん分けて、それぞれのジャンルを成長させた時代である気がします。それをもう一度つないだ時に、それ全体として何かが起こることがありうると思います。この比喩はいろんなかたちで有効で、刺激してくれることがあるなという感じがしています。

進化が生む意外性について

──話をうかがっていると、平田さんが、全然想像していなかったことが接続される瞬間に、非常に興味をもっていらっしゃるなと思いました。接続する時に起こる予期せぬことや、意外性のようなことに興味がおありですか?

そうですね。接続されるということは何かと何かが似ていることだと思います。似ているということに気づいた瞬間に、今までになかったけど、そうでもいいんじゃないかと思える状態がくると思います。たとえば、屋根と地形は似ていると思った時に、地形は水が流れてできていて、屋根は水を流すためにできている。これらが似ていると考えると人工物と自然の対立がいったん解消されて、違う視点が獲得されます。別の枠組みでこういうこともありうる世界が起こる、ということに興味があります。

──今の話から、平田さんが提唱されている「ある生成原理をもった建築」とか「発酵する幾何学」という言葉を思い出したのですが、そこでは、あるアルゴリズムがあって、それをコンピュータに入れればいいのではなく、何が起源なのかを探る「種(たね)」を巡る思考が大

gallery S (2008年)

事だとおっしゃっていました。

建築を設計するうえでこの「種」ということに対してどのようなこだわりや思いをもっていますか?

それには2つあります。ひとつは、どういう種類のものをその場に植えるかということで、もうひとつはその「種」の成長のさせ方を選ぶことです。

ぼくはそこで起こっていることの本性みたいなものがわき上がってくるようなことがしたいと思っていて、最初にどういう種を選ぶかということはすごく重要だと感じています。

たとえば、東京という都市ではひだ状に表面積が増えていくプロセスが進行していると考えることもできます。その時、もともと東京の古い地層自体がフラクタルな地形になっていることを想起すると面白いと思っていて、このフラクタルな地形の上に新しい都市が堆積しているわけです。つまり表面積が増えるような作用でできたトポグラフィーの上に、さらに表面積を増やすような作用がからまっているということです。そのなかの建物も同じようにつくっていくことはできないかと「Gallery S」では考えていました。ある場所がもっている潜在的な特性を引き出して形にしていくというのは、その根っこから吸い上げているような感覚もあります。どういう種を選んでそこにある特性を発現させるか、というところに建築の重要な部分があると思っているので、そこに対しては一定の必然性や説得力をもたせたいと思っています。そのうえで、それをどのように成長させるかということにおいてもさまざまな視点が必要になってくると思います。大事なのはどこをどういうふうに変えると、どんなことが起こるか、ということがきちんと理解できる状態をつく

treeness house(2009年)

ったほうがいいということです。それは思考のアンカーポイントをいくつもてるか、ということだと思います。

──なるほど。では複数のアンカーポイントを探し出していくという平田さんの設計プロセスはどのように帰着するのでしょうか？ たとえば磯崎さんであれば設計プロセスは必ず切断されるものとして、その断面を見せることが建築の役割だとおっしゃっています。

どこかで切るという感じはあまりないんです。ある方向性を定めたらそれが幹のように伸びていって、無数にあり得るパターンのなかで、こういうルールを決めたからこうだよねという細部の領域まで成長していくということかなと思っています。ぼくの場合は、一気に切断するということではなくて、だいたいこれでやったらうまくいくなという、もう少し有機的な過程のなかで決まっていくと思っています。切断というより、「プチ歴史的」な決め方ともいえますね。

おりたたまれた時間と共存する

──その「プチ歴史的」な設計過程を経て、建築はフィジカルなものに置き換わり、実際に使われていきます。設計が終わったあとの平田さん自身の建築との接続の仕方については、どのようにお考えですか？

たとえば、からまりしろの話で、海藻と卵や、海藻が海底の岩にからまっている話など、そこにヒエラルキーのようなものがあるという話をしたのですが、ここで重要だなと思っているのは、卵と海藻の間には、もともと関係がないという点です。たまたま海藻が卵を産みつけるのに適しているからそこに産みつけられ、その海藻も海底の岩がたまたまからみやすいから「からまっている」というように、関係のないものが集まって有機的なものができているわけです。

ぼくらがある「種(たね)」をもとに設計したとしても、少し別の話が途中からからんでくるということもあると思います。そのからまっていくということがいちばん面白いのかなと思っています。施工上の話まで全部一貫した思考でいくかというと、そういう時もあればそうじゃない時もあります。そうじゃないものが別のレベルで花開いていってもいいんじゃないかなと思っていますし、できたあともそうじゃないかなと思うんですよね。少し時間がたったあとで、それが改造されて違うものができても、なんとなくもともとそこにあったものが見えていれば、ぼくは幸せな風景なんじゃないかなと思います。理想形として巨

Coil（2011年 撮影：鳥村鋼一）

Foam Form（2011年 作図：kuramochi+oguma）

木にいろんなものがからんでいる情景をいつも思い浮かべます。「それがないとそこにそういう世界が生まれないような何か」というのができればいいんじゃないかと思っています。

　戦後のメタボリズムでは、インフラストラクチャがあって、そこに別の建築がプラグインされるという構図がありました。そのような階層構造をつくり上げることは、根本的な思考のかたちだといえるし、大きな可能性をもっていると思います。ただ、インフラストラクチャというものを固いレベルのもので捉えるべきだろうかという疑問はあります。それと、ある種のインフラストラクチャをつくって、その原理がすべてにわたって透徹されるというのは逆につまらない世界ではないかと思うんです。たとえば、海藻は卵にとってのインフラストラクチャですし、海藻にとってのインフラストラクチャは海底の岩であるというように、ある水準で捉えた時にその上位にあるものがインフラストラクチャということになるわけで、それは無数の入れ子構造をなしています。そういうふうにインフラストラクチャを捉えていくと、それは「からまりしろ」ということに近いと思います。そこに無関係だったものが関係してくると、より豊かな世界になっていくようなことになれば、それが最も幸せな状態ではないかと思います。

──では最後にもう少し大きな話として、平田さんにとって「時間」と「空間」を重ね合わせた時にどういうことを意識されますか？

　ある場所の豊かさというのは、そこに関わっている時間の厚みの見え方というのが大きいのかなと思っています。素材ひとつにしても、なぜその木が魅力があるのかというと、木のなかにその木が生長してきた過程の時間が内包されていたり、いろんな時間がそこに重なっていることがあります。その、「おりたたまれ感」みたいなものがぼくは面白いと思っています。

　デザインの過程でも、なんとかそういう雑多なものの豊かさを入れ込みたいということや、建築がもつその固有の時間もあるけれど、それとは別の時間も引っ付いてくるようなことが起こったほうがいいんじゃないかな、と感じています。そうした独特の共存の仕方を考えたいと思っています。

しーくえんす【シークエンス】

[名] ①連続。連続して起こる順序。②映画やテレビで、ひと続きのシーンによって構成される、ストーリー展開上のひとつのまとまり。③機器を自動制御する際の、あらかじめ設定しておく動作の順序。

シークエンスの意味と表現

「シークエンス」を言い換えるちょうど良い日本語は見つからない。一般的には映画の分野で使われるように、方向性のある連続したまとまりを意味する。一方建築の分野では、主体が移動することで現れる、空間や風景の連続やその構成を示す。しかし主体の移動はその意思によって可逆的で自由なものであるから、映画での使われ方とは少し違う。そうした曖昧な現象を2次元に定着させる時、さまざまな方法で表現される。ひとつの例を山水画の中に見ることができる。水墨の山水画は中国唐代後期に確立された技法である。描かれる題材の多くは山岳、樹木、岩や川などの添景を再構成した「創造された景色」であった。画面構成は「近景」「中景」「遠景」の3つに描き分けられているため、下から上に順に絵を見ていくと、近くから遠くへ、まるで絵の中を旅するように感じられる。そこには距離だけでなく、時の流れも同時に表現されていた。山水画は、シークエンスの要素を意図的に描いた最も古い表現といえるだろう。

感覚による表現

シークエンスを捉える主体は、人間だけではない。グラフィックデザイナーの杉浦康平は「犬地図」において、散歩中の犬の感覚（匂い、風、速度、テクスチュア、輻射熱、音）を時系列に沿ったダイアグラムで表現した。人間が視覚によって認知する環境を、犬の感覚によって再構成している。しかしよく考えてみると、私たちも視覚以外の感覚によって、シークエンスを認知しているのではないだろうか。ほかの動物と同じように、嗅覚や聴覚、触覚による見えない地図を自分の身体の中にもっていて、空間を捉えているはずである。そうした気づきを逆説的に与えてくれる。

fig.1 雪舟「秋冬山水図」
（所蔵：東京国立博物館 Image:TNM Image Archives）

シークエンス

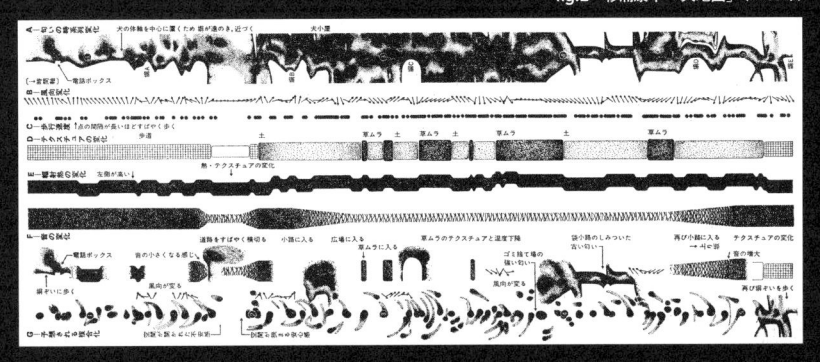

fig.2　杉浦康平「犬地図」（1968年）

視点による表現

イギリスの画家デヴィッド・ホックニーはコラージュの技法を用い、対象を複数の視点から眺めたものとして表現する。「龍安寺の枯山水を歩く」では、石庭を歩きながら、それぞれの視点から写真を撮りつなぎ合わせることによって、キュビスム的な世界の見えを表現した。瞬間を写し取るメディアを画材としていることが、必然的に時間の経過を内包し、それを強調している。これは、透視図として描かれる世界が現実の存在の一側面に過ぎないという問題提起であり、同時に一枚の写真に収まらないほどに複雑になった世界に対する、新しい表現の試みでもある。このように、シークエンスという言葉の意味を考え表現を探ることによって、私たちを取り巻く世界の捉え方まで読み取ることができる。

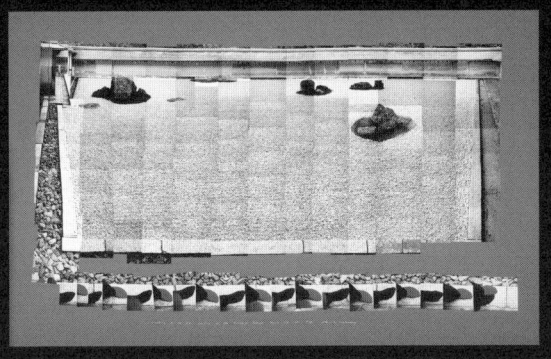

fig.3　デヴィッド・ホックニー「龍安寺の枯山水を歩く」（1983, photographic collage, 40 × 62 1/2 in ©DAVID HOCKNEY）

軌跡として動きを捉える

都市や建築空間内で人がどのように動き、活動を行うかという指標は、計画をするうえで重要な要素である。その動きを時間的にシームレスに捉えることで得られる軌跡という形跡から、その奥にあるさまざまな意図や無意識といったものを読み取ることができる。

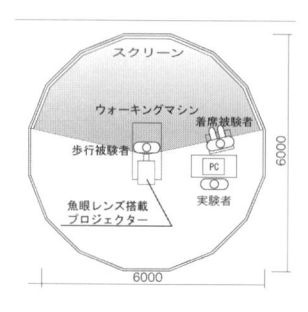

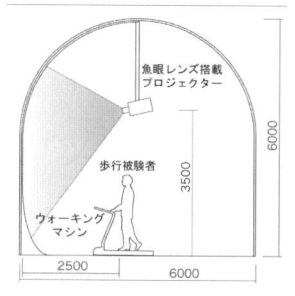

Analysis : [シークエンス]の分析

fig.4 場面変化を体感させる装置

場面変化0回　住宅街

場面変化1回　商業地区

場面変化3回　オフィス街

0分00秒

建物内の通路を歩いていると、天井の高さや通路幅など空間の物理的な変化、また照明や色など環境的な変化に出会う。そして、これらの変化に合わせて、私たちの心理状態も刻々と変化している。この空間と心理変化の関係を解明するため、両者を時間軸に沿って記述するシークエンスという研究分野がある。研究の成果は、美術館など心理変化を重視する空間の設計に生かされ、またシークエンスをビジュアルに記述するさまざまな方法が提案されている。

連続場面の心理的効果

商業空間や地下鉄駅構内の通路、また美術館などの通路を歩行している時、絶えず私たちは空間から視覚、嗅覚、聴覚に関わる情報を得ている。歩行中に取得するこれらの情報は、静止画である写真を見て得る情報とも違うし、静止画を連続的に並べた映像から得る情報とも異なる。なぜなら、私たちは主体的に空間を動きながら、これらの情報を得てい

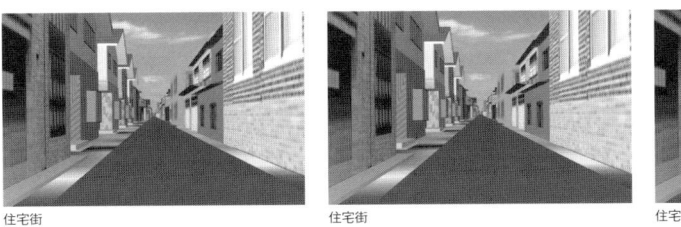

住宅街	住宅街	住宅街
商業地区	商業地区	商業地区
オフィス街	オフィス街	オフィス街

3分45秒　　　　7分30秒　　　　11分15秒　　　　15分00秒

fig.5 住宅街や商業地区、オフィス街などの場面変化のパターンを変えた実験

るからである。
　通路や街路の風景や音の変化を対象とする研究は、シークエンスという研究分野で一時期盛んに行われていた。シークエンスには、風景の色や音など着目する変数の変化を、時間が流れるタイムラインとして可視化し、心理との関係を探るなどの研究手法があった。通路上の断片的な風景から影響を受けるのではなく、風景の連続的な変化こそが空間を歩行する場合の心理に影響を与えるというのが、シークエンス研究のスタンスである。

場面変化によるモチベーションの変化

　部屋を模様替えしたとたんに勉強する気になったり、またなかなか仕事がはかどらない時に、外へ出て散歩してみるとやる気がふつふつと湧いてきたりした経験はないだろうか。このように、視覚に飛び込んでくる風景によって気分が一新され、意欲が湧いてきた経験

男性　　　　　　　　　　　　　女性　　　　　　　　　　　　カップル

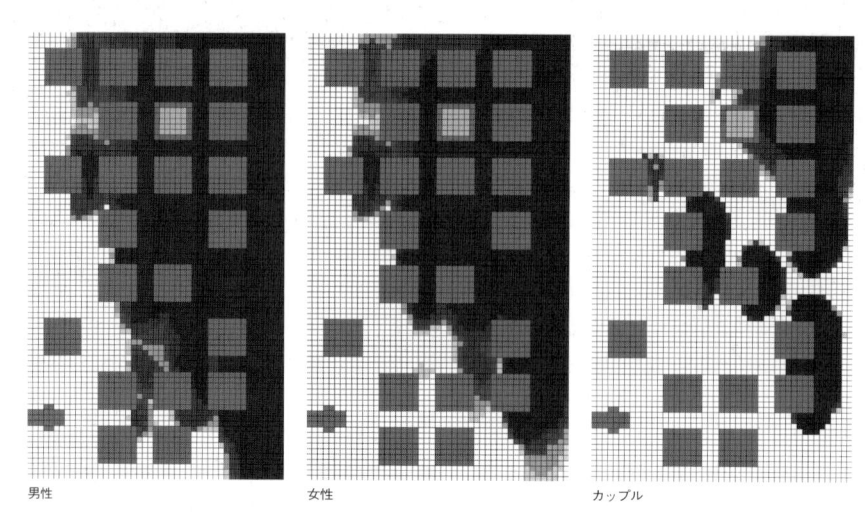

fig.6　属性ごとの休憩場所の選択可能性

があるだろう。
　たとえば、街路の空間要素である建物の高さや、道路の幅が変化する中を歩行すると、その変化の仕方や変化のタイミングによって、人は意欲を与えられることもある（**fig.4,5**）。

意思決定のシークエンス

　商業施設内の通路上の分岐点で、そこから先に進む方向を決める際にあまり時間はかけないだろう。一方、休憩施設や食堂などで座る場所を選ぶ時には、周囲を散策しながら、さまざまな条件を勘案し、ある程度時間をかけて決めるのではないだろうか。
　たとえば、公園で休憩場所を探す場合に、子供連れの家族の場合は子供を確認できるように少し開けた場所を好むかもしれない、ひとりで読書しながら休憩する場合は囲まれた空間を好むかもしれない、またカップルは……というように、人の属性と状況によってその選択の嗜好には特性がある。fig.6は、休憩をする場所の選択可能性の高低を、広場を正方メッシュに分割し濃淡で表示している。

人がいる風景

　サッカーや野球が開催される競技場までの通路空間を、歩いているうちに徐々に期待感が増すようにうまく演出した事例は少ない。壁面にデジタルサイネージ（電子看板）などを設置し、期待感を増す工夫をしている通路空間もあるが、それほどワクワク、ドキドキすることがないのは、人の存在による空間の演出がされていないからだろう。
　大都市の駅から歓楽街に多数の群集とともに押し出される時、また遊園地のチケット売

シークエンス　　　　　　　　　　　　　　　　Sequence

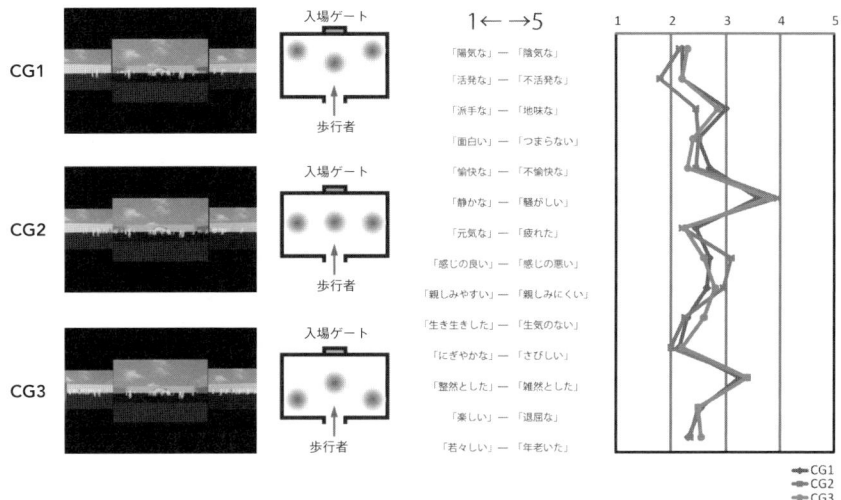

fig.7 アプローチ空間の人の存在が施設への期待感を高める

り場に大勢の人が並んでいるのを見た時、ゲートをくぐった先の広場に大勢の人がいる中を通過する時、ワクワク感が増幅されることがあるだろう。逆に駅から歓楽街まで閑散とした中を歩いたり、チケット売り場やゲート周辺に人が少なかったりしたら、ワクワクする気持ちにはとうていなれまい。つまり、物理的な空間や照明、音、匂いだけでなく、人も空間を演出するひとつの要素なのである（fig.7）。

モチベーションを上げてくれるデザイン

身体的な移動を伴い風景が時間変化するシークエンスは、美醜を感じる感性だけではなく、やる気を起こさせるといった感情部分に対しても影響を与える。そうなると、ウォーキングしたくなる街路や犯罪意欲を起こさせない街路、鑑賞意欲を高める美術館の展示空間の配置、また遊園地やスタジアムなどの遊戯施設ではワクワクする気持ちを高めてくれるアプローチ空間なども可能である。

また、公園など変化に富んだ空間で自由に場所を選択できる場合には、その人の好みにあった目的地まで情報システムを使って最短経路で案内することもできるし、目的地まであえて遠回りをさせ、そこまでの歩行を演出する工夫も考えられる。

「歩行時の場面変化による心的ストレスの増減に関する研究」前波芳周、2007／「広場において着座場所として好まれる空間に関する研究」水口奈津季、2008／「観覧施設までのアプローチ空間における人のいる状態による期待感の演出」江藤元治、2009

Design ：[シークエンス]のデザイン

理想的な風景をつくる
中原慎一郎
（プロデューサー）

なかはら・しんいちろう
1971年鹿児島県生まれ。ランドスケーププロダクツ代表。オリジナル家具等を扱う「Playmountain」、カフェ「Tas Yard」、コーヒースタンド「BE A GOOD NEIGHBOR COFFEE KIOSK」、故郷の鹿児島に「Playmountain KAGOSHIMA」、子供のためのレーベル「CHIGO」を展開。また店舗設計業務、イベントプロデュース／ディレクションを手がける。2012年より「マルヤガーデンズ」（鹿児島）のアドバイザー、「Shibuya Hikarie ShinQs」内のイベントスペース「Craft Bureau」のディレクターに就任。

地域の特性を知ること

――ものづくりや、空間のデザインにおいてシークエンスを意識することはありますか？

　もともと、実家が商売をやっていたので、お店というもののあり方や形態がからだにしみついていました。それがシークエンスをつくることになっているかは分からないのですが、お店と名乗った瞬間に誰でも入っていい場所になる、その仕組みが面白いと思いました。空間をデザインするわれわれにとって、そのことを理解しているかどうかはとても重要なことだと思います。

――ご自身のお店は空間デザインもされていますね。

　自分の店の場合もそうですが、仕事として依頼される場合も場所を選ぶところから一緒に考えます。その時に考えるのは、その人となりと、そこでやりたいこと、そしてそこに来るであろうお客さんのことを推測しながら、イメージを働かせて空間をデザインしていきます。

――それはどのようなデザインをするか以前に「どこでやるか」が大事になるということですか？

　そうです。最近ではいわゆるショッピング

Playmountain（渋谷区千駄ヶ谷）

モールに入居するショップのデザインを依頼されることもあって、その場合はその場所独自のものを考えるのはとても難しい。僕がいちばん大切にしているのは、そのショップがある土地を知ることです。デザインをするうえでその町の成り立ちを知ることはとても大切だと思います。

——**その視点はとても新鮮ですね。僕ら建築家は往々にして、与えられた場所にどのようにつくり込んでいくかを考えの中心におきがちです。**

施主側も自分の町にどんなものがあるのか知らないことが多く、家を設計する前に、一緒に町を歩くと、この町にはこんないい骨董屋や古本屋があると、自分が暮らす町の魅力に初めて気づくということがあります。

——**町歩きをすることで、町の歴史とともに積層していた生活の具体的なイメージともいえるようなシークエンスが現れてくるんですね。**

そこで面白いのが、そうやって自分の町の魅力を再発見することで、家を建てるにしても自分がやりたいこと中心であったものが、町に対して開かれたものへと少しだけ変わることです。設計することにおいてその場所のコンテクスト以外に地域の特性を知ることには、それ自体あまりセオリー化されていないかもしれませんが、そのような利点があると思います。

よき隣人であるために

——**中原さんの仕事において興味深いのは、場所、企画、デザイン、その使い方を決めるといった、異なるフェーズの仕事が連続していることだと思います。**

それは大事にしていることです。会社の名前にもなっているのですが、建物や空間、人とものとの関わりにおいて、それをひとつながりの「景色」にしたいという思いが根底にあります。

最近、お金持ちや権力がある人だけがものや場所を選べたという状況がここ数年で変化してきたことを感じます。たとえば、このカフェの近くに〈BE A GOOD NEIGHBOR〉というコーヒースタンドをやっていますが、その名前の意味は自分が町にとってよい隣人でありましょうという意味です。マンションの見晴らしのよい最上階を買うことはできるけど、よき隣人はお金では買えません。自分

BE A GOOD NEIGHBOR COFFEE KIOSK（東京）

TAS YARD（東京）

がよき隣人でありたいという意識をもった人が集まる場所をつくることで、町にとってもそこで暮らす人にとっても、理想とするような景色ができてくるのだと思います。

——同時に、ひとつの建物やデザインによっても町の顔は変わっていくと思います。中原さんは家具のデザインからスタートされて、今はものづくりと並行して、さまざまなシーンをつくることを実践されていると思いますがいかがですか？

ものにしてもシーンにしても完全につくり込むことにどこか後ろめたさを感じることがあります。たとえば、予算があってそれを全部使いきってしまいましょう、ということではなく、つくるうえでも余白を残しておきたいんです。

われわれは空間や建物をつくるのが仕事ですが、じつはそれは使い手が使いはじめて、そこで何をしたいかという輪郭が現れてくる部分があると思っています。竣工後も手を加えられるような余地を残しておくべきだし、自分のお店でもそうですが、寝かせておいて、それが芽生えてくるのを待つというか。とかく設計者もユーザーも最初から詰め込みすぎてしまいがちになるのでなおさらです。

——余白の大切さに気づいたきっかけはあったのですか？

とくに地方での仕事はそうなのですが、スピードで解決できない問題があって、一方的に埋めていく作業をしすぎると破綻が生じる時があります。そこでも求められるのが、人との付き合いを含め、カタチとは違う作業をいかにできるかということです。

当然ですが、小さなものになればなるほど施主が建築家に仕事を依頼する時には、たくさんのものを見てくるので、求めるものが多いんです。自分のなかでイメージだけでつくり上げてきたものと、本当に必要なものとをしっかりと見極めるお手伝いと、その人のなかにある余白にいかに気づかせてあげられるかが大切になってきます。

人が出会うシーンのデザインの必要性

——故郷の鹿児島でもお店をされていますね。

もともと目黒通りで家具の仕事をしていましたが、90年代後半に独立してからは同世代の若い人が集まるということもあって原宿でお店をはじめました。家具の工場がもともと鹿児島だったのですが、子供が生まれたことをきっかけに地元に帰る回数が増えました。

そうすると、生まれ育った場所でありながら、自分が生まれた町をあまり歩いたことがなかったことに気づきました。それで帰るたびに僕が知っている鹿児島にはなかったようなお店を発見したり、ものづくりをしている人と知り合うことが多くなり、町に面白い動きが少しずつ起きはじめていることに気づきました。それで自分も故郷でお店を開くことにしました。

お店をはじめてみると、陶芸や木工など近い考え方をもったつくり手が集まるようになり、クオリティをもった作品は自分のお店でも扱うようになると、今まで何もなかった場

内装 CHIN JUKAN POTTERY STORE （鹿児島）

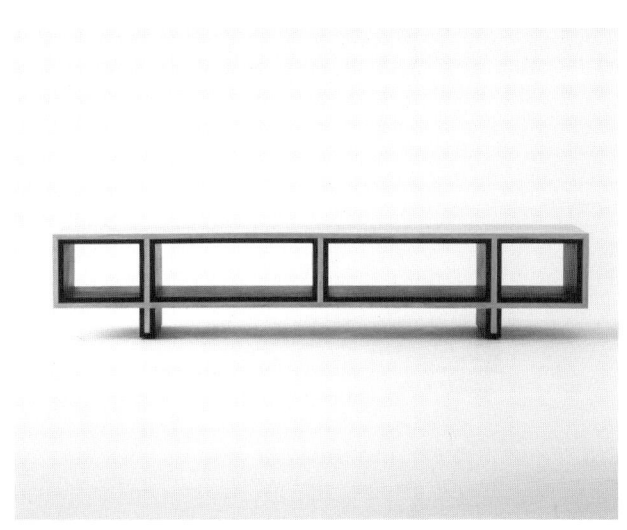

RAYMOND CABINET LOW

所が熱をもつようになり、ものづくりが活気を帯びてきました。

　ちょうど自分たちの身の回りにあるものづくりを伝える場所として、東京で展示会をはじめた頃と重なり、そこに地元で育ってきたクリエーションを引っ張ってきたり、ほかの地方でキーになっている人たちと出会うようになりました。そんなこともあり、デザインすることも大切ですが、ものや町が豊かになるには、ものと人が出会う場所やシーンこそが必要なのではないかと思うようになりました。

──それまで個別な場所でしか出会うことがなかったものや、人が出会う場所をつくったのですね。

　僕らのまわりでは東京でなければいけないという考えや、デザインやものづくりはこうでなければいけないという、それまでの固定観念が薄れてきた時期で、自分たちが無理なくつくることができる、ローカルでもいいものを見つけ出そう、ということに目覚めた人たちが増えてきたことがいいなあと思いました。

──まさに人と場と時間が交差するようなシークエンスともいえる状況が生まれてきたのですね。

　そうすると、僕や特定の誰かが中心になって何かをするというより、ものづくりにしてもイベントにしても、自然にやりたい人どうしが集まるようになりました。

ものより、景色のデザイン

──中原さんがやられていることも時代によって少しずつ変化していると思うのですが、それはあらかじめ考えて次のビジョンをもってやられているのか、あるいは偶然そうなっていったのかどちらでしょうか？

　現状についてはもちろんシリアスに分析的に見たりするのですが、先のことをネガティ

エキシビション「Taking Turns」(東京／大阪)

ブに考えることは苦手で、基本楽観的に考えています。それを組み合わせて考え、これはこんな風景になりそうだと妄想したり、想像するのが好きです。そうすると自然と手や頭がその方向に向かって動き出します。

それとそこで考えたことは必ずしも自分でやる必要はなくて、この人とこの人を組み合わせたら面白いとか、この人はこのクライアントのためにあるはずだとか、人と人を結びつけることが楽しいんです。そのことが自分にとってのつながりになるし、何よりもそれが楽しいのです。

いつも考えるのはこれがよい景色になるかどうかです。だからお金にはなるけど、よい景色にはならないと判断したらやりません。

——**そこでいう風景や景色というのは、物理的な風景というよりも、もう少し広いものを想定されているのですね。**

そうですね。もう少しあいまいで、多義的なものです。もちろんその景色にも寿命があるとは思うのですがそれは仕方のないことです。

——**中原さんにとって「時間」と「空間」とはなんでしょうか？**

時間に関しては、ケースバイケースですが、ひとついえるのは、ものをつくる時に、つくることを意識している時間を少なくしていくほうが、結果的に空間を豊かにすると思っています。それは関わる時間なのかもしれないのですが、何をするにしても、自分があまり前に出過ぎないことを心がけています。

それはもしかしたら実家が仕出し屋をしていた生い立ちにも関係しているのかもしれません。

今ではその職業自体珍しくなりましたが、仕出し屋という職業は人の家に料理を持っていく商売をします。料理だけでなく、テーブルから座布団、陶器の器からあらゆるものを持っていって、宴会の席をセッティングします。それでお客さんが来るタイミングを見計らい、お吸い物を温めて注ぎ、宴会がはじまるタイミングで仕出し屋の仕事は終わり。後日それを引き取りにいく。それで実際には宴会の場は見ていないのですが、料理の食べ方や、場に残された雰囲気でその宴会が盛り上がったかどうかを想像することができます。

仕事は食材を仕入れるところからはじまっていて、その場をお客さんが喜んでくれるようにきれいにセッティングする。それを高めれば高めるほど、場も盛り上がるし、仕事としてもよいものができる。そのありように面白さを感じます。

今思えば、ウチの親父がやっていたことは、それが何かは分からないのですが、今の僕がやっていることにつながっているし、何かあるはずだと思っています。

シークエンス　　　　　　　　　　　Sequence

空間と時間の
ストーリー
石川初
（ランドスケープアーキテクト）

いしかわ・はじめ
1964年京都府生まれ。GPS（全地球測位システム）の軌跡をもとに地図上に絵を描く"地上絵師"。千葉大学園芸学部、早稲田大学建築学科非常勤講師。東京農業大学造園学科卒業後、鹿島建設、アメリカのHOK社への派遣研修を経て、現在は株式会社ランドスケープデザイン勤務。日本造園学会、東京スリバチ学会、東京ピクニッククラブなどに所属。著書に『ランドスケープ批評宣言』（2002年）、『ランドスケール・ブック 地上へのまなざし』（2012年）など。

移動軌跡から発見する都市事情

——石川さんはランドスケープアーキテクトとしての本業のほかに、GPSを用いてご自身の移動軌跡を記録する活動をされていますが、そもそもGPSを使うようになったきっかけは何だったのでしょうか？

　GPSを使いはじめるきっかけは、ログ（移動経路の記録）をとるためではなかったんです。もともとアメリカの軍事技術として整備されたGPSが、1990年代に開放されて民間の受信機の精度が大きく向上した際に、GPSを使った動きが世界中で盛んになりました。そのひとつに、The Degree Confluence Projectという、経緯度の交会点（度の単位でぴったり交わる場所）を訪れてその地点の風景を写真に収めて投稿するウェブサイトがあります。それに投稿された写真をマッピングした地図がすごい。衛星写真とはまったく違った、地表の事情が集積したリアリティのある地図になっているんです。世界各地それぞれの自然風景も面白いし、地球上でいかに都市がまばらかということに気づいたりもします。これを見て自分も参加したくなり、経緯度を正確に表示する装置が必要になってGPSを買ったのが最初です。その後、GPSを持ち歩いているうちに、これを使うと自分が

筆者自宅付近。GPS受信機で記録した日常の軌跡ログ

移動した軌跡がログとして記録され、それを地図に表示するのがとても面白いということに気づきました。それからずっと、ほとんど毎日のようにGPS受信機を持ち歩いて、ログをとる活動を続けています。

——ログを記録することは、ご自身のテリトリーマップを作成される感覚でしょうか？

そうですね。地元の街など、自分では相当に歩き回って詳しく知っているつもりでしたが、自分の軌跡を地図に表示すると、じつは線状にしか地域を経験していなくて、ほとんどの土地は行ったことも見たこともないなど、GPSのログを集積することで自分の行動を再発見したりすることはありますね。

——同じくGPSを用いて"地上絵師"としても活動されていますが、これは日常での行動軌跡の記録とは別の感覚でしょうか？

軌跡ログをずっと記録しているうちに、自分のなかで意識が段階を経て変化してきました。最初は無自覚に歩いてとれたログをマッピングして、自分の行動や街を再発見することに面白さを感じていたのですが、だんだんGPSに歩かされているような倒錯が起きてきました。たとえば、街を歩くにしても道路の真ん中を歩きたいという欲望が湧いたり、電波をキャッチするために地下鉄の移動を避ける、スキーに行っても、ゲレンデをログで埋めるために滑ったことがないコースを果敢に攻めるなど、ログのクオリティを意識して行動するようになってきたんです。

そして次の段階として、そのログを使って表現したいというさらなる倒錯した思いが起き、地上に面白いログを残したいという欲望から、地上絵を描くこともはじめました。地上絵といっても「居た」という事実が電気的に記録されているだけで、地上には痕跡が残らない。非常に個人的な楽しみ方です。でも一方で、記録がデジタルデータなので、さまざまな表現に加工しやすいし、ネットでいきなり世界に発信できます。そういう共有のフォーマットにあらかじめ乗っているところも面白いのです。GPSは、地上2万kmの衛星からの電波を受信して、現在の自分の位置を数mの誤差で特定するという、驚くようなデ

街に描かれた日常の軌跡ログ

シークエンス　　　　　　　　　　Sequence

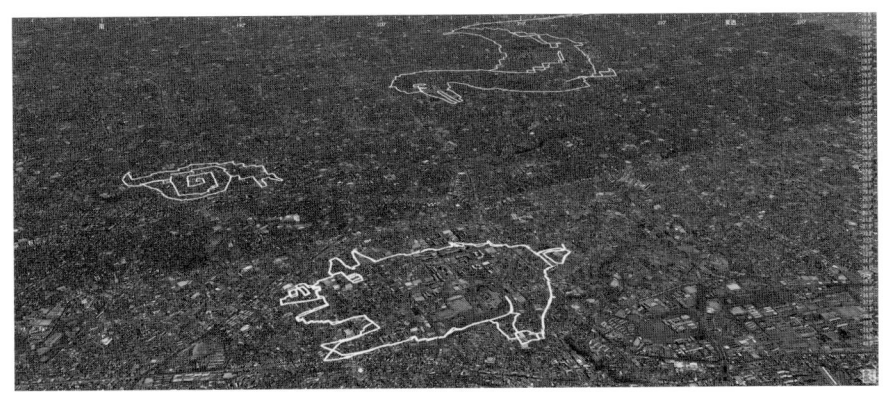

「GPS地上絵」の一部

ジタル技術ですが、データの入力のためには屋外へ出て汗をかいて移動しないといけない。そういうどうしようもなくアナログなところにも惹かれます。

——GPSに歩かされているという感覚が面白いと思ったのですが、GPSを持って街を移動する空間体験は、持たない場合の体験とは違いますか？

　GPSを持っていると、普段はいかに、単に地上の論理で気持ちいいところを選んで歩いているかということがよく分かります。とくに地上絵を描く時など、計画したルートどおりに移動しないと絵にならないので、普段行かないような場所を通ったり、普通そこで曲がらないだろうというような分かれ道を曲がったりします。地上の事情と違う論理で移動することで、それまで気づかなかったその土地の相貌と出会うことができて、非常に面白いですね。GPSの画面上に自分の位置が無機的に表示されることで、その場にいる自分の行動が相対化されて、地上にいながら鳥の目をもつような感覚を抱くこともあるし、軌跡ログに記録された移動速度の分布から、街で

は異なるインフラを歩行がつないでいる、というようなことに改めて気づいたりします。地下は衛星の電波を受信できないので、ログのマッピングは地上を移動した記録の地図になります。山手線の内側は地下鉄の移動が多いので、ログが飛び飛びになります。私にとっては、都心には空がないわけです。

——GPSによるログの記録は、最初にゴールを設定してひたすら実現に向かっていくのではなく、とりあえず行動したことによる成果から発見を得るという新しいプロダクションの方法で、意外性を発見することが鍵であり、そこに面白さがあるように感じるのですが。

　GPSを扱う地質学系の人にとっては、そのような方法は珍しくないような気がします。とにかく愚直に、途中でそれが何を意味するかとか、何を描いているかなどを考えずに、または分からずに、ひたすらプロットし続け、そうしてできたものに対して、いわば一段階メタな視点からそれを読み、何かを発見するというのが、方法としてのマッピングの特徴です。GPSによるログの記録とその読解はまさにこれです。移動しないと分からないこと

もあれば、移動した結果を見ないと獲得できないものもあります。ストリートビューを1日見続けていてもGoogleマップをイメージできないように、移動し続けるだけでは街の記憶は頭に入ってきても地図が描けないんですよね。一方、地図をいくら拡大して見ても、地上から見ているシークエンシャルな街の様子は体験できない。GPSが面白いのは、シークエンシャルな体験がいつの間にか地図になる、つまり自分が動いてログが溜まっていくことで無意識のうちに地図にアプローチしていっている状況が、まるで虫の目と鳥の目が結びつく経路を発見できたような感覚が得られることにあるのかもしれません。

時間への意識

——今まではご自身が動くことによる空間のシークエンスについてのお話でしたが、シークエンスにはもうひとつ時間という観点もあると思います。ランドスケープからの観点も含め、石川さんは時間による環境の変化、定点観測の面白さや醍醐味はどのようなことだと思われますか？

　時間の観点は、造園・ランドスケープの場合、植物という要素が大きいと思います。建築は竣工時に出来栄えの写真を撮りますが、造園の場合、工事の完了がランドスケープの「はじまり」のようなところがあります。完了後3年ぐらいにいい写真が撮れます。大体その頃が、設計時のイメージに近いんですが、さらに時間が経つと、今度は設計者の想像を超えた状況が現れてきたりします。既存の巨木がある敷地に、法的に必要な植栽を足す仕事が時々あるのですが、何十年、何百年の木と、さっき圃場で買ってきた木を同じように扱うのは無理があるんですね。越えられない、勝てないスケールの差が時間にはあるので、制御不能な部分をどう扱うかが、難しさでもあり、面白さでもあります。土壌に注目すると、たとえば関東ロームは1mの堆積に1万年かかったといわれています。それを想像しながら階段を上ると、「この1段が1200年か」みたいな、空間が時間の層であることを

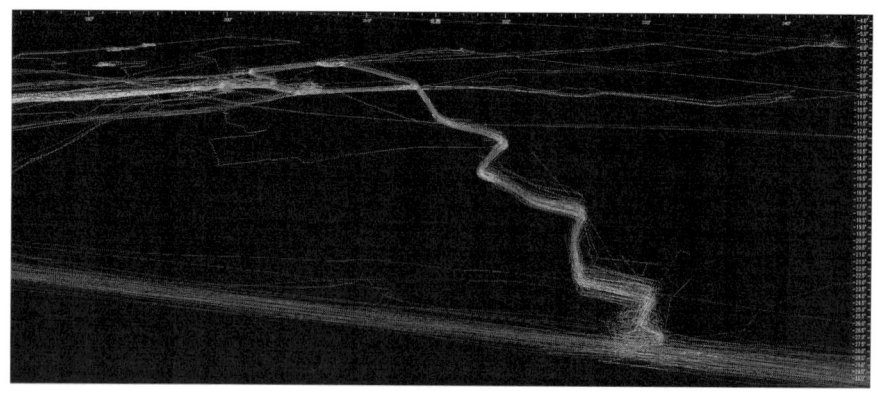

通勤のバスルートの軌跡

意識します。自分が今、見ているものはすべてが時間の層の重なりで、その時間のレイヤーの先端に自分がいて、そのふるまいがまたレイヤーを重ねている。時間に自覚的になると、地図を見ても街を歩いても、そういう文脈を捉えられるように思います。時間や空間のなかに自分を位置づけることで、自分自身を発見していきたいのかもしれません。

スケールの相対性

──なるほど。「時間」も「空間」も連続しているシークエンスですが、都市生活には意図的に分断がつくられていて、それが現代都市のひとつの見方といえるかもしれません。石川さんがGPSによるログの集積から発見されていることも植物や自然の時間を意識されていることも、分断への気づきにつながると思うのですが、そのあたりについてはどのように考えられていますか。

　分断を感じてしまうのは、ある特定のスケールでの整合を期待しているからじゃないかと思います。でも、都市の分断も、それを包合するより大きなスケールや、より局所的な精度の高いスケールで考えれば、じつはある文脈に想定的に位置づけることができるんじゃないかと思います。たとえば、建築は成立するための絶対的なスケールがあるから、それをより広域な文脈のなかでマッピングできるようなスケールで見てみると、建築が抱える問題や期待していたけどイメージできなかったことを、ランドスケープ側から提供できるんだみたいなことは、経験からだんだん分かってきました。建築の場合は空間内をどう移動するかということに割と照準されているのに比べて、ランドスケープの場合は時間の推移を鑑賞することに照準が向けられているという傾向がありますから。スケールの違い、分断を感じたら、そこに視点を変えるヒントが潜んでいて操作できる可能性があるということなのではと思います。

（図版はすべて国土地理院
電子国土Webシステム＋電子国土基本図を使用、
Kashmir3Dにより石川氏作成）

自宅から都心への通勤ルート軌跡の鳥瞰

軌　跡　　　　　　Trace

き‐せき 【軌跡】
［名］①車輪の通ったあと。わだち。②先人の言動のあと。また、その人やある物事のたどってきたあと。「―をたどる」③［数］点が一定の条件に従って動く時に描く図形。一定の条件を満たす点全体の集合。

躍動感を表現する軌跡

写真はある瞬間の視覚的情報を光学的に切り取るメディアであるが、カメラのシャッターが切られる刹那の時間を人が意識できるほどの長さに延ばすことで、私たちが普段目にすることのない風景が現れてくる。fig.1は、カメラの露光時間を調節することによって、一瞬で過ぎ去ってしまう自動車の形跡を光の軌跡として焼き付けている。ある時間の幅の中で、静止しているものはそのままに、動いているものだけが軌跡を描いて写り込み、静と動の対比とともに都市を駆け巡る自動車のスピード感が表現される。

都市に描かれるヴァーチャルな軌跡

物理的な痕跡が残らなくとも、情報通信機器を用いることで、仮想の軌跡を描くこともできる。ランドスケープアーキテクトの石川初はGPS機器を携帯して都市の中を動き回り、記録された位置情報を地図上に落とし込み、都市にヴァーチャルな巨大な絵を描くという実験を行っている。都市上に一筆書きで文字や動物の絵が描かれ、さながらナスカの地上絵のような絵ができ上がる（石川はこの試みをナス化プロジェクトと呼んでいる）。GPSというデジタルな手法を用いて都市の中での人の行動のダイナミズムを表現した試みである。

fig.1　ヘッドライトの光
（出典：mrhayata, Night Road, http://www.flickr.com/photos/mrhayata/2592395811/）

fig.2 石川初「ナス化プロジェクト」
(国土地理院・電子国土Webシステム+電子国土基本図を使用、Kashmir3Dにより作成)

fig.3 舞踊譜 (出典:Sarah R. Cohen, *Art, Dance and the Body in French Culture of the Ancien Régime*, Cambridge University Press, 2000)

身体スケールのふるまいの軌跡

雪原の上の足跡や車の轍のように、人が動いた後には何かしらの痕跡が残る。そこにはその人の過去のふるまいが保存されているが、それを意識的に記録したものとして、舞踊譜というものがある。本来、舞踊の継承は創作者からの口伝や指導、または見よう見まねによってなされるが、近世のイタリアやフランスで舞踏会が隆盛した背景から、ダンスのステップや振り付けを紙などに印刷して普及させた。fig.3 はバロックダンスの舞踊譜であり、宮殿内で行われるダンスの軌跡が音楽のメロディーとともに平面上に克明に記されている。この舞踊譜を解読することで、17世紀に宮殿で行われたダンスを、400年後の現代でも再現することができる。

軌跡として動きを捉える

都市や建築空間内で人がどのように動き、活動を行うかという指標は、計画をするうえで重要な要素である。その動きを時間的にシームレスに捉えることで得られる軌跡という形跡から、その奥にあるさまざまな意図や無意識といったものを読み取ることができる。

Analysis：［軌跡］の分析

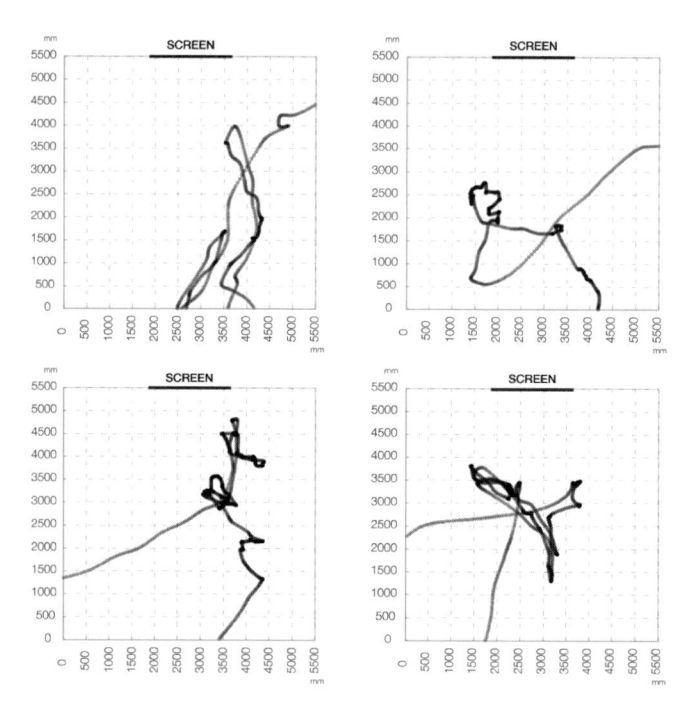

fig.4　鑑賞中の人の軌跡。前後左右に激しく動き回っている

　建築計画で人間の動作寸法や動線を把握することは、空間設計をする際に基本的かつ非常に重要なプロセスである。空間内で人間がどのような動きをし、どのように空間を利用するか、人間を「点」ではなく、時間の流れを伴った「線」で捉えることで、今まで見えてこなかった現象を発見することができる。時空間的な表現である行動の軌跡を分析することで、移ろいやすい人のふるまいを理解する助けとなるのである。

動的な行動を描写する

　情報技術が飛躍的に発達した1990年代以降、鑑賞者が何らかの方法で作品に参加するインタラクティブアートの展示が多く見られるようになった。たとえば、コンピュータやセンサーを介して鑑賞者からの入力に反応する、いわゆるメディアアートがその部類に入る。鑑賞者は作品の中や周りを歩き回ったり、手を振ったり体全体を動かしたりしながら、動的に鑑賞する。

　絵画などの作品を見る時の静的な行動は点

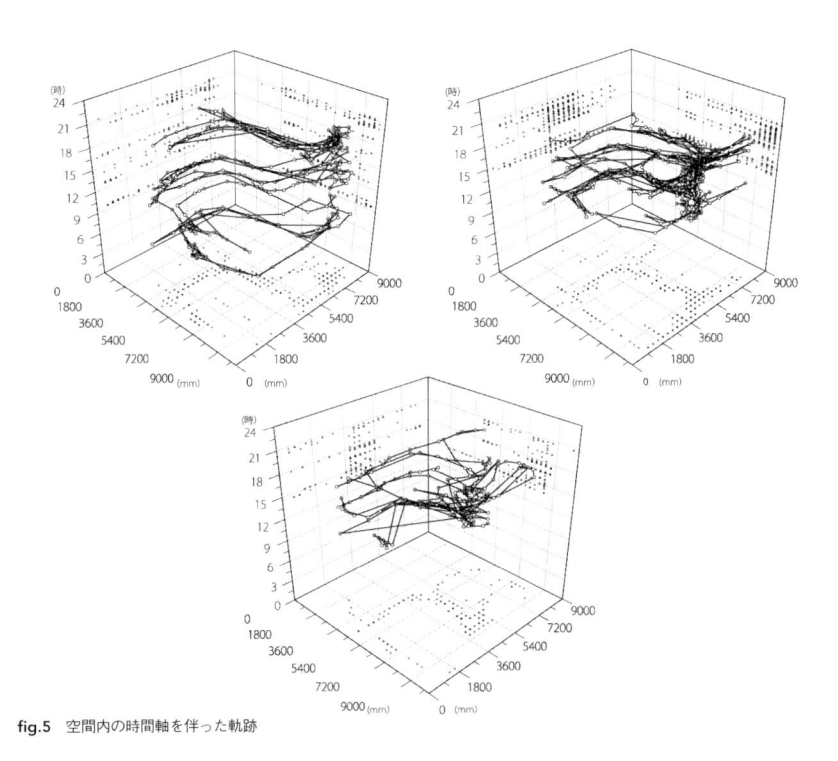

fig.5 空間内の時間軸を伴った軌跡

で捉えることができるが、インタラクティブアートの動的な鑑賞行動を理解するためには、線で捉える必要がある。人の位置や動きに合わせて変化する映像を鑑賞する時の人の動きを平面に落とし込み、その軌跡を描いた（**fig.4**）。多くの鑑賞者が前後左右に動きながら作品を見ている様子がこの図から見て取れる。

時空間的に動線を可視化する

アートが人間とのインタラクションをもちはじめたのと同様に、建築空間もまた人間とのインタラクションを備えようという動きが見られる。たとえば、住宅内で居住者の位置と気温や湿度を把握し、快適な環境になるように自動で窓が開閉されたり、居住者の行動パターンを記録し、空間自体がその行動に見合ったサジェスチョンをしてくれたりといったことが考えられる。そのような建築を実現するためには、空間を利用する居住者の行動を把握する必要がある。

電子マネーや電車の乗車カードと同様の技術であるRFIDタグを室内の床に敷設し、そ

こで活動する人間の歩行行動を実際にモニタリングするという実験を行った。ここから得られたデータから、時間と行動との関係を平面上のXY座標と時刻Tとを考慮したXYT三次元座標空間上に可視化した（**fig.5**）。室内で混み合いやすい位置やどの時間帯でどこに在室者が溜まりやすいかといったこと、立ち座りの頻度がどれくらいであるかといったことが分かる。生活の中の人間の軌跡が時間軸を伴ったかたちで表現されている。

軌跡に表れる無意識

人の行動は空間内のさまざまな要因によって影響を受け、その軌跡は無意識のうちに歪められる。人間はほかの動物や昆虫と同様に、無意識に明るい場所へ向かおうとする向光性を備えているという。

都市内の照明空間での、微視的な歩行軌跡をデータとして収集し、無意識な人間のふるまいを計測した軌跡が**fig.6**である。照明のある空間での、歩行者の軌跡の集積であるが、光に誘引されている様子や、光のエッジに沿って歩くという無意識な行動が軌跡に表れている。

回避行動を定量化する

人は歩行中に相手を視認し、その距離を測り、歩行経路を微妙にずらすことで、自然に距離をとってすれ違う。相手との距離感や自分の歩行速度などの情報を総合して自らの経験則から、その一連の行動をほぼ意識することなく行うのである。

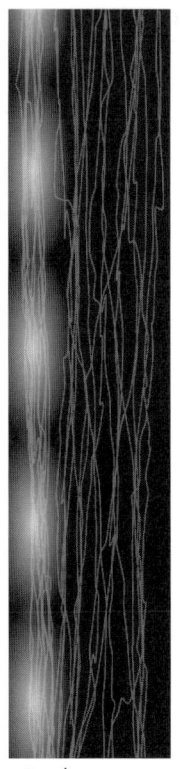

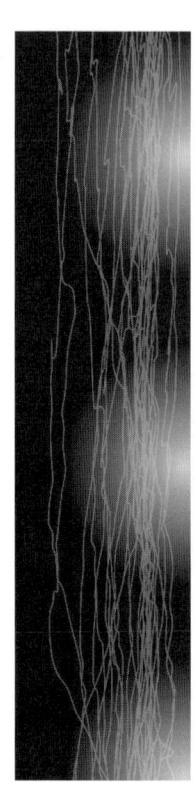

pattern A　　　　pattern B

fig.6 光によって移ろう歩行軌跡

子供の場合は、この経験則が未熟なため、子供どうしの衝突などの事故が多い。空間の安全性・快適性を向上させる手段のひとつとして、子供の移動の軌跡を分析することで子供の回避行動の定量化を行っている。子供の歩行速度によって回避行動の開始距離や迂回する距離に有意な差があることが、デジタライズされた軌跡を分析することで分かってきた（**fig.7**）。

pattern C

pattern D

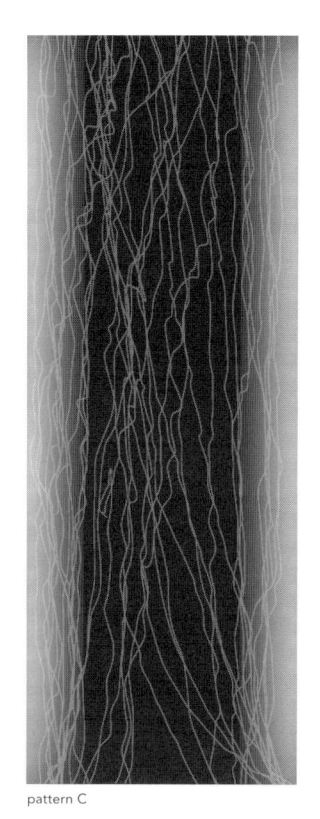

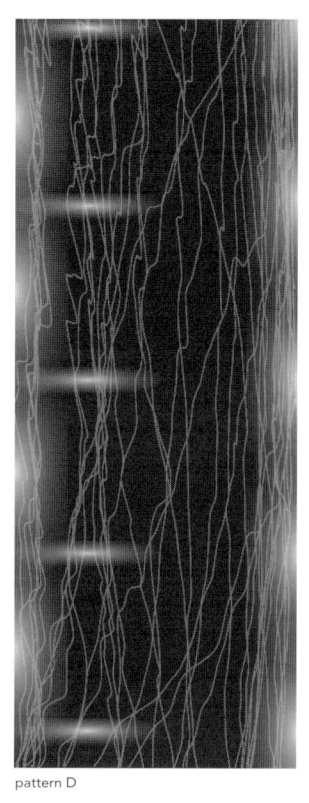

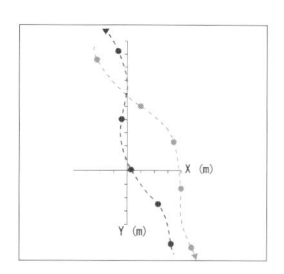

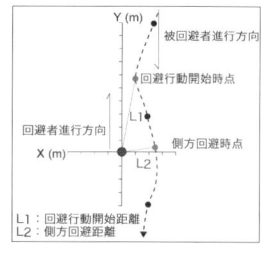

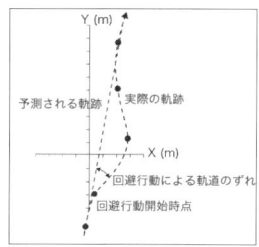

fig.7　回避行動の軌跡

軌跡を通して見えること

　建築は動かないが、その中で暮らす人間は当然、動き回る。人間の行動を、時間的な広がりをもった図像である軌跡として捉えることで、空間の使い方や人の無意識的なふるまいを読み取ることができる。それらを知ることで、適切な動線計画や、使い手にとって気持ちのよい空間の設計を導く。

「インタラクティブ映像の鑑賞行動に関する研究」小池太輔、2009／「スリッパ型 RFID リーダによる歩行行動追跡の実証実験　オフィス空間における実証実験」遠田敦・大塚佑治、2008／「経路上の照明が歩行軌跡に与える影響に関する研究」西隆明、2008／「園庭における幼稚園児の回避行動の定量化」星雅人、2006

Design：[軌跡]のデザイン

行動をデザインする
中村拓志
（建築家）

なかむら・ひろし
1974年東京都生まれ。1999年明治大学大学院理工学研究科博士前期課程修了。2002年NAP建築設計事務所設立。主な作品に、「House SH」（2005年）、「Dancing trees, Singing birds」（2007年）、「House C─地層の家─」（2008年）、「東急プラザ表参道原宿」（2012年）など。

微視的設計

――中村さんの手法のひとつに「微視的設計論」があります。人の動きや、木の動きなど、その軌跡を考えることを大切に設計されているそうですがそれについて教えてください。

　設計に人や木、物質の「動き」といった時間軸を取り入れるという態度は一貫してもち続けていました。動きに着目すると、今までの建築では扱ってこなかった問題に抵触できるというか、かなりきめ細やかに人や自然などと寄り添った建築をつくることができるようになるんですね。その時のポイントが「対象に近づいて観察する」ということなんです。
　たとえば木の動きだったら、〈Dancing trees, Singing birds〉では、容積確保は絶対だけれども、クライアントにも僕にも樹木を保存したいという意識があり、それで木の動きをよく見てみようということがきっかけにありました。木を3次元測量した後にコンピュータ上にモデリングして立ち上げ、強風時の動きをシミュレーションして、強風であっても建物に当たらない外形としています。
　人の動きでいえば、〈Lotus Beauty Salon〉では、美容師が客の頭を中心に回る最小回転半径をもとにプランを構成し、そのスペースの壁を高さ1.4mとすることで座っている客にとっては個室、立っている美容師にはサービスの連携がスムーズなワンルームといったように、目線の高さの違いによって2つの異なる空間を同時に存在させました。とくに商空間というのは、人の気持ちのデザイン、感情のデザインといったところまで、踏み込む必要があります。僕はその鍵は、ふるまいのデザイン、つまり人の動きを緩やかに誘導することにあると考えています。
　たとえば、四畳半の小さな茶室の躙り口な

Dancing trees, Singing birds（2007年 撮影：NAP建築設計事務所）

どは、まさにふるまいのデザインです。普段体を大きく見せている武士が、縮こまってお辞儀に似たふるまいで室内に入ることで、地位などの社会的な関係性を脱ぎ捨てて素の自分に戻り、謙虚な気持ちで主客が対峙する。微視的設計は人のふるまいを誘導し、そこから気持ちや感情のデザインが可能となります。

――気持ちや感情などは近代建築では排除されてきた要素だと思うのですが、これまでの近代建築の方法論に対する問題意識はありましたか？

近代建築は装飾をブルジョアジーの象徴として否定しましたが、それが近代以降の建築家の設計技術から気持ちや感情のデザインが抜け落ちた原因のひとつだと思います。僕は装飾とは、目線の軌跡、つまり視線のふるまいのデザインだったと思います。装飾の否定とは、装飾を目で追う視線のふるまいの否定であり、ふるまいから引き出される感情のデザインの排除なわけです。たとえばアール・ヌーヴォーの階段では、階段を上る人が植物独特のリズムや軌跡を描いた手すりを目で追うと、独特の感覚になります。それは当時、工業化社会が到来して都市が住みづらくなってきた時代に、みんながその階段を上る過程で共有した感覚だったと思います。装飾というのはそうした気持ちや価値観、時代の空気を共有する側面をもっています。僕はそれをすばらしいことだと思うのです。

大きなワンルームを用意すれば、あとはパーティションと家具だけで空間をつくっていけばいい、という均質空間も、空間設計からふるまいを排除する動きですよね。

近代建築では、良質な建築を大衆にいかに速く的確に供給するか、というマスプロダクト的な視点が強かったから、人の感情や気分はあやふやで、建築が扱う問題ではないと思われていました。大衆というのは、実際には

House C —地層の家— (2008年 撮影：NAP建築設計事務所)

存在しない抽象的で平均的な人間のことで、それは人を俯瞰的、巨視的に見ているわけで、僕の微視的設計とは真逆なんですね。そういう冷徹な目は、建築から動きや、生き生きした個別性を奪っていくことになります。

現代は多様性、個別性の時代です。今まで以上に丁寧に、ユーザーのことを徹底して考えて、オーダーメードで建築を設計していくことが必要となります。供給者側の論理ではなく、ユーザーの気持ちに寄り添った建築が求められているし、建築家が論理とか精神や哲学、建築の形式としての新しさばかり追い求めて、結局のところ住む人の快適性を損ねていることには、批判の目が向けられています。

──そこで「感情をデザイン」することが大切になってくるのですね。

簡単にいえば、快適だとか、リラックスできるとか、敬虔な気持ちになるだとか、使い手の気持ちに寄り添って設計するということです。繰り返しになりますが、僕は感情のデザインは、人間の行動のデザインから導かれると思っています。感情があって行動があるという理解が一般的ですが、行動があって感情が立ち上がる場合も多いのです。動作療法という、ある動作を通じて心の問題を改善する心理法もあるくらいですから。人間のふるまい、仕草、行動、そういったものを空間のあり方で少しだけ操作してあげることで、何か特別な感情が立ち上がってくるのではないかと思っています。

盆踊りのように象徴的なものを中心に回るという行動がありますが、それは中心のオブジェクトに対する崇高性とともに、熱狂をつくり出します。そういう運動はイスラムのカーバの神殿やインドの古いお祭りにも見られます。ふるまいのデザインが気持ちのデザインにつながり、ある種の社会というか共有される感覚を醸成することすらできる。じつは、それって古代から統治者が建築に期待した力なんですよね。コミュニティの重要性が改めて叫ばれる現在、この方法論は今最も必要とされていると思います。

──ふるまいのデザインには、現代ならではの社会的な意義があるということですか？

イデオロギーなき多様な価値観の時代では、声高な論理や言葉では人々の共感を得ることは難しいのです。だからもっと根源的な方法、つまり誰しもがもっている、身体的で動物的

録museum (2010年 撮影：NAP建築設計事務所)

羽田空港第二ターミナルビル（2010年　撮影：Masumi Kawamura）

な行動や感性を引き出して、共感や共有を育んでいく必要があると思うのです。そうして、小さな社会というか、コミュニティを生むことが、建築にはできると考えます。僕はそのためには、ふるまいを通した感情のデザインが有効だと思います。

人に寄り添う建築の距離感

——**人のふるまいのリサーチを、建築が建ったあと行うことへの興味はいかがですか？**

　すごくありますね。ソフトウェアのデザインはつくって終わりではなくて、ランニングのなかで修正を行っていきます。それと同じように、建築家もでき上がったあと、いろんなデバイスを使って、事前の予測がどの程度到達されているのかを見て、自分の設計の反省にもしたいし、事後的にその空間を改善していければいいと思っています。ですが設計業務の契約では、建物の竣工引き渡しが業務の完了となってしまうので、なかなか難しいのも実情です。当然、建築はソフトと違って改修にコストも時間もかかります。そのため、建ったあと替えやすい設計をする方法もあると思います。

——**中村さんは自分が想定した感情や行動が、想定どおりそこで起こってほしいのか、裏切られてほしいのか、あるいはミックスというのもあると思いますがどのようにお考えですか？**

　すべてに当てはまります。商業建築におい

東急プラザ表参道原宿（2012年　撮影：NAP建築設計事務所）

ては、目指すべきゴールが達成されているかというのは気になります。でも自分が思いもよらない使い方をされていたり、あるいは感じ方をしているのを知った時は、とても興奮します。それは設計の醍醐味でもあります。それに、ふるまいのデザインや感情のデザインというのは、強権的であってはいけません。それでは人々が拒否反応を起こしてしまいます。そのあたりのさじ加減は重要です。

──技術から行動を明らかにするところからはじまり、空間を変えたり、それを実務に生かしていくことにはハードルも多いと思います。それを実現するためのテクノロジーの開発など、実現するために努力していることはありますか？

『微視的設計論』という本では、外注でモーションキャプチャリングの技術を使って人の動きやカーテンの動きを解析したり、眼球の動きを解析したりしました。渡辺研究室ほどの設備はうちにはありませんから、うらやましいですね。常にそういうテクノロジーへの興味は持ち合わせています。でも大事なのは、技術的なことよりもまずは、仮説が立てられないとダメなんですよね。機械では人の気持ちまでは計測できません。そのためには普段から自分の行動と気持ちの関係を意識して生活しています。

以前、〈HOUSE SH〉という住宅を設計した時、日々の暮らしのなかで建物と身体的に関わることを繰り返していくと、愛着が生まれるという仮説を立てました。この建物は、室内から見て壁が外側に凹んでいて、そこに腰掛けたり、寝転ぶことができるんです。それは、体重を大きな存在に預けるという行為がもたらす独特の感情を、自分自身その動作を何度も繰り返しながら検証した結果なんです。

──中村さんにとって「時間」と「空間」とは？

僕は設計とは、空間と人、人と人との関わりを明らかにすることだと思っています。関係性のデザインこそが、建築家が社会と関われる接点だと思っているからです。関係性をデザインする時には、設計プロセスのなかに動きやふるまいなどの時間軸を入れていかないとまったくできません。だからわれわれは空間だけではなく、時間も同時に扱っていかなくてはいけないのです。僕にとって時間というのは大きなテーマだと思っています。

House SH（2005年　撮影：NAP建築設計事務所）

未来は良くなる

林田和人

未来を知る

　たとえどのような研究分野であろうとも、未来を創造するために学問はある。過去のデータを収集し、そこからルールを導きだしてモデリングし、そしてシミュレーションによって未来を予測するのが私の研究スタイルである。これは、私のアイデンティティであり、私が育った研究室が創り上げた文化である。

　未来を知るには、シミュレーションを実行し予測しなければならない。そのためには、モデルが必要である。たとえば、建築空間における人間の行動を予測したいのであれば、行動と空間との関係を調査し、空間の要素によって行動を説明するモデルを作成する。このモデルに空間の情報を入力すれば、そこでの行動が予測できることになる。

　そして、脳内であろうがシミュレータを使おうが、そこを利用する人間の行動や心理を予測し、不都合があれば設計案を修正することを繰り返し、より良い空間へと昇華させることが、建築設計に携わる者の使命である。

未来を変える

　ここまでは、普通のデザイナーの仕事である。才能あふれる有能なデザイナーであれば、従来のモデルに従ってデザインするだけではなく、未来を変える独自のモデルを発想しなければならない。たとえば、従来の人間行動に関して、「Aというタイプの空間において人間はαという行動をする」というモデルがあったとすると、有能な彼らはこのモデルから、「Bというタイプの空間においても人間はαという行動をする」、「Aというタイプの空間において人間はβという行動をする」といったように、空間と人間の対応を柔軟に発想できる。このように、ありきたりのモデルではない、誰も考えが及ばないオリジナリティのあるモデルを想像できるデザイナーは、空間デザインによって人間の行動を変えることができ、未来を変えることができるのである。

　一方、研究者の使命は、現象を分析し誰しもが使えるモデルを作ることであるが、実は研究者も、世界を変えるような、そしてデザイナーを凌駕するような画期的なモデルを目指さない限り、その存在価値はもはやない。

　先日、「建築は未来を変える」というポスターが大学内の通路に貼ってあった。建築に携わるものの責任を示す当然の文言ではあるが、ややもすると忘れがちな言葉でもある。

未来は良くなる

　私たちが試行錯誤して創っていく未来は、私たち、また私たちの後世に対して恩恵を与えてくれる。そしてその先の未来は、子どもたちがまた同じように作ってくれる。未来はこうして、少しずつ良くなっていく。

転換　　Conversion

てん‐かん【転換】
［名］（スル）①別の異なるものに変えること。向きを変えること。また、変わること。「気分を―する」「話題を―する」②［心］精神分析で、抑圧された欲求や葛藤が身体的症状の形をとって表れること。ヒステリーの症状形成にかかわる。

fig.1　ミケランジェロ・ブオナローティ『原罪と楽園追放』（1510年）

世界の転換

アダムとイブが蛇にそそのかされリンゴを食べ、神に楽園から追い出されてしまう聖書の中の有名なシーンを描いた『原罪と楽園追放』。リンゴを食べる前後でアダムとイブの世界は大きく変わるが、画中ではその様子が中央のリンゴの木を境に並べられることによって描かれている。このように、いくつもの時間を並列的に表現しているものは「異時同図」と呼ばれ、変化を浮かび上がらせるためのさまざまな工夫をそこに見出すことができる。中でもこの絵では、これまで誰もが当たり前だと思っていたことが、一瞬のうちに変化してしまう、その衝撃が巧みに視覚化されている。

fig.2　ジャストロー「アヒルとウサギ」

意識の転換

同じ絵であるにもかかわらず、2つの意味をもつ図というものがある。意識を転換させることで、ウサギに見えていたものが、アヒルになったり、逆が起こったりする。そして、この2つは同時に認識することはできない。このようなものは「多義図形」と呼ばれる。この図の作者、心理学者のジョセフ・ジャストローは、巧妙な操作を施すことにより、どちらとも取れるような表現となっているのだが、それはウサギとアヒルという2つの造形を見た作者の発見を、図の鑑賞者が追体験することでもある。

fig.3 イタリアの都市における図と地の反転
（出典：芦原義信著『外部空間の設計』彰国社、1975年）

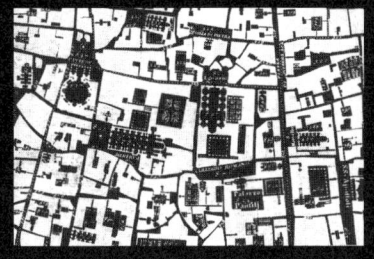

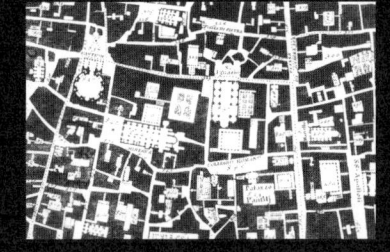

見方の転換

都市の公と私の空間を白と黒色で示したイタリアのジャンバチスタ・ノリの地図は、白黒を反転しても、同じような印象の図となる。建築家の芦原義信は、組石造でつくられたイタリアの都市が、屋根や天井のあるなしの差はあるにせよ、内部と外部が等質であるという空間性をもつことが、このような反転の可能を生み出していると述べている。このような同じ操作は、建物の内部と外部をはっきりと分けることの多い日本の都市の地図で行っても、同じようにはならない。それぞれの都市における内と外の空間の関係の違いが、ここには明快に現れている。同じ絵を白黒反転させただけの操作が、私たちに新しい見方を提供してくれるのである。

転換の妙

ふとしたことで、あるモノ（コト）がまったく別のモノ（コト）に変わることがある。別のいい方をすれば、まったく異なると思われるモノ（コト）が、それが偶然であれ必然であれ、表裏一体に存在していることを転換の視覚化は教えてくれる。"Before and after"、その変化のさまを視覚化することによって、私たちはその両者を行き来することができるのである。

Analysis : [転換]の分析

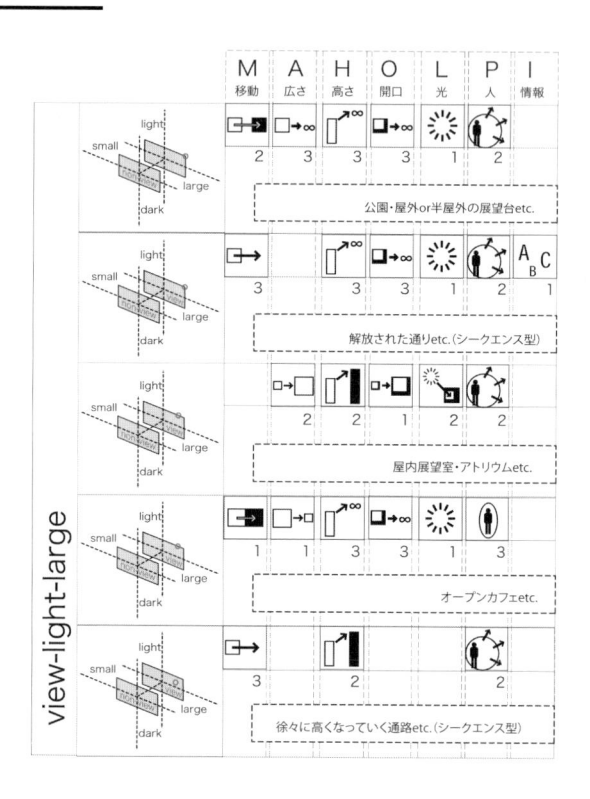

	M 移動	A 広さ	H 高さ	O 開口	L 光	P 人	I 情報
view-light-large	2	3	3	3	1	2	
	公園・屋外or半屋外の展望台 etc.							
	3		3	3	3	2	A B C
	解放された通り etc.(シークエンス型)							
		2	2	2		2	2
	屋内展望室・アトリウム etc.							
	1	1	3	3	3	3	
	オープンカフェ etc.							
	3		2			2	
	徐々に高くなっていく通路 etc.(シークエンス型)							

　私たちの生活の中で、"転換"が望まれるタイミングとはどのような時だろうか。ここでは、転換の中でも、「気分転換」と「用途転換（コンバージョン）」を例に挙げて考えてみる。「気分転換」は人の気分というソフトに作用し、「用途転換」は建築物というハードに作用するものだ。それらの"転換"を生み出すためには、建築にどのような工夫が必要なのだろうか。そのために適した空間やそのタイミングを考えていく。

オフィス内の「スイッチ空間」

　まず、人の気分というソフトの転換を考えてみよう。気分転換の必要な空間としてオフィスを取り上げる。オフィスでは、作業性・生産性の向上とワーカーの健康維持のために、ストレスに適切な対応をしつつ、仕事などでよい成果を出せるような状況をつくり出すことが必要だ。一般的には、気分転換をするというと、運動をしたり、喫煙やお茶をしたりと仕事とは別の行為に変えることを指すことが多いが、そのための特別な場所を中につくったり、外であればそこへ移動するための時

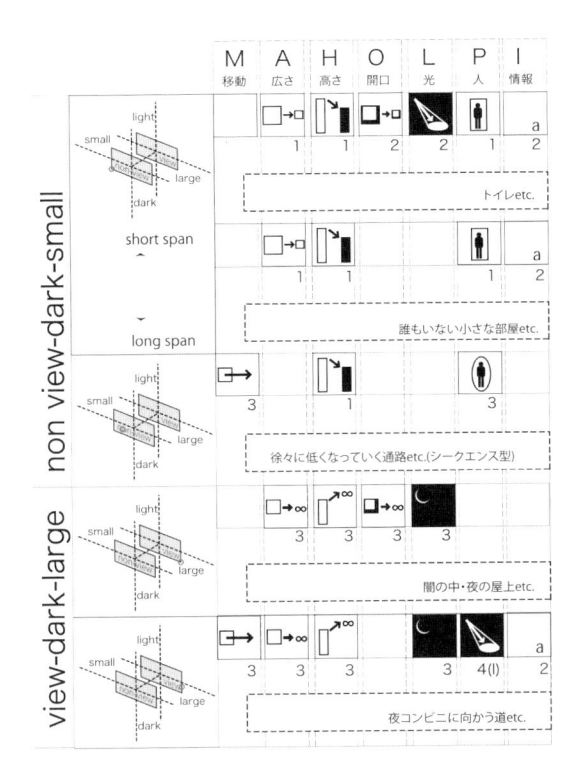

fig.4 「スイッチ空間」とその空間構成要素

　間が必要で、本当に忙しい人や場所ではそれも確保できない。では、オフィス内での空間移動によって気分転換を行うことはできないだろうか。

　いろいろな人から気分転換をする「スイッチ空間」として普段利用するものについて聞いてみると、ベランダ、カフェ、トイレ、コンビニ……とさまざまなものが挙がる。そのそれぞれ集めたスイッチ空間の構成要素を、人の移動があるか、空間の広さ・高さ・開口や、光・人・情報のあり方などで分類したのが**fig.4**である。ここから、オフィスで利用されやすい3つの「スイッチ空間」を選び、執務室からそれぞれの空間に移動してもらう実験をしてみると、リラックスをしたいと思う時には眺望のよい開けた空間、集中し作業効率を上げたいと思う時には開けた空間とともに、閉鎖的な空間が好ましいということが分かった。たとえばオフィスの設計を考える時、リフレッシュルームをつくる予算と空間の余裕がない場合も、トイレほどの大きさの空間ならつくれるのではないだろうか。このように、オフィスという限られた場所においても、空間をうまく使って気分転換を図ることができる。

fig.5 ２種類の廊下の効果

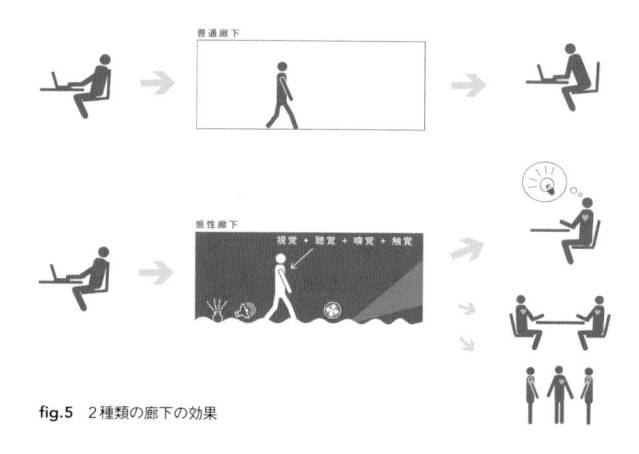

廊下を使って気分転換

次に、オフィスビル内の移動、その移動空間そのものである廊下に注目してみよう。たとえ気分転換のための空間をつくることができなくとも、オフィスに必ずあるこの「廊下」を利用できれば、さらに効率的に気分転換を図ることができる。ここでは歩いている時の五感に着目した。普段オフィスで働く時には視覚ばかりを使いがちであるが、ここでは視覚以外の３つの感覚、聴覚、嗅覚、触覚を意識させることで気分転換を図る。オフィスにある一般的な廊下と、照度を落として視覚情報以外の感覚刺激を意識させる廊下（「感性廊下」）の２種類を設置し、それぞれのストレス軽減・生産性回復の様子を見た。すると、感性廊下は普通廊下に比べて、ストレス・疲労の軽減効果があり、生き生きとした活動的な気分になるという結果が出た。一方、普通廊下は生産性が上がるが、精神ストレスが増加してしまうという結果になった。たとえば、廊下を通り移動しようとする時に、**fig.5**のような誘導サインを見て、自分の求める執務行為に応じた廊下を選択することも可能だろう。生産性のみを追求するのではなく、ストレス軽減を行いながらクリエイティブに働くことが求められる現代において、感性廊下という選択には多くの需要があるのではないだろうか。

建築の用途転換＝コンバージョン

最後に、建築物というハードの転換である、建築の用途転換について見てみよう。近年、東京都心の空間ではオフィスの空室化現象が起こっている一方で、都心居住としての空間需要が高まっている。そこで、借り手のなくなったオフィスを改修して住宅として再利用する、用途転換（コンバージョン）の考えが注目されている。

そこで、東京都心でオフィスビルの空室状況や築年数調査を行い、それらを重ね合わせ

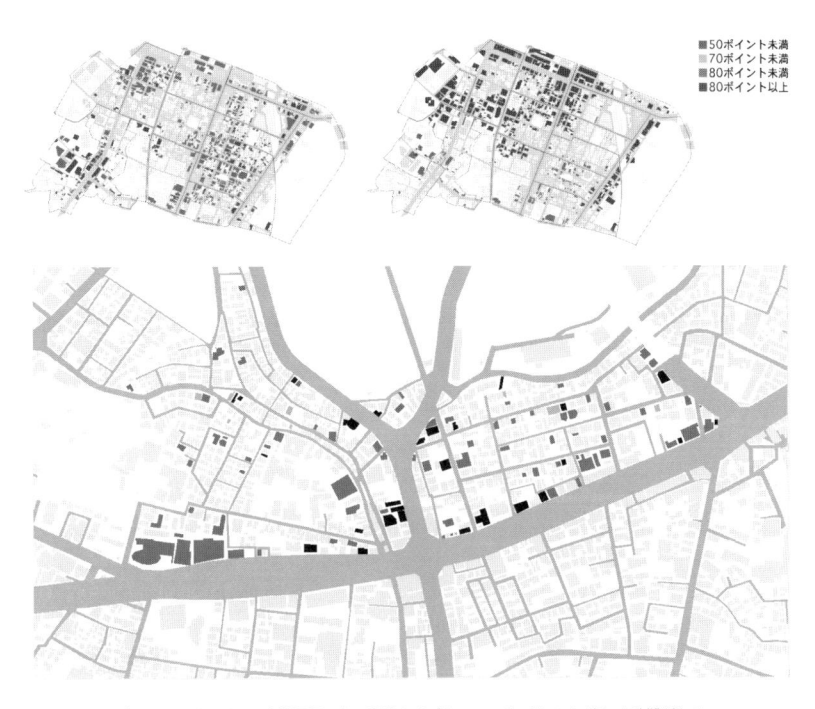

fig.6 地域ごとにコンバージョン適性評価の高い世帯タイプや、コンバージョンに適した時期がある

ることで、オフィスストックの将来推移とコンバージョン適性を地域的に分析した（**fig.6**）。このような地図で需要と供給が視覚的に分かれば、オフィスビルの住宅へのコンバージョンを検討する際、地域ごとに時期やターゲットを絞ることができる。このことによって、よりよい都市更新をすることができるのではないだろうか。

転換が生む可能性

　私たちの生活の中では、転換が望まれるのにもかかわらず、空間、時間、金銭の制限からその変化が押しとどめられてしまっているという現状があるのではないだろうか。今は有効活用されていない意外な場所が、違う目的のためには大きな需要があることもある。その需要を発見し、障害を工夫して乗り越えることができれば、大きな可能性が生まれるだろう。

「気分転換を促す空間に関する研究」 本田悠夏、2006／「オフィスの廊下歩行時におけるストレス軽減の研究——感覚刺激がもたらす効果の検証」田中順子、2009／「住環境と建築特性によるオフィスビルの住宅への転用適性評価——世帯タイプ別コンバージョン適性のGISによる地域分析」白沢海、2003

Design：［転換］のデザイン

オリンピック都市における「都市の転換」
リッキー・バーデット
（建築・都市デザイン・アドバイザー）

Ricky Burdett
1956年ロンドン生まれ。ロンドン大学政治経済学院（LSE）都市研究科教授。世界の都市をリサーチするUrban Ageプログラム、ディレクター。ロンドン市長の建築デザインアドバイザー、2012年ロンドン・オリンピック、建築・都市計画アドバイザーなどを歴任。また2006年のヴェネツィア・ビエンナーレ建築展のディレクターなど、多くの展覧会のキュレーションも務める。共著に『The Endless City』(2010年)、『Living in the Endless City』(2011年)。

都市のDNA

——バーデットさんがその初期から関わっている、〈ロンドン・オリンピック・パーク〉に関してうかがいたいと思います。都市の「転換」を考えるうえで、オリンピックはとても有効な事例だと思います。オリンピック開催を勝ち取るまで、その後開催に至るまで、そしてオリンピック開催後と、都市が直面する課題はある特定の日をもって明確に異なります。〈ロンドン・オリンピック・パーク〉では、その物理的なデザインあるいは政治的な枠組みはこれまで、どのように変わっていったのでしょうか？

　最初に一般的な話からはじめたいと思います。それはロンドンに限らず、都市の再開発を語るうえで、とても重要な問題を提起しています。都市の変遷、あるいは変容といった時に2つのタイプがあると思っています。ひとつは徐々に変化する有機的な変化、もうひとつは断絶的な変化です。これらはまったく対極をなすもので、建築・都市デザイン上の話だけでなく、民主主義における開発の進め方、あるいは都市経済の変遷についても重要な事柄です。

　ロンドン市のなかで断絶的な変化を象徴するものとして、キャナリー・ワーフが挙げられるでしょう。キャナリー・ワーフはもともとロンドン東部の古い港湾地区でしたが、再開発により、新たな金融センターとして生まれ変わりました。キャナリー・ワーフは多くの雇用を生み出したこと、そしてさらに重要なことですが、世界のファイナンシャル・センターとしてのロンドン、グローバル・シティとしてのロンドンという都市のイメージをつくり上げたという点で、この再開発は大きな成功だといわれます。しかし、私はそうは

考えていません。物理的に、あるいは社会的、経済的にいかにその場所で築き上げられてきた都市のDNAと、隔絶しているかを政治家、あるいはデベロッパーは認識すべきだと考えています。

——**そこではどのような手法が有効だと思いますか?**

キャナリー・ワーフを反面教師とすると、都市を人体のように捉え、部位をつなぎ合わせる手術のような手法、それも社会的経済的なサイクルも含めて考えていくことが大切になります。ロンドン・オリンピックで目指したもの、それはまさに先ほど述べた都市の有機的な変化を具現化することです。

このような方針はロンドンがオリンピックを開催することによって、いきなり生じたわけではありません。前市長のケン・リビングストンが2002年に出した都市の空間的政策「ロンドン・プラン」ですでに提言されていたことです。「変化の統合」という概念がロンドンの都市政策のDNAなのです。

マクロな視点ではオリンピックはロンドン市がもつ裕福な西側地区と貧しい東側の地区の経済的なアンバランスを改善できるかという文脈に載せられ、ミクロの視点では、新たにつくられるオリンピック・パークがその周辺のエリアとどのような関係性をもつかが求められました。ここで重要なのは周辺地区との関係づけといった時に、建築物、インフラストラクチャといった目に見えている周辺環境との関連だけを考えるのではなく、実際には見えていないもの都市計画の歴史を考慮しなくてはならないことです。たとえば〈ロンドン・オリンピック・パーク〉の地には、す

ロンドン・オリンピック・パーク、20年後の予想図 (London Legacy Development Corporation)

でに計画され認可された都市計画がありました。実現はされていませんが、ロンドンがオリンピックを招致することになり、ここにオリンピック・パークをつくることになっても、以前の計画をまったく無視することはできないのです。以前の計画が完璧なものだとは思いませんが、それも初期条件として新しい計画に受け継がれていったのです。

オリンピック・レガシーと政治システム

　オリンピック招致以前のマスタープラン（Stratford Design Strategy）では時間を内包するというコンセプトはほとんどありませんでした。初期のプランはどちらかというとインスタント・シティのような感じでした。それは言うなれば、先に述べたキャナリー・ワーフ型の巨大建築による街区型都市でした。しかし、オリンピックを招致するために改めてマスタープランをつくることになり、いくつかの大きな方針が立てられました。

　まずオリンピック・パークとなる南北に長い敷地は都市を完全に東西に分断しているため、その両者のコネクションを最大限確保するということが計画の大きな目標となりました。さらにはこのマスタープランはオリンピック終了後30年をターゲットにつくられるべきだと決められました。つまり「オリンピック・レガシー（遺産）」という概念はオリンピック招致のかなり初期段階から意識されていたことなのです。

　そして、オリンピック招致が決まったあと、オリンピック開催時の大きな人の流れを計画すると同時に、より具体的なオリンピック後の姿、具体的には仮設でつくった競技場の跡地をどのような都市空間へと変えていくかに

マスタープランでの関心事は移っていきました。

──オリンピックの時間とはあらかじめ想定された、招致、準備、開催後という異なる期間での「転換」がありますが、それ以外にも想定外の「転換」があるのではないでしょうか？ たとえば、2008年のリーマン・ショック、あるいはロンドン市長の交代など。これらの想定外の「転換」に対して、ロンドンはどのような対応をとっていったのでしょうか？

　まず市長の交代に関しては、前市長のケン・リビングストンと現市長のボリス・ジョンソンとではオリンピック・プロジェクトに関しては、その政策はほとんど変わらなかったと思います。おそらく最大の想定外はリーマン・ショックでしょう。しかし逆説的に経済状況のトリックがポジティブに働きました。各施設の予算は経済状況が好調な時、つまり価格の高い時に予算が設定されました。しかしリーマン・ショック後、さまざまな価格が下落しました。そこで予算オーバーとなっていた施設の建設もこれにより可能となったのです。

グローバル・シティにおける〈転換〉

──リッキーさんが進めているGlobal Citiesのプロジェクトについて教えてください。オリンピック・プロジェクトが異なる期間を通して、そのコンセプトの流動性と強度が試される「時間の転換」への挑戦だとすれば、世界中の異なる都市を比較研究するこのプロジェクトは「空間の転換」を考える機会といえるのではないでしょうか？ このプロジェクトがはじまったきっかけを教えてください。

　私はLSEに来て、Cities Programmeを設立したのは1998年です。そこでの興味は都

市空間の物理的なデザインと社会的影響の関連性です。まずはじめに修士課程のコースをつくり、その後実際に都市の社会的な状況をつくり出す人々とその影響を分析する人のダイアログをつくり出すことに興味をもち、ヨーロッパのさまざまな市長を招いてシンポジウムをはじめました。するとドイツ銀行が興味をもってくれて、資金を提供するのでより野心的なプロジェクトに発展させないかと誘ってくれました。これが Urban Age プロジェクトのスタートです。最初の6年で、ニューヨーク、ベルリン、ムンバイ、サンパウロなど世界中のさまざまな都市を選び、そこを対象にリサーチし、シンポジウムを行うといったことをやりました。その後、ドイツ銀行は、Urban Age で得た知識を活用するため、組織をつくったらどうかという誘いがあり、2010年にLSE Cities という都市リサーチ組織をLSEのなかに設立しました。

──これらの Global Cities プロジェクトを通して、発見したものは何でしょう？

まず、世界の各地域で急速に都市化が進行していることに気づきます。そのうえで3つのことが、多くの都市についていえると思います。ひとつ目は都市は環境に対してより好意的でなくなり、資源を浪費していること。2つ目は最初の点と関連しているのですが、社会的により断片化しています。都市がゾーン分けされているという状況が至るところで見受けられます。3つ目は都市の統治機構についてです。私は「Democratic deficit、民主主義の不足」と呼んでいます。都市の規模は拡大しますが、そこに関われる機会がどんどん減っているということです。

これらはマイナスの点ですが、プラスの点も多くの都市に共通な事項として挙げることができます。ひとつは都市に地域に根ざした牽引者の存在です。独創的な市長によるものが多いですが、公共の交通、自転車の活用、広く環境問題への提言など、これらの牽引者はさまざまな分野で力を発揮しています。もうひとつは、コンパクト・シティや休閑地の再開発など新しい都市計画の手法の実践です。これらのポジティブな点とネガティブな点は微妙なバランスにあり、圧倒的な規模と速度で進む今の世界では、これらは共通の課題であるといえるでしょう。

──現在という時期は都市の歴史のなかで大きな「転換」期であるように思われます。2008年に歴史上初めて都市に住む人が世界の人口の半分を超え、また環境問題への意識は都市のあり方も変えようとしています。このような都市の「転換」をバーデットさんはどの

アーバン・エイジ ベルリンカンファレンス冊子
（Berlin conference newspaper cover, Burdett, R., et al, *Towards an Urban Age*, London, Urban Age, London School of Economics and Political Science, 2006

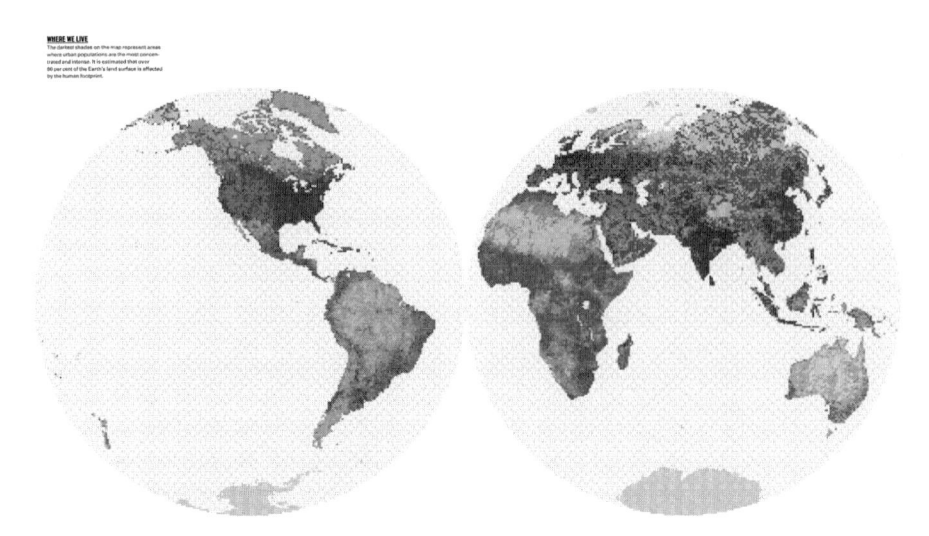

世界の都市化を示す地図。色の濃いところほど都市化が進んでいることを示す
(Burdett, R. and Sudjic, D., *The Endless City*, London, Phaidon Press, 2007. 24–5)

ように見ていますか？

　都市人口に関しては、私は変化の度合いを認識することが重要だと思います。都市に流動する人のペースがこれまでと格段に異なっています。ロンドンの人口が100万人に到達した時間とそれからの増加の度合いには目を見張るものがあります。また都市部への人口流入は都市によっても大きく異なっていることも世界レベルでは注目すべきでしょう。環境問題に関しては、私はこの問題は非常に効果的に都市を変えるきっかけになっていると見ています。交通の問題、個人のエネルギー消費に関してもこれらはプラスに働いているのではないでしょうか。

——Global Citiesのなかで東京をどのように見ていますか？　またそこで東京が果たす役割をどのように考えていますか？

　東京はもちろんGlobal Citiesのひとつであることは間違いありません。しかし東京はとても特別な都市であるようにも感じます。主にひとつの民族で構成されているという点、あるいは経済的な格差も世界のほかの都市と比べてとても小さいという点で、とても特別な都市であるという印象をもっています。

リーマン・ショックという「転換」が都市にもたらしたもの

白井宏昌

　2008年9月のリーマン・ブラザーズ証券の破綻に端を発した世界金融危機。世界の多くの国のGDP成長率がこれを機に激減したことからも、これは昨今われわれが経験した大きな「転換」と言えよう。この経済危機は、実際の都市空間にどのような「転換」をもたらしたのだろうか？　リーマン・ショックの影響が大きかったと呼ばれる、イギリスの首都ロンドンの例を挙げ、振り返ってみたい。

　2008年のロンドンは2012年のオリンピックに向けた計画が大々的に進められていた。そこには1970年代後半からのサッチャーリズムよろしく、新自由主義的な政策が継承され、多くの民間デヴェロッパーが関わり、彼らの資本を背景に「新しい都市像」が模索されていた。しかしそこで疑問視されていたのが、民間主導による公共空間のありかた、再開発における社会的平等の行方であった。ところが、リーマン・ショックにより、これらのデヴェロッパーは撤退を余儀なくされ、代わりにこれまで影の薄かった「公」の力の復活となる。例えば、これを機にこれまで民間の手による建設を予定していたオリンピック選手村は税金で建てられることになり、そのオリンピック後の転用もミドル・クラス対象だったものから、低所得者層向けの住戸を多く含むものへとだいぶ変わっていった。

　また、街ではリーマン・ショックを機に不動産価格が暴落。富裕層しか住めなかった地域に、これまでとは異なる住民が移り住んでくるようになった。多様な民族と社会層が暮らすロンドンという都市では「社会的混合」は重要な政策となるのだが、現実味のない政治的なレトリックとみなされていた。しかし、それが経済危機を機に、期せずして実際の現象となり始めたのである。民間デヴェロッパー主導の開発とは異なる社会構造が都市空間に出現しているのだ。リーマン・ショックという「転換」がもたらしたもの。それはロンドンにおいては新自由主義的な都市政策の陰に隠れていた「公」の復活ではなかっただろうか。少なくともその後、景気が回復し、「私」の力が再び台頭するまでのしばらくの間は……。

リズム　　　Rhythm

リズム　【りずむ】
［名］①周期的に反復・循環する動き。律動。②運動・音楽・文章などの進行の調子。③詩の韻律。④音楽の最も根源的な要素で、音の時間的進行の構造。時代や民族によって違いがみられる。一定の時間量を規定的に下位分割する拍節リズム、異なる拍子を組み合わせてより大きな構造をつくる付加リズム、音の長さに単位のない自由リズムなどがある。節奏。

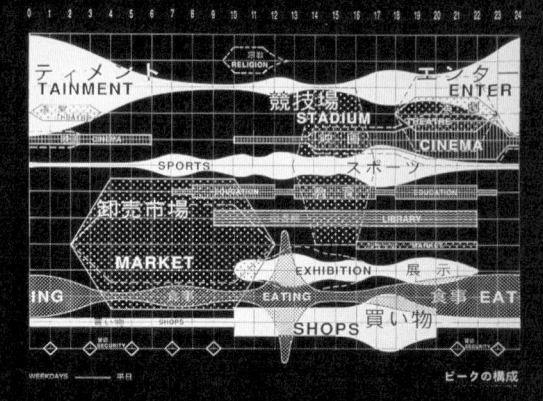

fig.2　「ヨコハマ・アーバンリング・プロジェクト」
行為密度の経時的変化（© OMA）

リズムの可視化

日本語では「周期的に繰り返される運動」を意味する「律動」と訳されるリズム。その言葉を聞いて、まず月の満ち欠けを思い浮かべる人も多いのではないだろうか。太陽、月と地球の3つの惑星の位置によって生ずる新月→上弦の月→満月→下弦の月→新月と規則的に繰り返されるリズム、約29.53日の周期をもつ朔望月はわれわれの生活にとって、時を形でイメージできる大変なじみの深いものである。実際、今日の太陽暦が導入される以前、いわゆる旧暦は月の満ち欠けによって時が規定されていた。そのような月の周期を可視化することは、シームレスに繰り返される「形」と「時」の明確な関連性を記述することである。また、半月や三日月のように、特徴的な月の形は必ず決まった周期で現れることから、それぞれ月の形にはわれわれの生活と密接に結びついた多様な意味あるいは物語が付加されてきた。月のリズムが語るのは科学的な厳格さと、そこから生まれる文学的な神秘さであろう。

fig.1　Full Moon Phases　（© Tristan3D / Shutterstock.com）

12

リズムのデザイン

物理的なモノだけでなく、時間によって変化するコトをデザインすること。オランダの建築家、レム・コールハースは建築家がこれまであまり手をつけてこなかった領域に果敢に挑戦する。たとえば「ヨコハマ・アーバンリング・プロジェクト」では都市の1日のリズムに注目する。都市の既存の活動のオフ・ピークとオン・ピークが抽出され、そのオフ・ピーク時に新たなプログラムを与えることで、24時間活動する都市をつくり出すことを目論む。ここでは都市の可視的で物理的な環境をデザインすることよりも、不可視の行動パターンをデザインすることに重きが置かれているのだ。そして不可視がゆえにその可視化はデザインを表現するのに重要な役割を担うこととなる。1日を通して多様なアクティビティが複雑に絡み合うさまを表現したダイアグラムが表現するのは、都市の躍動感。モノのデザインからコトのデザインへの拡張はコールハースにとって建築家の職能を拡張する戦略のひとつでもある。

リズムの集合体としての都市

今や世界の半分以上の人々が、都市では居住環境の高密度化が否応なしに求められる。とくに平地面積が少なく人口密度が高い場所では、土地あたりの収益性を上げることが至上命令となり、一度決められた一層の窓のパターンが垂直方向に何十層も繰り返される。そして、このような反復されるリズムの集合体としての都市をさまざまな写真が伝えている。たとえば、ドイツ人写真家、マイケル・ウォルフが美しく切り取る香港の果てしなく繰り返される高層建築のファサードには、資本主義社会がつくり出す都市風景が端的に現れている。また、白井＋シュミットによる『BIG BANG BEIJING』では、2008年北京オリンピック前の北京という都市において、異なる時代につくられたファサードがパッチワークのように集まり、独特な都市のリズムをつくり出している様子を表現している。人口集中と収益性の追求がもたらす、今日の都市風景。その旋律は今後、ますます強度を増していくのだろうか？

fig.3 北京・長安街通り沿いのファサード
（出典：白井宏昌＋アンドレ・シュミット著『BIG BANG BEIJING』鹿島出版会、2007年）

Analysis：[リズム]の分析

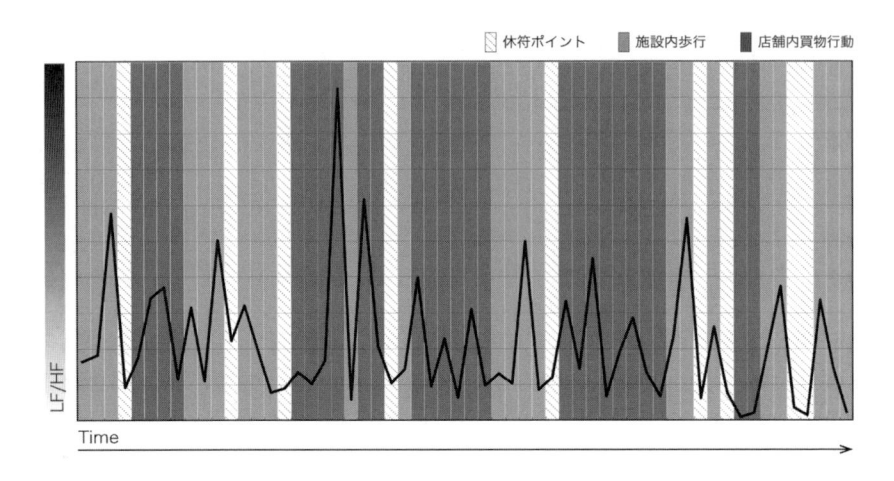

凡例：休符ポイント　施設内歩行　店舗内買物行動

LF/HF

Time

fig.4 買い物行動中に休符ポイントを通るとリラックス状態になる

　リズムとはある現象が複数回生じる際に、発生する現象の時間的「間隔」を指し、その現象が繰り返し発生することによって、その現象特有の「周期」とも捉えることができる。時間経過の中で生じる現象を単一のものとして捉えるのではなく、それらを連続的に捉えることで現象のもつ固有の特徴・パターンを捉える。月の周期や音楽の拍子など、自然や芸術作品の中に"リズム"を見出すことができるのと同様に人々の生活の中のリズムに着目することで、空間や人々のもつ特徴・パターンを捉えることもできるのである。

行為のリズムと配置計画

　日常とは行為の連続である。起床、食事、移動、作業、休憩など人によって行為の種類や間隔は異なるものの、連続して行われる行為の流れの中にはある種のリズムがある。15時にはお菓子を食べることや、23時には必ず寝る、というように時間で行為を区切ることによって行為のリズムをつくっている場合や、ご飯を食べたらお風呂に入る、テレビを見たら勉強をする、という連続する行為の前後関係からリズムをつくり出す場合もある。また、椅子があるから休む、広く明るい空間が見えるからそこへ行くなど、人々は空間から影響されて自らの行為を決定する時もあり、この場合は空間によって行為のリズムが規定

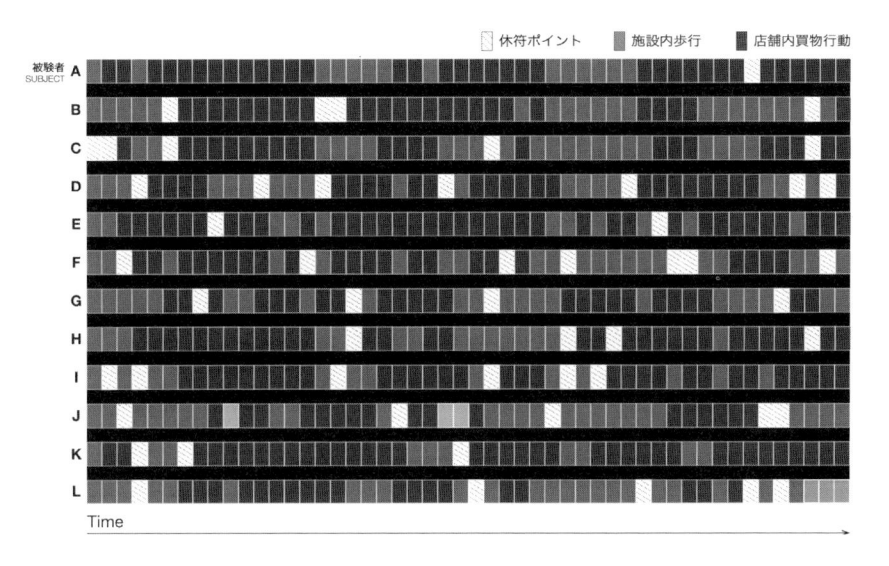

fig.5　各被験者の休符ポイントのタイミング

される。つまり、人が行為を行う際の意思決定には「時間」「前後の行為内容」「空間」が関係しており、上記3点が行為のリズムを生み出す要因であるといえる。シーンや状況によっては多少の個人差はあっても、特定のリズムに優位性が存在する場面があり、たとえば商業施設内で買い物中の休息の取り方がそのひとつに当てはまる。

　買い物客の行動と緊張／リラックス状態を表すLF/HFの値との関係を調査したところ、一連の買い物行動の中で一時的にリラックスできる場所（休符ポイント）が存在することが分かった（fig.4,5）。たとえば、吹き抜け空間や絨毯の床などである。休符ポイントとなる空間を施設内に設計し、買い物行動の流れの中で休息のリズムをつくり出すことで、買い物中の疲労回復や休息後の行動意欲が上がり、店舗滞在時間や立ち寄り店舗数の増大につながる。また、そのような空間ならば、来店者も気持ちよく買い物を楽しむことができるだろう。

無自覚な姿勢のリズム

　人々の行為にリズムがあることと同様に人々が普段取る姿勢にもリズムが存在する。行為には意思決定が伴うが、姿勢に関しては比較的無意識下における決定が多く、自覚を伴わないリズムであることが多い。前項でも扱った「休息行為」に関して述べるとすると、人が休息時に取る姿勢は「直立」「着座」「寄りかかり」「歩行」の4つに大分することができる。

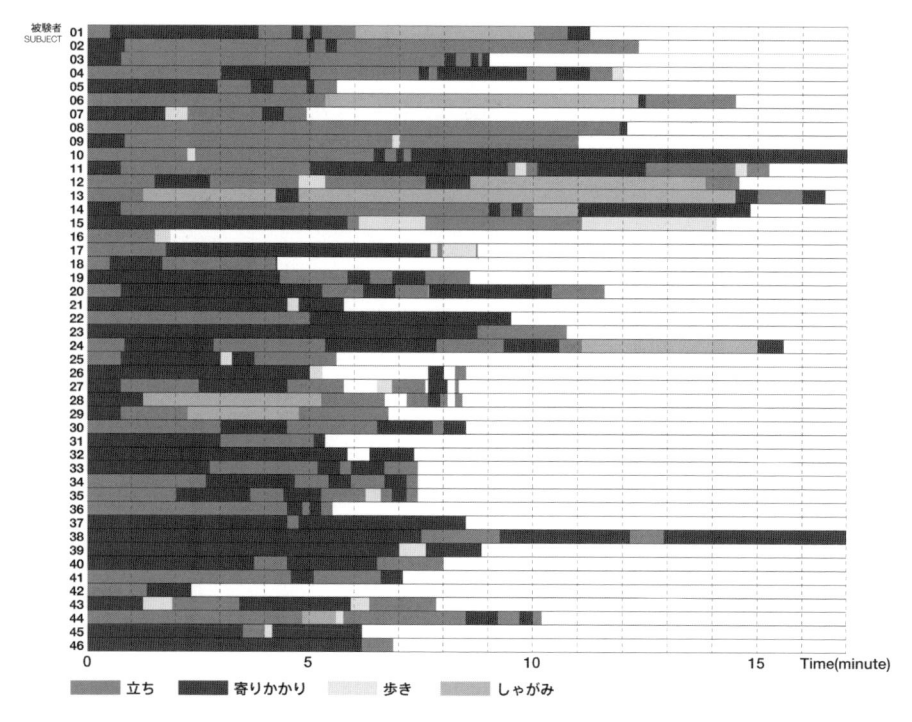

fig.6 待ち合わせ時の姿勢変化のリズム

一般的に人々は休息時、前述の姿勢を流動的に遷移するが、そこにはある種のリズムが存在しており、遷移時には「寄りかかり」を経由してから別の姿勢を取る傾向があるのだという。このように、人々の姿勢には無自覚のリズムが存在している（**fig.6**）。

リズムを感じさせる空間

空間そのものが人にリズムを感じさせることもある。装飾や採光による変化のある空間をつくり出したり、空間を移動することで視覚や聴覚などの感覚を通じて刺激を与え、空間体験の中にリズムを体感することもある。

歩行時に感知しやすいリズムのひとつに、空間の移動とともに生じる景色の見え隠れがある。人は元来、視覚情報に大きく頼る生き物であり、中でも変化するモノに注意が傾きやすいという特性がある。視界の中で空間が見え隠れすることはあたかも空間が小刻みに変化しているかのような錯覚を生み出し、人々の視線を誘引する。たとえば、等間隔に空けられたスリットの壁の先にある空間やモノが、視界の中でリズミカルに見えたり隠れた

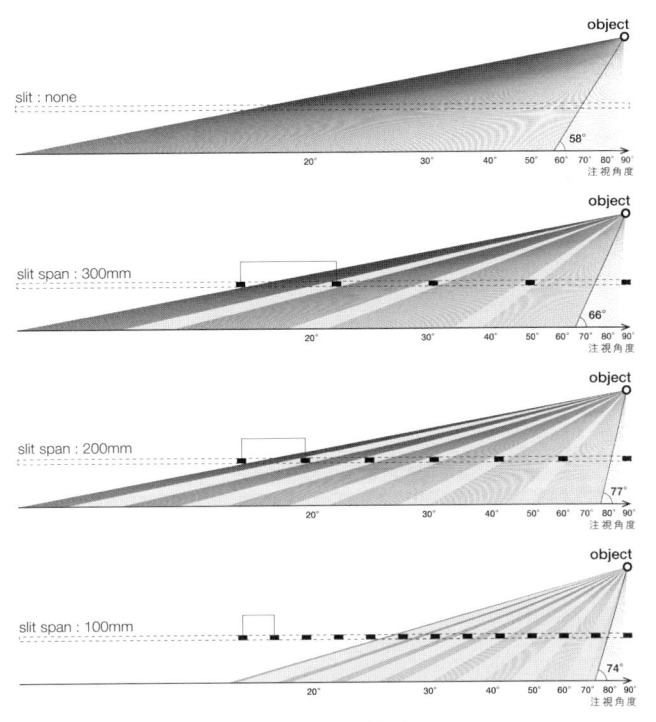

fig.7 スリットの先にあるモノがリズミカルに見え隠れする

りする。スリットが空けられた壁の奥に置かれたモノを見ながら歩行してもらい、モノへの注視度を測る実験を行った。スリット間隔によって、人々の注意を喚起する効果が異なり、間隔が200mmのものが、より効果が高いという結果になった（**fig.7**）。空間にリズムを与えることで人の意識や行動を誘発することができる。

リズムを知ること、つくること

　人体や生活のリズムは人が健康的に快適な暮らしをするうえで重要なファクターである。人のリズムを知り、それに寄り添う空間をつくることは根源的な課題ではないだろうか。あるいは逆に空間の作用で人にリズムを与えて刺激することで、暮らしにメリハリをつけることもできるかもしれない。

「休符モデルからみた大型商業施設における買い物行動」安藤駿介、2008／「空間行動における「活動と休息」の推移に関する研究」坂田礼子、2008／「店舗ファサードにおける視界の遮りが歩行動作や印象に与える影響」木戸大祐、2009

Design：［リズム］のデザイン

都市の奏でるリズム
南後由和
（社会学者）

なんご・よしかず
1979年大阪府生まれ。東京大学大学院学際情報学府博士課程単位取得退学。明治大学情報コミュニケーション学部専任講師。社会学、都市・建築論。主な共著（分担執筆）に『都市空間の地理学』（ミネルヴァ書房、2006年）、『路上のエスノグラフィ』（せりか書房、2007年）、『The Architectures of Atelier Bow-Wow: Behaviorology』（Rizzoli、2010年）、『路上と観察をめぐる表現史』（フィルムアート社、2013年）など。

空間・時間・身体と「リズム」

――南後さんはフランスの哲学者、アンリ・ルフェーヴルの研究をされていて、ルフェーヴルの最後の著作である『リズム分析の諸要素』についても建築家との対談などでその魅力に言及されています。まず南後さんがルフェーヴルに興味をもったきっかけを教えてください。

　最初はルフェーヴルの著書、『空間の生産』との出会いですね。学部時代の2000年に『空間の生産』の翻訳が出ました。「空間の生産」というタイトル自体が謎めいていて魅力的に感じました。それまでは空間を生産する主体は建築家、プランナー、行政で、そういった物理的な空間をつくり出す人たちが空間を生産する主体だと思っていたのですが、自分が専攻していた社会学やポストモダン地理学などの人文社会系の分野から、どう都市や建築にアプローチしていくかを考えた時に、ルフェーヴルが『空間の生産』で唱えていた概念はとても示唆に富んでいました。ルフェーヴルがいっていたのは、住民やユーザーも空間を生産する主体であるということです。たとえば、建物ができ上がった後、空間をどう使用するか、また建築家が想定していた使い方をどうずらし、転用するかなど、空間が社会的に生産されるプロセスに光を当てたのです。ルフェーヴルを通して、社会学の分野から能動的に建築、都市にコミットすることができると思えたのが新鮮でした。

――『空間の生産』でルフェーヴルが唱えていたことは何でしょう？

　空間の生産には3つのキーワードがあり、「空間の表象」「表象の空間」そしてその2つがせめぎ合う「空間的実践」です。「空間の表象」とは、建築家が引く図面などの抽象的な

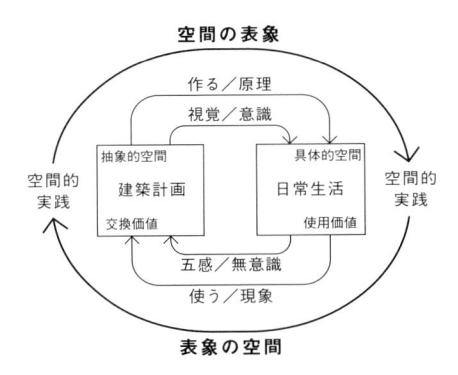

『空間の生産』概念図・建築編

空間、または頭の中で意識的に思考される次元です。「表象の空間」は、具体的な生活の場であったり、時間を取り込むことで空間のあり方が読み換えられ、書き換えられていく次元です。

一般的には「空間の表象」と「表象の空間」は二項対立的に捉えられがちですが、ルフェーヴルは都市の長い歴史のなかでいかにそれらが弁証法的関係を取り結んできたかに注目していました。空間の送り手だけではなく、受け手との関係や、それらの相互作用を総体的に捉える視点をもらったように思います。

—— 『リズム分析の諸要素』はその後の著作ですよね？

『リズム分析の諸要素』の原著は、ルフェーヴルが亡くなった翌年の1992年に出版されていてルフェーヴルの晩年の著作といわれています。彼のライフワークは日常生活批判でした。自分が生まれ育ったフランスの農村での日常生活の場が工業化の結果、都市化していくこと、自分自身の生活風景が目に見えて変貌していくということを身をもって経験していたからです。

近代以前は、自然のもっている時間のサイクルによって農村の生活が営まれていました。たとえば、四季の祭りや農作物の種まきや収穫時期などです。ですが、近代の時間には時計時間が導入され、どの場所であろうが24時間という尺度で生活するようになりました。そうなったことで、異なる国や都市の間に交通や貿易が生まれ、会社や学校などの組織運営の秩序も整えられていく。時間が社会的に制度化していくなかで、近代以前の日常生活と時間の結びつきは変容を被る。ルフェーヴルはそれを自然のリズムと社会的なリズム（資本主義的な支配されたリズム）との違いで説明しました。時計時間という直線的で均質な時間と、人間の身体に由来する循環的で差異を生み出す時間との間に軋みが生まれる。このせめぎ合いは、先ほどの「空間の表象」と「表象の空間」とも対応関係にあります。

近代は空間概念のなかから時間を除去してきたと思います。そこでルフェーヴルは空間と時間を別々に扱うのではなく、両者を結びつけた概念として「リズム」に着目しました。空間は時間を含み、時間は空間を含むという発想ともいえます。

空間、時間に加えて、身体を含めた3つの関係が重要で、抽象的な時間と空間が具体的な身体や場所と結びついたものとして、リズムというキーワードが出てきたのです。実際、ルフェーヴルがリズムをどこまで厳密に定義できていたかについては疑問が残りますが、1992年のリズム分析の本では、複数のキーワードが出てきます。そのひとつに、ユーリズムというものがあります。それは、調和のとれた比率のリズムを意味し、異なるリズムの結びつきを体感できる感覚です。

都市が「リアクション」する

――異なるリズムの結びつきという点は興味深いですね。ルフェーヴルはそこでどのようなことを唱えていたのでしょうか？

　ルフェーヴルは、リズムがもつ反復性と冗長性の関係のほかに、重層性や同時性ということに着目しました。たとえば、地形の変動のリズム、四季のリズム、資本のサイクルのリズム、各々の交通手段のリズムなど、異なる周期のリズムが重層し、それらが同時に共存するなかで私たちの日常生活は営まれている。その日常生活に、さらに異なる周期のリズムをもつものが導入された時に、それ以前のリズムとどう干渉あるいは共鳴するかということに関心を向けたのです。このようなルフェーヴルの姿勢は、一見無秩序に変化していく都市の風景に何らかの秩序を発見していくことにもつながると思います。

――「重層性」とはとても広がりをもつことができそうな概念に聞こえます。

　建築家の塚本由晴さんが、住宅を「世代」で分類しているように、たとえば、東京は古い戸建て住宅や新しい超高層のマンションが混在していて、複数の異なる時間軸をもった寿命の違う建物で形成されています。新しい制度や政策が原因で建物の寿命が短くなったり長くなったりもします。

　また、ルフェーヴル自身によっては具体的な事例分析への展開は十分なされていないのですが、リズム分析は、新たなコミュニケーション・メディアの誕生による空間の認識のあり方、時間の経験の仕方の変化のプロセスにも適応して考えることができると思います。いちばん原始的なコミュニケーション・メディアは声です。声は時間と空間を共有しないと伝わらないものです。次に文字が出てきます。声と違い、文字では時間と空間の制約のうち時間の制約はなくなります。文字は壁や石などの場を共有していないと伝わらないですが、消されないかぎり数日後でも数か月後でも他者に伝達されます。そして、活版印刷技術の誕生により、書籍が出てくると、書籍は国内外を流通するので、空間の制約も解除されます。その後、ラジオやテレビなどのマスメディアが出てきて、大量の人に瞬時に情報を伝えることができるようになり、インターネットの誕生により、双方向のコミュニケーションがいつでもどこでもなされるようになった。メディアの誕生によって私たちの時間と空間の感覚はどんどん変化していきますが、それらは直線的に切り替わって、それ以前のメディアが切り捨てられるのではなく、それ以前のメディアが地層のように重層したメディア環境のなかで私たちは生活しているという認識が重要だと思います。これを都市に置き換えると江戸東京論やアースダイバーなどの都市論的な話にもつながります。先行する世代の人々がつくったインフラや痕跡というものが都市には堆積していて、現代の人々はそれらにリアクションすることで都市を形づくり、生活を営んでいる。これは不特定多数の人が時間の不連続性をはらみながら書き換えていったものに、不特定多数の人が応答していくn×nの双方向のコミュニケーションとしても捉えることができます。メディア論者のフリードリヒ・キットラーが「都市はメディアである」と述べたように、時間軸をのばして考えると、インターネットやケータイの誕生のはるか以前から、都市自体が双方向メディアとしてあるといえるのではないでしょうか。

グラフィティにみる都市の様態

——都市が「双方向メディア」だという視点は、南後さんの「グラフィティ」研究につながっていきそうですね。

　ルフェーヴルの話は、文明史的で壮大な時間スケールの話ですが、それを早送りにして時間を圧縮したような現象としてグラフィティに関心をもってきました。都市では、不特定多数のグラフィティ・ライターによって壁がどんどん書き換えられていきますが、それらは現存する壁の高さや向きなどに対するリアクションとしてあります。グラフィティ・ライターは電車からいちばんよく見映えのするような場所に描いたり、都市のなかで複数の速度とセッションしながらグラフィティをしています。また、グラフィティというのは、リズム分析の観点からも捉えることができます。グラフィティは廃墟とか仮囲い、空き家の民家など、いずれ取り壊されたりなくなるであろう場所に多く描かれます。グラフィティは言い換えると都市の構造が再編成されていく、都市の変化のプロセスの時間的断面にあらわれた刹那的な現象なのです。

　また、グラフィティは匿名な関係にある互いに見知らぬ他者どうしが、痕跡を通じて、リアルな都市空間でコミュニケーションをとっていることも面白い点です。ルフェーヴルとシチュアシオニストの両方を修士論文では扱ったのですが、ルフェーヴルの『空間の生産』、シチュアシオニストの「状況の構築」や「転用」の延長にある問題関心として、グラフィティ・ライターが都市においていかに既存のインフラを転用し、都市空間を具体的にどのように見ているのかということにも興味をもちました。

　また、コミュニケーションの志向に、内容や意味を伝えることを重視する「意味伝達志向」と、他者とつながっているという感覚やリアクションがあるという形式自体が重視される「接続志向」の2つがあります。グラフィティ・ライターが描くタグ（ライターの名前、シグネチャー）に見られるコミュニケーションは、政治的なメッセージという意味伝達志向よりは、接続志向に近い。彼らは身体を共在させずに、時間差をはらんだコミュニケーションをしています。これは、従来電話やインターネットなどのメディア上に特有とされてきたコミュニケーションのあり方ですが、それがリアルな都市空間で起こっていることが面白いと思います。

——そう考えると、グラフィティ・ライターの都市との関わり方は示唆的ですね。彼らにとっては実際の都市空間とはどのような意味があるとお考えですか？

　グラフィティ・ライターの活動の場所はどこでもいいというわけではありません。彼らにとって、侵入していく場所を発見するセンスは重要で、その点サイトスペシフィックな表現だといえます。ただ、アルファベットの組み合わせで表現するグラフィティの従来の

タグで埋め尽くされた壁
（2012年1月28日、東京都港区北青山　撮影：南後由和）

表現様式は、バリエーションとしては出尽くした感があります。ですが最近、新しいメディア環境の変化と連動した作品をつくるアーティストが出てきていて、そのひとりがイタリアの「Blu」です。Bluは静止画のグラフィティの写真をコマ送りでつなげて動画を作成しています。そうすることで、壁やシャッターという物理的な都市空間がもつ面積などの制約を組み替え、拡張しています。本来、グラフィティはその場で見るという、作品と鑑賞者との間の対称性がありましたが、Bluの作品ではそれが崩れていて、YouTubeなどの動画共有サイトでしか全体像を把握することができません。また、写真家でもあるフランスの「JR」というアーティストも、グーグル・アース的なまなざしを逆手にとって、その場にいる人ではなく、動画の先にいる世界中の人に向けた作品を制作しています。表現の場として、実際のストリートと情報空間を地続きのものとして捉えているという点で、彼らの活動はとても興味深いです。

——南後さんにとって「時間」と「空間」とは何を意味しますか？

　私たちを取りまくさまざまな事象に対する認識の枠組みは、時間と空間という指標を通して形成されています。時間と空間は、抽象的であると同時に具体的であり、交換価値をもつと同時に使用価値をもっているところが面白い。

　また時間と空間は、絶対的で誰もが均質的に共有している基準だと思われがちですが、時代とか地域によって、さらに新しいメディアの登場によって、時間と空間の受容や経験のされ方は変化していきます。現在私たちが経験している時間と空間は、身体に準拠しつつ、昔なされた痕跡とのセッションや相互作用としてあるので、そのような時間と空間の複数性やそれらが形づくるものにどれだけ感応できるか。そのためには、ルフェーヴルがそうしたように、時間と空間を切り離して考えるのではなく、空間のなかにいかに時間が刻印され、かつ時の形として「現在」を形づくっているかにまなざしを向けていくことが重要だと思います。

JR「Women are Heroes」（2008〜2010年　出典：http://www.jr-art.net/）

都市のリズムを再編する
白井宏昌
（建築家）

しらい・ひろまさ
1971年東京都生まれ。早稲田大学大学院修了後、Kajima Design勤務。2001年文化庁派遣在外研修員としてオランダに派遣。2001〜06年OMA（ロッテルダム、北京）に勤務。中国中央電視台本社ビルなどを担当。2006年からロンドン大学政治経済学院（LSE）都市研究科にて「オリンピックと都市」の研究をする傍ら、2012年ロンドン・オリンピック・パーク、都市デザイン・メンバーとしても活動。2010年にH2Rアーキテクツを東京、台北、北京で共同主宰。2012年から滋賀県立大学非常勤講師。

オリンピック後を考える

――白井さんは「オリンピックと都市」の研究をしてこられました。その経緯についてうかがうとともに、そこからどのような発見があったのかお聞きしたいと思います。「オリンピックと都市」の研究をはじめられたきっかけは何だったのでしょうか？

　ぼくはこの研究をはじめる前はレム・コールハースのもとで、中国の国営放送である〈中国中央電視台（CCTV）本社ビル〉の設計に関わっていて、その間北京に1年半ほど住みました。そこでオリンピックが都市を劇的に変えるのを目の当たりにして、これをつきつめて研究したら面白いんじゃないか？と考えるようになったのです。東京やソウルも、オリンピックを開催することで、世界都市の仲間入りを目指し、その都市構造を大きく変えましたが、そんなオリンピックのもつ「力」とそれを必要とする現代都市の関わりについて研究しようと思いました。しかし、オリンピックと都市の歴史を少し紐解いてみると、もっと面白いことが見えてきたんですよね。それが「オリンピック後」の問題です。

　確かにオリンピックを開催することにより、ある特定の地域に競技施設が集中し、そこに資本を投下し、大々的に再開発するようなことが起きます。それを北京やロンドンのように一極集中でやるか、バルセロナのように多極型でやるかは都市によってさまざまですが、その再開発した土地を「オリンピック後」どうするかという問題は、歴史上ほとんどのオリンピック都市が抱えてきた問題です。そして、いくつかの都市では本当に悲惨な状態になっています。それで、当初やろうとしていたオリンピックのサクセス・ストーリーより、失敗談のほうにどうしても興味がいってしま

った。性格悪いですね（笑）。でもこれにはタイミングもあったように思えます。というのも、ぼくは2006年にロンドン大学政治経済学院（LSE）というところで研究をスタートしたのですが、ちょうど2000年からそれくらいまでの時期は、IOC（国際オリンピック委員会）がまさにこの問題を「オリンピック・レガシー」と呼んで、大々的に取り組もうとしてきた時期でした。そしてこの「オリンピック後」の問題に取り組むことを、「Sustainable Games」としてブランドにまで高めたのが、その前年に2012年オリンピックの開催を勝ち取ったロンドンでした。

都市の変化としてのオリンピック

——その「オリンピック後」の研究から見えてきたものはなんだったのでしょうか。

それを端的に表せるのが「都市のリズム」という言葉ではないかと思っています。オリンピックの開催は、ある特定の時期に資本や人、さらには政治権力までもが極端に集中し、ある特殊な都市空間をつくり上げます。そしてオリンピック期間中は、そこに世界中から1日に数十万という人が集まります。これはその都市を長い時間軸でみたら異常なことで

2012年ロンドン・オリンピック・パーク（建設中）

す。「都市の新陳代謝」という言葉がありますが、それはもっと大きな時の流れで起きていることだと思います。ある地域の変化ってそうそう急激に起こるものじゃないですよね。ある場所の「地区計画」を考えてみても、数年あるいはそれ以上の単位で、更新されていきます。でもその悠々たる時の流れのなかに、突如激しい変化が起こる。それがオリンピックだと捉えています。今までゆっくりとしたレベルで起きていた都市のリズムに、突然不協和音が入ってくる。この不協和音をどうやってももともとのリズムに合わせることができるか、それが都市のマクロ・レベルでの「オリンピック後」の課題だと思います。ミクロレベルでは、オリンピックで開発された地区を日常的にどう使うかが大きな課題となります。

そもそもオリンピックで開発された土地は、その後大きなスポーツ施設が残るイベント型の都市空間となります。でもイベント型の都市空間って、たいていそこが使われるのは週のうち何日かで、それ以外は閑散としています。それでは、莫大な資本を入れて再開発した都市空間の利用価値は上がらないし、まず市民が納得しません。そこで、そこを日常的に人が暮らすように、住宅やオフィスといった機能を付加していく。つまりその空間にまったく異なるリズムの人の動きが重ね合わせられるのです。週何日か、あるいは月に何日か、ものすごい人がやってくる。かたや毎日、そこでほぼ決まったリズムで生活をする人たちがいる。この異なる2つのリズムをどう融合させるのかは、結構難しい問題です。

——確かに「リズム」という言葉は「オリンピック後」の問題をうまく表現できそうですね。

そうですね。でも、この言葉に辿り着くま

リズム　　　　　　　　　　　Rhythm

で、結構時間がかかりました。たとえば、都市計画の「複合用途」という概念を語る文献を当たってみた時、多くの場合時間軸が欠如した議論になっているのではないかと思いました。ジェイコブズの『アメリカ大都市の死と生』などは、都市機能の複合化は１日を通して都市が生き生きとしたものとなるためには必要だといっており、そこには時間への意識が見られますが、そこに「オリンピック後」の課題をうまくいい表せる言葉が見つからなかった。そんな時にアンリ・ルフェーヴルの「リズム分析」のことを知りました。とくに彼が都市生活をリズムの集合として捉えていること、そのリズムの組み合わせが単なる並置であったり、衝突したり、融合するということをいっていて、これはいいなと思いました。何より都市をリズムとして捉えるというのは新鮮でした。

「ハレ」と「ケ」を一体として捉える

——白井さんはその後、日本に戻り東京、北京、台湾に事務所を構えて、アジアをターゲットに設計活動を開始されました。「オリンピックと都市」の研究で発見された「リズム」という概念はそこでも考えられているのでしょうか？

2010年に事務所をスタートして以降、中国、台湾、そして東京でプロジェクトをする機会がありましたが、「リズム」という概念はいろいろな場所で有効だなと思っています。

具体的には、やはり都市計画の仕事ではその重要性をとても感じます。ぼくたちの事務所では2011年、台湾の郊外にある汐止地区というところのマスター・プランを手がけました。台北の山間にある汐止地区は、山間にあり、台北の新たなITタウンとしてすでに開発が進められ、台湾のコンピュータ大手企業の本社などがあります。この地区を就業人数という点で語ると、きっとそれなりの規模の都市空間ということになると思うのですが、時間というファクターで考えると、郊外にできた通勤型のオフィス街であるため、１日のうち結構な時間が「ゴーストタウン化」しているといえます。

そこでぼくたちは、この場所を１日を通してもっと活気があるような地区に変えていくことを前提に、マスター・プランを提案することにしました。まず、既存の施設がどのような時間、リズムで使われるかを徹底的に調べ、１日のうち、どこに賑わいをつくることが必要か、それをつくるにはどのような都市機能をもってくるのがいいのかというようなアプローチをとりました。新たにつくるものとして、ホテルやバスターミナルなどがあるのですが、そこで生まれる生活のリズムと既存のオフィスのリズム、それらがうまく補完し合う都市の時間をつくるのが目的でした。それと、最近ぼくたちの事務所のある池袋地区の問題にも、地元のまちづくりNPOの人たちと取り組んでいます。そこで大きな課題となっている場所のひとつが駅前の西口公園なんです。この公園は週末にイベントがある

台北市汐止地区マスタープラン（H2Rアーキテクツ）

時は、ものすごい人であふれかえるのですが、平日はけっこう寂しい状態になっています。これも基本的には都市のリズムの問題だと思っています。公園をつくって、そこで可能なイベント・プログラムも考えてきた。でも基本的にこの場所のリズムをどうつくるかという視点がまったく抜け落ちていたんだと思います。別のいい方をすれば、非日常のリズムと日常のリズムの融合が必要なんだと思います。そういった意味では、民俗学者の柳田國男が提唱した「ハレ」と「ケ」というのは、別々のものと捉えるのではなく、一体のものとして捉えるものだという気がします。

時間をデザインする

——確かに今日の都市計画を考えるうえで「リズム」をつくるというのは、多くの都市で有効そうですね。この「リズム」という概念は建築レベルでも適用することができるとお考えですか？

ぼくは現代の都市景観をリズムとして捉えると、建築的にも、とても示唆的な言葉になるんじゃないかなと思っています。これも台湾のプロジェクトを通して感じていることです。現在建っている台北のビルって、その多くが住民が違法的に増築してつくっているんですよね。その結果、立面はバラバラでそこに思い思いの緑を植えている。でも、そんな建築の生き生きとした姿がとてもいいなと思いました。でも、そういうビルって再開発でどんどん取り壊されていくんですよね。で、結果でき上がるのが、下から上まで同じ表情をもつ均質的なビル。資本を入れることで、都市の生き生きとした感じはどんどんなくなっていく。だから、ぼくたちがそこで建築を設計するというのは、都市から生き生きとした要素を奪い取っていくという行為に加担しているんじゃないかと感じました。

そこで、経済効率という制約のなかで、どんなことが可能かというのを考え、出てきたのが、「リズム」をつくるということです。均質なビルってすべての階が同じで単調なリズムしかない。かといってそこにすべての階が

すべての階が同じ / すべての階が異なる / 異なる3つの階の組み合わせ（繰り返し）/ 異なる3つの階の組み合わせ（ランダム）

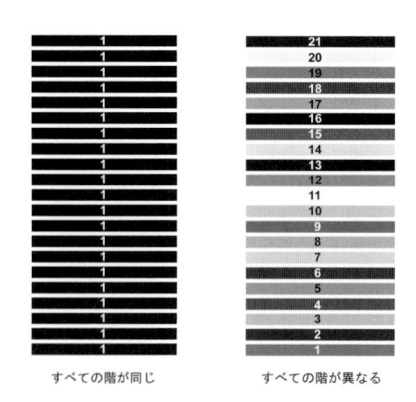

集合住宅の階構成を示すダイアグラム（H2Rアーキテクツ）

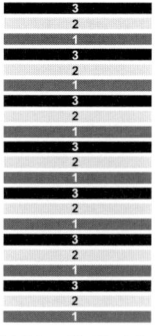

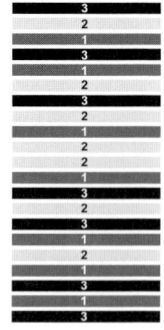

台北市長春路、集合住宅プロジェクト（H2Rアーキテクツ）

異なるものをつくることは、デベロッパーがもっている経済観念のなかではなかなか実現できない。そこで、すべて同じでもなく、すべて異なるのでもない、ある特徴をもった繰り返しをつくり出していくことができるんじゃないかと考えるようになりました。そうすることで、建築が都市に与える印象はとても変わりますし、何よりそこに多様な生活を生み出すきっかけが生まれるのではないでしょうか。高層建築を単なる階の繰り返しと考えるのでなく、リズムと捉え、そこに遊びを見出すこと。それは経済的効率という制約のなかで建築に豊かさを生み出すきっかけとなるんじゃないでしょうか。きっとこの考え方は東京をはじめ、世界で建てられている高層建築にも有効なはずです。

——**白井さんにとって「時間」と「空間」**について思うことはなんでしょうか。

ぼくは空間については、これまで多くのことが試され、そしてその豊かさは21世紀になってますます増しているんじゃないかなと思っています。その反面、時間という概念は空間のもつ豊穣さに比べ、建築・都市計画ではまだまだ未発達な気がします。それをなぜだろうと考える時、その職能の限界が大きく関わっているんじゃないかなと思っています。建築家は竣工で引き渡してしまえば、大方そこで設計契約は終わり、お役御免になり、その後に関われるシステムはほとんどありません。都市計画では、ハードをつくる側と、ソフトをつくる側の分断が、両者のもっている時間軸の差を生み出しているのではないでしょうか。そういった意味では、「時間をデザインする」ことの第一歩は、建築家、都市計画家という職能を見つめ直すことにあるように感じます。

ちく-せき 【蓄積】
[名](スル) ①たくさんたくわえること。また、たまること。たくわえ。「知識を―する」「疲労が―する」 ②経済学で、資本家が剰余価値の一部を資本に転化して拡大再生産をはかること。

断面に表れた蓄積

地層とは地殻や気候の変動によって変化する堆積物の違いが、層状に残されたものである。たとえば伊豆大島の千波地層断面では、三原山の100〜150年程度に1回という大噴火によって降り積もった火山灰主体の堆積物が、幾重にも積み重なり縞模様をつくり、自然遺産として実際に見ることができる。関東地方の表面を覆う関東ローム層は、1万年以上前の富士山の火山灰が堆積し、鉄分が酸化した赤土だが、東京都昭島市では500万年前の地層から鯨の化石が発見され、当時は現在の東京の大部分が海底だったことが明らかになった。このように私たちの足元の地層には膨大な時間が蓄積されており、その断面に表れる模様はまさに、歴史を一望にできる時間のダイアグラムである。

fig.1 地層の断面
（出典：chidorian, 地層, http://www.flickr.com/photos/chidorian/3576882085/）

立面に表れた蓄積

アジアンカオスの象徴であった九龍城砦。中国の革命を逃れた難民の流入などの歴史的な背景と、土地の制約などの地理的な条件から、世界に類を見ない規模の高層スラム街が生まれた。遠方から見るとひとつの大きな構築物に見えるが、実際には棟ごとに独立したRC造高層マンションの集合体である。無計画な増築によって、独立では成立し得ない構造も、互いが寄り添い支え合うことで絶妙なバランスを保っているかのようだ。そして棟ごとに階高の違うフロアが積み上げられた立面は、そこに住む人の生活のみならず、政治に翻弄された香港という地域の特殊性を表出している。

fig.2 九龍城砦（1960〜93年）
（撮影：Roger Price from Antwerp, Belgium）

蓄積をデザインする

ここに挙げた事例はいずれも、長い時間をかけて物理的に蓄積されたものである。インターネットが普及した現在、蓄積の概念はデータベースとして拡張され、物理的な存在や時間の制約から解放された。Googleによって集められた世界中のあらゆる情報は、それぞれが独立して意味をもつのではなく、これまで関係ないと思われていた情報どうしの間に、新たに発見された関係性に価値がある。蓄積をデザインすることは、集めた情報を新しい断面や立面で見せ、そこに新たな関係性を表現すること、といえるのではないだろうか。

Analysis：［蓄積］の分析

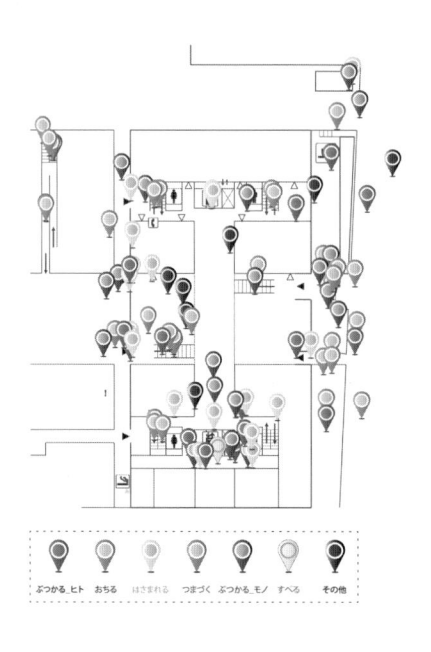

fig.3　子供が指摘した怪我の原因と空間の関係（屋内）

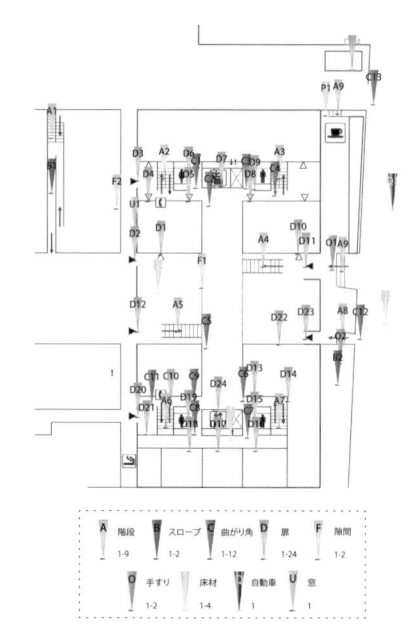

fig.4　潜在的危険箇所（屋内）

　Flickrのような写真共有サイトでは、位置情報のタグが付いた写真が数多く投稿され、そして蓄積された写真が利用者間で共有されている。これは、不特定多数の人により、巨大な写真のデータベースが無意識のうちに構築されていることを意味している。そして、これを景観分析に利用するなど、いくつかのアプローチから研究が進められている。また、インターネット上にあふれるTwitterなどの情報を用い、現実の都市空間を分析する研究も登場している。

分析データの時間軸

　これまでの都市解析は、人口や小学校の数など都市を表す項目の定量データを用い、多変量解析によって算出される類似度をもとに都市を分類するといった手法で行われてきた。そして、地理情報システム（GIS）を用いることによって、犯罪の発生と空間の特性との関係を明らかにするなど、空間的な分析をより精度高く行えるようになった。最近では、大量のデータから特徴を見出すデータマイニング手法も確立されている。

　しかし、分析時に利用するデータは時系列のデータであっても過去のデータであるため、

fig.5 子供が指摘した怪我の原因と空間の関係（屋外）

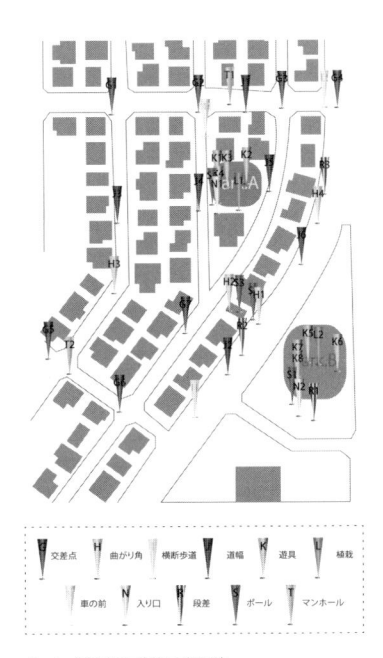

fig.6 潜在的危険箇所（屋外）

都市でまさに今営まれている現象を捉えることはできない。

子供の危険を察知する能力

子供の怪我を防ぐために、危険箇所の整備が精力的に進められている。しかし、この危険箇所の特定は、実際の子供の行動から判断しているのではなく、大人が子供の行動を想定して判断しているため、すべての危険が取り除かれているわけではない。

子供の視点からの危険箇所を知るためには、ワークショップやヒアリングなどの手法があるが、これらは時間とコストがかかるため合理的ではない。一方、危険を予測する能力を育成する教育も行われているが、教室での授業であるため子供が実感をもって学習することは困難である。また、街へ出て実際に危険が潜む場所で説明を受けても、説明を受けるという受動的な授業手法であるため、子供の危険に対する意識はなかなか芽生えないのが現状である。

そこで、子供たちがiPhoneなど携帯端末を使い、空間内で危険だと感じる箇所の写真を撮り、写真を撮った位置、そしてそこに潜んでいる危険の種類をサーバに送信するシステムを作成した。現場で写真を撮るという能動的な行為によって子供は危険に対する意識

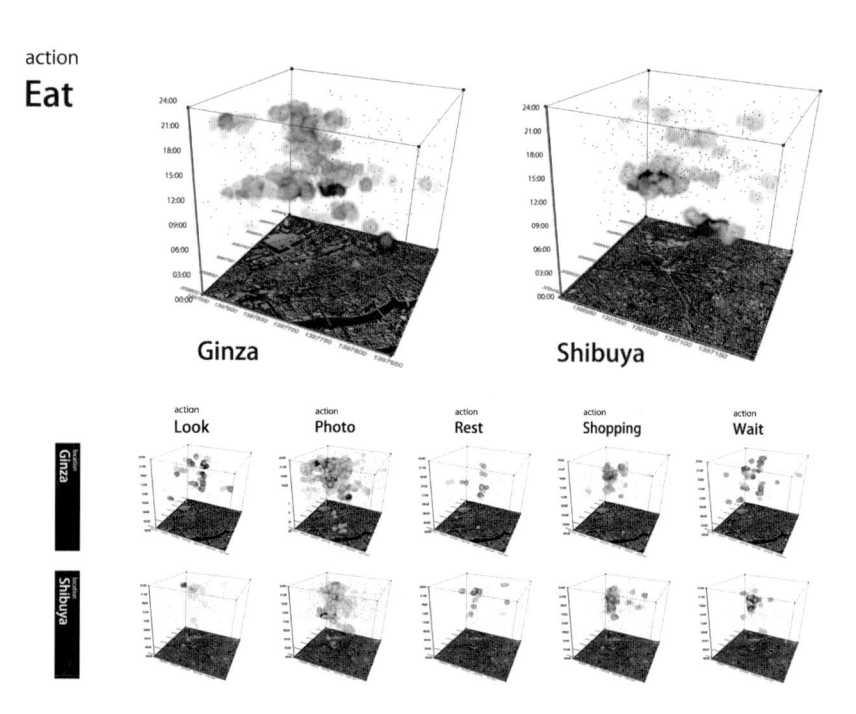

fig.7 1日の行為の時空間分布。あるエリア、時間帯に行為が集積し充満している

時間と空間に充満する情報

をもち、その結果危険を察知する能力が向上する。さらに、子供の視点による危険箇所とその内容がサーバに蓄積されるため、安全な空間を計画する際の参考にすることができる (fig.3 〜 6)。

SNSにはさまざまな種類があるが、その中のTwitterは日本でも利用者数を急速に伸ばしている。先の大震災時には大手メディアよりも迅速に情報を伝えるなどの効果を発揮し、不特定多数の人に素早く情報を伝える手段として注目を浴びている。

このTwitterは、不特定多数の人が、あらゆる場所で、自由な時間にネット上につぶやく仕組みで、このつぶやき（ツイート）は誰しもが目にすることができる。ツイートが投稿された時間、場所、そして140文字以内のテキストデータをコンピュータのプログラムに任せて自動的に収集し、収集した大量のデータを分析し可視化することで、都市で生活する人々の行動の特徴を空間的に、また時間的に浮かび上がらせることができる。fig.7,8は、銀座、渋谷のエリアに対し、食べる、見る、写真を撮る、休む、買う、待つ、の6つ

蓄積　　　　　　　　　　　Accumulation

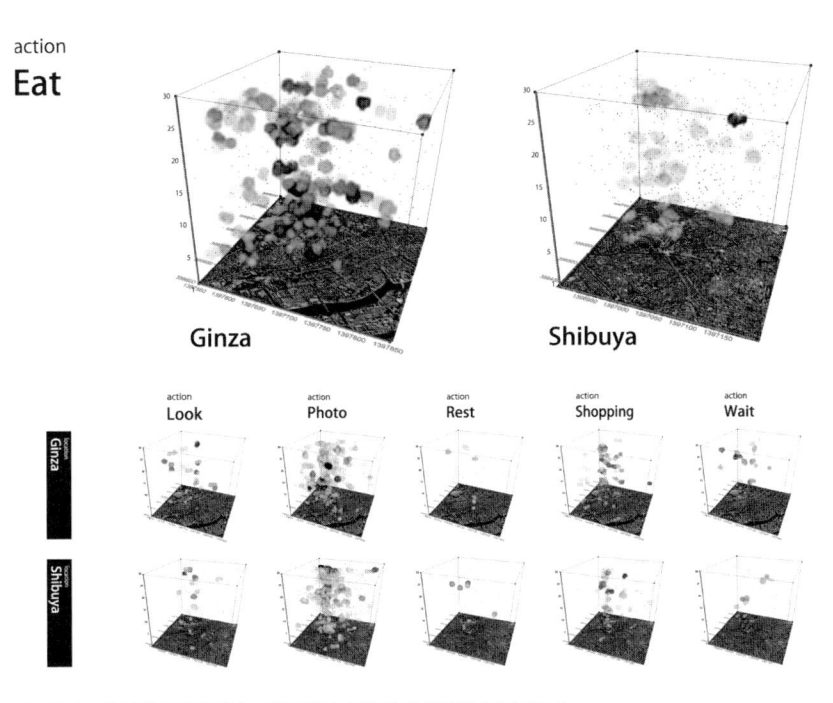

fig.8 1か月の行為の時空間分布。あるエリア、期間に行為が集積し充満している

の行為を表現するツイートを抽出し、水平方向にエリアの地図、縦軸には時間が表現された3次元空間に表示している。

蓄積されたデータの活用

携帯電話やスマートフォンを使って投稿された位置情報付きの写真を分析すれば、地域ごとの特徴が分かり、また危険な場所の発見などに使うこともできる。そして、撮影した人や属性ごとの好みの場所なども分かるため、特定の人に対して、たとえば的確な買物情報などを発信することも可能である。

また、SNSに投稿される記事をリアルタイムに収集すれば、都市の状況をリアルタイムに把握できるため、災害時には被害の状況をいち早く知ることができ、平常時は都市の鼓動を感じることができる。

これまでは空間側にセンサーがあり固定の空間の情報しか受信できなかったが、SNSを利用すれば、不特定多数の人間がセンサーとなり、ありとあらゆる場所の情報を自由に取得することができる。

「子どもの危険予測能力育成のための空間学習ツール」木戸大祐、修士論文、2011／「ソーシャルネットワークを用いた都市生活者の時空間分布モデル」奥津拡、2010

Design：[蓄積]のデザイン

データベースか、もののアーカイブか
柳本浩市
（コミュニケーション・ディレクター）

やなぎもと・こういち
1969年山梨県生まれ。2002年Glyph設立。国内外の雑誌などの監修や連載、ショップのコンセプトディレクション、企業のマーケティングやディレクション、KDDIのデザインアドバイザーも務める。著書に『DESIGN＝SOCIAL──デザインと社会のつながり』(ワークスコーポレーション、2008年)。

記憶を補完していくもの

──柳本さんは一般的に価値があるもの、ないものにかかわらずさまざまな「もの」を蒐集し、それをカテゴリーごとに分類し、データベース化するということをされています。ものを蒐集する理由と、それをデータとして蓄積、アーカイブする理由を教えてください。

　蒐集する理由ですが、僕はすべての人工的につくられた「もの」や「こと」には、社会背景や人間の感情が入り込んでいると考えています。それらを拾い上げるためにものやことを実際に入手し検証する必要があり、それを知るための資料としてものを集めています。
　アーカイブについては、以前国会図書館の方とこんな話をしました。国会図書館は、図書のアーカイブとしては日本最高クラスのものをもっているのですが、これが正しいアーカイブかといえば、じつはそうともいえない、と。それはどういうことかというと、たとえば、太平洋戦争の頃までのことであれば、今も存命の方がいるので実際にそれが本当のことであったのか検証をすることができるのですが、それが数百年前の史実となると、それは誰かが歴史として書き残しまとめたものなので、本当に正しいことであるのかどうかは今となっては誰にも確認のしようがありません。それはもしかしたらプロパガンダのために書かれたものかもしれないし、書き手の主観で書かれたものかもしれません。
　国会図書館に残っているような歴史的な資料は、その時代時代に、それを記述することを選ばれた人が書いたものが残っていることがほとんどです。
　そこで僕が思ったのが、その時代の本当のことを知るためには、その時代に実際に生きた人の日記のようなものを1,000人なり、1

万人なりまとめて集めることができれば、事実がより分かってくるはずだということでした。そういうものはこれまでの歴史のなかで、ほとんどがこぼれ落ちているんですね。

　今、ネット社会になってきて、ブログやTwitterなどで、一般の人たちがログを残すようになっていて、それが宇宙ゴミのように拡大し続けています。それを使って、世の中が無意識に進んでいこうとしている方向性を見つけられないかと思っています。

──歴史の書き手のバイアスがかかっているというお話はとても納得できます。実際、政府刊行物や調査書に書かれ、記録に残っているものもある意味一面的だし、そこからこぼれ落ちたもののなかにものの本質があるかもしれない、というのは分かる気がしますね。

　それは大きな歴史もそうですが、ひとりの人物を調べる際にも有効です。たとえば、ひとりのデザイナーの作品とその背景を知るために、僕は作品だけでなく、そのデザイナーが誰かに書いた書簡などを入手したり、その作家の表向きの顔だけでなく、人間としての本質的なところを探っていくということをしています。それは歴史的有名人物であれば、これまでもすでにされてきたことなのですが、市井の人にそれが適応できないかと僕は思っています。

──今おっしゃったことは、見えないコンテクストを探すようなことかもしれませんね。歴史上、伝記などのかたちで書かれ伝えられてきたものは、じつは確かどうか分からない歴史の見方を、一面的に固定してしまったともいえるということですね。

　そうです。雑誌は編集方針というひとつの見方を提示することでコンテクストをつくりますが、それが逆に読者のものの見方を限定してしまうという側面ももっています。

　オリンピックひとつを見ても、競技の記録だけでなく、開催地の文化的背景や歴史、採用されたグラフィックデザインやタイポグラフィ、オリンピック都市における都市計画など、いくつにも分類してみることができます。

　それが一面的な視点だけで伝えられ、記録されることで、そこに別の視点が入る余地が限定されてしまいかねません。

　僕のなかでは、既存の見方を一度解体し、それを時系列に沿ったバラバラのコンテンツとして捉え直すことを通じて、それを見た人がこれまでとは別の新しい視点で考えることができるきっかけをつくりたいと思っています。そうすることで、歴史のなかに積層していて、すでに描かれたものが、あたかもTwitterのタイムラインのように見えてきます。それと、世の中の流行や、繰り返し、バイオリズムのようなものがどのように生まれてくるのかが分かってきます。

　僕としてはその潮目を読むことが、人間の気持ちの変化や、その流れを読むことにつながっていき、しいてはそれが世の中の流行の繰り返しの周期を予測することにつながっていくと考えています。じつはそこには僕なりのマーケティング的な視点もあります。

ミュンヘンオリンピック（1972年）に関するファイル

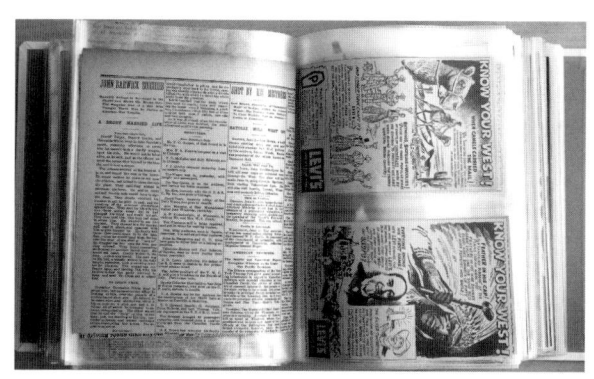

アメリカのジーンズレーベル「Levi's」に関するファイルより

カテゴリーではなく、コンテクスト

――歴史のなかで積層していく時間というものを、個々のトピックスやキーワードで縦に切っていくというのは面白いですね。いつ頃からそのようなことに興味をもつようになったのですか?

　4歳の頃に、日本の歌謡曲はなぜヒットするのか、ということを調べたことがあります。歌謡曲がヒットするにはいろいろな理由があるはずで、普通であれば歌謡曲の時代を遡って数を聴いて、曲調や時代背景などから流行の変化を調べるのでしょうが、僕はそれを人の声の「発声」や、日本の母音文化が歌謡曲に与えてきた影響など、日本人の声帯から調べたりしました。音楽とは違うところにヒントを見つけるということをしきりにやっていました。

　僕自身は子供の頃、カテゴリー分けをするという先入観をあまりもつことをしませんでしたが、それはエッセイストの植草甚一の考え方が大きく影響しています。彼の得意としていたジャズのコラムを読んでいると、一見音楽とは関係のない、映画の話や古本の話ばかりがでてきます。それが興味深くて、植草を読んで思ったのは、いわゆるカテゴリーではなくて、コンテクストみたいなものが、むしろ流れをつくっているんじゃないかということでした。

――データと違ってもののアーカイブの場合、国会図書館の例に見るまでもなくものの総量に応じた保管場所が必要になると思うのですが、どのように管理しているのでしょうか?

　僕は雑誌や書籍の情報であれば、1冊まるごと保存するわけではなく、切ってファイリングしています。切るという行為によって記憶が補強される感じがあります。そうやっていくと、興味があるものはもちろんなのですが、興味がないものが意外に記憶に残っていくものなのです。

　僕はそれをカテゴリーではなく、キーワードごとにファイリングして保存しているのですが、うちではそれを「リアルグーグル」いっています（笑）。Googleと違うのは、キーワード検索したものが、実物の資料として見ることができることです。

――ものをベースにした集め方であると、同じものでもいろいろな分野に跨がっていると

蓄積　　　　　　　　　　　　　　　　　Accumulation

思うので、ジャンル分けに迷いはありませんか？

　万博のチケットであれば、万博というカテゴリーに入るのか、チケットというカテゴリーに入るのか、それをデザインしたデザイナーに入るのか。どちらも間違いではありませんが、そのいずれにもカテゴリー分けすることができます。そこが今の課題ではあります。ですので現在は実際の資料に紙を貼ったり、データにタグ付けをすることで、便宜的にネットの「リンク」と同じようなことをしています。

──クラウド化が進めば、タグ付けでひとつのものに、複数の属性を与えることもできるということですね。

　そして、本格的にデータ化が進めば、そこで重要となってくるのが、Googleがやっているようなキーワードではなく、文脈だと思うんです。そこを重点的に構築していきたいと思っています。

　同時に僕が蓄積しているアーカイブやデータといったものも、単なる資料ではなく、自分にとっての発想の源でもあるので、ここで僕がした文脈付けというのは誰も考えたことのなかったものである可能性もあって、それがビジネスに結びつく可能性もあるのではないかと思っています。

　カテゴリーに関しては、携帯電話がスマホになって、携帯電話という単一の機能をもったものではなくなってしまったように、たとえば家電メーカーと自動車メーカーが共同で、電気自動車を開発するというような、十数年前であれば誰も考えなかった別々のカテゴリーの融合のようなことが、現在、当然のように起こっています。

　そのようにカテゴリーというのは、一度つくられたら、それっきり移動しないものではなく、じつは流動的なものであるということが分かります。

　そのように暫定的にでもカテゴリーや、コンテクストで情報を蓄積していくことで、その時にはよく分からなかったけど、何かとてつもなく影響力をもっていたものに対する理解が深まることもあると思います。将来的には、それまで紐付けされていなかっただけで、実際には重要であった何らかのコンテクストが発見されることで、分かるようになることがあると思うんです。公的なアーカイブ組織が収集するデータからはこぼれ落ちてしまうような情報を、民間の力を使ってアーカイブ化したいと思っています。

アメリカのジーンズレーベル「Lee」に関するファイルより

アーカイブを蓄積し、それを次世代につなげていくための課題

――柳本さんのアーカイブの方法のひとつとしていえるのが、情報をフラットに観察して、それを編集的な視点で選ぶことがあると思うのですが、その時の柳本さんご自身の継続する理由ともなっている楽しみや、それとは別の社会的な役割のように思っていることがありましたら教えてください。

現在すでにそうなりつつあるのですが、ネット社会が今以上に浸透していくと、必要、不要にかかわらず情報が氾濫していきます。そこには、ウソも本当もあるし、それこそ未編集の状態の情報ばかりが蓄積していくような状況があります。

そこにあるすべての情報をチェックすることは人間の力ですることは不可能です。

そこには整理と、これはこれまでお話ししてきたことと矛盾するかもしれませんが、それに付随する選択という概念が必要になってきます。

僕個人の考えでは、今の時代、個々人が情報を整理するという考え方自体がナンセンスな時代にきているような気がしています。それではどうやって情報を選択していくかというと、情報をうまく整理できるオピニオンとなる人が必要な情報を選び取り、それ以外の人たちは、その人を自らの意志でフォローすることで、ある程度、整理された情報を得てそれを活用する。これからの時代はそんな時代だと思うんですね。

――そうすると、情報の交通整理をする人がいて、その情報を誰かが買うなりして自分のものとする。そしてまたそこで得た情報を別の誰かがその人なりの方法で整理する。情報がネットワークのようにつながっていくイメージでしょうか？

それをすることで「アーカイブ」というものが、今必要になってくるものになるのかな、という気がしています。

たとえば国会図書館に行ってもそこに収められた100年前の本なんて、よほどのことがない限り誰も引き出して見ることをしません。なぜしないかというと、データベースという意味で、読者にとって過去と現在が接続していないからです。100年前の情報を今ホットなものにするためには、情報のオピニオンがより多くのフォロワーにそれを伝えることができるネットワークをもつことが重要になってきます。しかも現在ではどの図書館も蔵書が溜まる一方で、運営も赤字化している状態です。図書館の価値を高めるためにも、すでにあるアーカイブ自体の利用価値を高めていく必要があります。

――最後にそのようなアーカイブを蓄積するうえで、「時間」と「空間」について柳本さんが考えていることを教えてください。

自分のなかでは空間は資料を保管する不動産的な側面もあるのですが、これからはそこから一歩進んで、バーチャルな世界の空間の中に、いろいろな人がアクセスできる場をつくりたいと思っています。時間に関しては、過去の有益なアーカイブと現在をきちんと交通整理したうえで、さまざまな情報をアップデートすることで現在と過去を紐付けしたり、過去のアーカイブを今の価値に置き換えていくことが重要だと思っています。それをすることで、すでに蓄積されてきたアーカイブが現代においてこそ価値をもったものであると、より多くの人に再認識してもらえるような状況をつくり出せるのではないかと思っています。

蓄積される生活の痕跡

小池太輔

　浅草などのいわゆる下町の住宅地を歩いていると、郊外の小奇麗な住宅地にはない、ユーモラスでどこかミステリアスな空気を感じることがある。その町の雰囲気を生み出している要因のひとつは、路上のいたるところに見られる住人たちの生活の痕跡である。その痕跡はしばしば具体的な「物体」として現れる。

　これはある民家の前に置いてあった、のぼりを立てる注水スタンドである。だが、本来水を入れる部分に何カ所も穴が空いてしまい、重しの役割ができなくなったため、仕方なくといった感じで石を置いて固定している。そもそもこの家は商店ではなく普通の住居なので、なんのためにのぼりを立てるのかといった疑問があるが、この物体を通して、スタンドがこのような壊れかたをした経緯や、それに対して試行錯誤をしている住人の姿を想像させるのである。

　つぎは商店の軒先の光景である。縁石に乗り上げて傾いたポールスタンドの上に石やらコンクリートブロックが絶妙なバランスでもって積み上げられ、さらにその上に植木鉢がぽつんと載せられている。今にも倒れてしまいそうなのだが、逆にこの形態で安定しているようにも見える。店主がこの立体物をあえて作り上げたのかもしれないし、近所の悪ガキのいたずらかもしれない。この造形に意味があるのかもしれないし、ないのかもしれない。真相はわからないが、見る者はなにか物語性を感じてしまう。

　これらの痕跡を眺めていると、過去に住人が何を考え、どういう行動をしたのか、想像をかき立てられ、ショートショートを読んでいるような気分になる。長い時間を経た人々の生活の暮らしの痕跡は、家の外にまで溢れ出し、その場所の独特の空気をつくり出すほど目に見える蓄積として可視化される。

密度　　　　　　　　　Density

みつ-ど【密度】
［名］①疎密の度合い。単位体積・面積・長さあたりに、ある量が分布する割合。「人口の―が高い」②物事の充実している度合い。「―の高い仕事」③物質の単位体積あたりの質量。単位にキログラム毎立方メートル、そのほかグラム毎リットルなど。

密度のゆらぎ

私たちが自然界で目にする「密度」は、ほぼすべて時間によって変化するものである。植生分布図、あるいは生物の群集など、そこには刻々と変わる密度がある。それゆえ、自然界の密度を表現したものは、ある瞬間を切り取ったものであり、次の瞬間には姿を変えているものである。だからこそ、私たちは、その捉えどころのない状態に大きな関心を抱き、そこに何がしかのルールあるいはパターンを見出そうとする。それは私たちが宇宙を視るまなざしにもあてはまるだろう。無数にある星群の密度が示すのは、まさに宇宙創造のプロセスの一端である。天体ができたのは、「密度ゆらぎ」と呼ばれる宇宙の物質の密度にわずかな「むら」があったからである。密度が高い領域は重力が強くなり、周囲の物質をどんどん引き集め、それを繰り返すことによって、最初は小さな塊だったのがだんだん大きくなり、そこから銀河や銀河団が誕生したとされている。私たちが目にする星の疎密は、長い宇宙の歴史の中では一瞬でしかない。しかし密度から宇宙のあらましを推定することは、近代の宇宙物理学に大きく影響を与えているのだ。

fig.1　宇宙の密度ゆらぎ　（提供：NASA / WMAP Science Team）

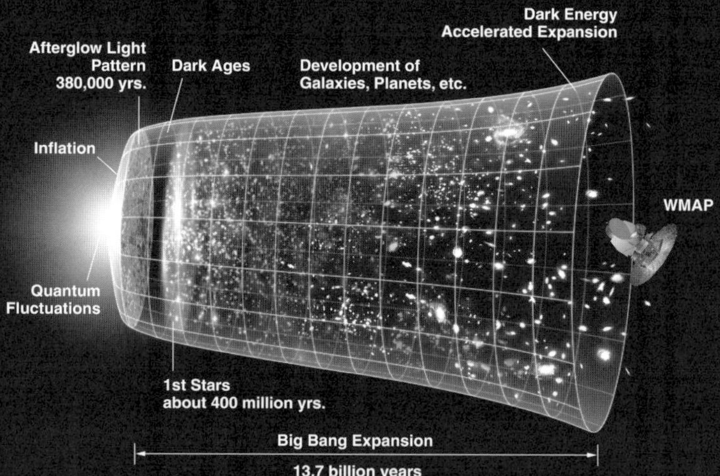

fig.2 寄席文字

意図された密度

自然界で目にする密度が流動的で、その姿を刻々と変えていくのに対して、私たちは日々の生活の中で、さまざまな思いを込めて、意図的に密度をつくっている。たとえば、寄席文字は、墨はお客様、余白は客席の畳にたとえて「お客様がすき間なくいっぱいに入ってくださるように」との願いを込めてなるべく文字の間を空けず、地色の白を埋めるように、さらに客入りが尻上がりになるように右肩上がりに書いていく縁起文字である。ここで表現される「文字の密度」には、「客の密度」とかけた主催者側の思いが込められている。そういった意味でも、われわれが日常的に目にする印刷物の中で、文字そのもののデザインだけでなく、その密度に注目することは大きな意味をもっているといえよう。

密度に隠されたもの

密度は肉眼で把握しやすい単位である。それゆえ、デザインだけにとどまらず、何かを明らかにし、可視化する際に密度に着目した事例は多く存在する。しかし私たちが注目しなければならないのは、表面上のモノの疎密だけではなく、その背後にある原理あるいは意図であろう。自然界に存在する密度、私たちが人工的につくり上げる密度のいずれを観察する場合においても、密度をつくり出す根源に迫ることは、その視覚的悦楽に浸るよりはるかに大きな悦びを私たちに与えてくれる。

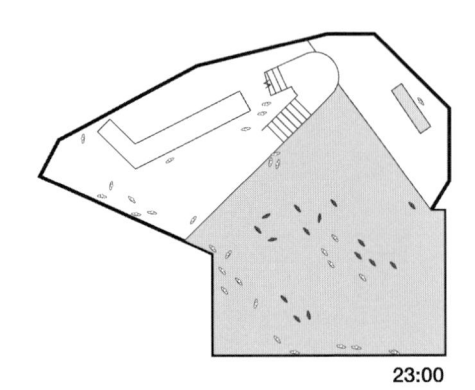

Analysis：[密度]の分析

初詣のように身動きができない超高密度の群集と、それよりも密度が少し低い通勤ラッシュの電車内やライブハウスなどのイベント終了時の群集とでは、中にいる人が受ける感覚は異なる。また同密度であってもラッシュ時とイベント終了時とでは、その感じ方は異なる。くわえて、群集の密度によって、歩行速度などの行動特性も異なる。そのため、大規模空間を設計するうえではこれらの特性を把握しておく必要がある。

このような群集の心理や行動特性に関しては、平常時だけではなく避難時の研究も多く行われている。

人と人との距離

他人どうしが近づきすぎると不快な感情が起こり、2人の距離があまりに遠すぎるとしゃべりづらいなどといったように、人と人との距離には特性がある。このような人間の周囲の空間を対象とするパーソナルスペースなどの研究は、人どうしの行為には適切な距離があることを明らかにしている。1対1だけではなく、家族間や、グループの会話時の距離関係などについての研究も行われている。

一方、駅などで見られる不特定多数の人間の集団である群集については、J. フルーインが提唱したサービス水準が有名である。これは、群集の中での人と人との距離、要するに群集の密度の違いによる歩きやすさ、そしてその時の感覚を明らかにしている。

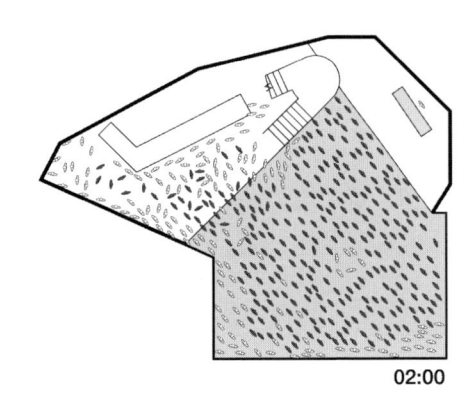

高密度が与える興奮

若者たちがライブハウスにやって来る理由は、音楽を聞いたり踊ったりすることを通して、周囲にいる見も知らぬ人たちとの共感を分かち合うためだろう。一般的にライブハウスは狭く、立っているのが精一杯でぎゅうぎ

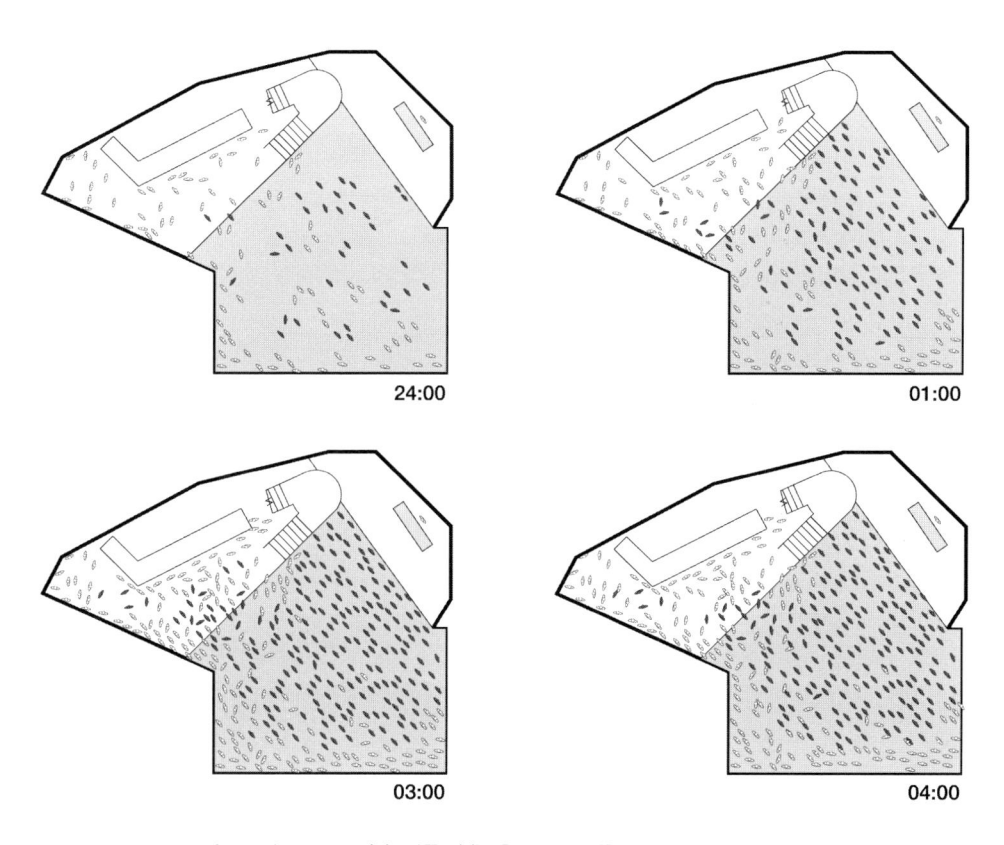

fig.3　ダンスフロアの密度の時間的変化。踊っている人が濃く表され、02:00に盛り上がりがピークに達している

ゅう詰めの状態（**fig.3**）であるが、はた目からは彼らは興奮し覚醒状態のように見える。人と人との間隔がゆったりと取られ、一人ひとりに椅子が与えられているコンサート会場では、決してこのような光景を見ることはできない。つまり、人間の高密度状態が、この興奮を与えているのである。サッカーの試合の中継を見ていても、最も興奮しているのは、席を立ちネットにしがみつき、お互いひしめき合っている人たちである。

おしゃべりしたくなる幼児たち

　午後の昼下がりによく見かける幼稚園のお迎え風景では、お母さんたちと少し離れたところで園児たちは集まりおしゃべりをしたり駆け回ったりしている。また、小学生たちが朝登校する時も、友達どうしで固まって歩いてぺちゃくちゃと楽しそうにおしゃべりをしながら歩いている。おしゃべりしたいから集まるのか、集まったからおしゃべりをしてい

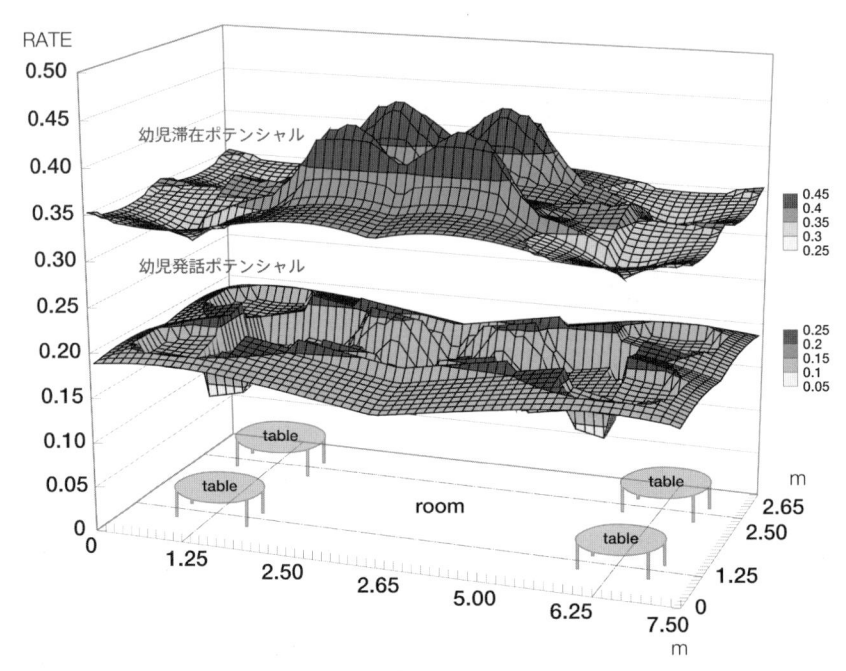

fig.4 幼児の対人距離と発話の関係。家具の配置などにより幼児の密度が変わり発話量も変わる

るのかは定かではないが、彼らのおしゃべりが活性化するには、彼らどうしの距離、密度が影響している。

そうした園児たちのおしゃべりが盛んになるのは、彼らがある密度になった場合である。**fig.4**では、保育園の保育室で机の配置を変え、園児の発話が多い場所や、滞在しやすい場所を3次元のグラフで示している。

立ち止まる場所

人の流動が激しく立ち止まれないような駅の改札周辺、ホーム、改札外の通路や広場でも、固まっておしゃべりする人や、柱や壁に寄りかかりながら人を待っている人々を目にすることは多い。こうした滞留する人の数は、改札からある程度離れている場所で多く、また周囲に何もない場所で滞留する人の位置も、改札や流動からの距離と関係がある。

そこで、大規模駅で滞留する人の場所と人数を調査し、駅の図面を縦横同じ長さの正方メッシュで区切り、各メッシュにどれだけの滞留者がいたのかを濃淡で表現した。また、それぞれのメッシュ内の滞留者数と、流動、階段、改札からの距離との関係を表す数式を求め、その予測式を用いて各メッシュの滞留

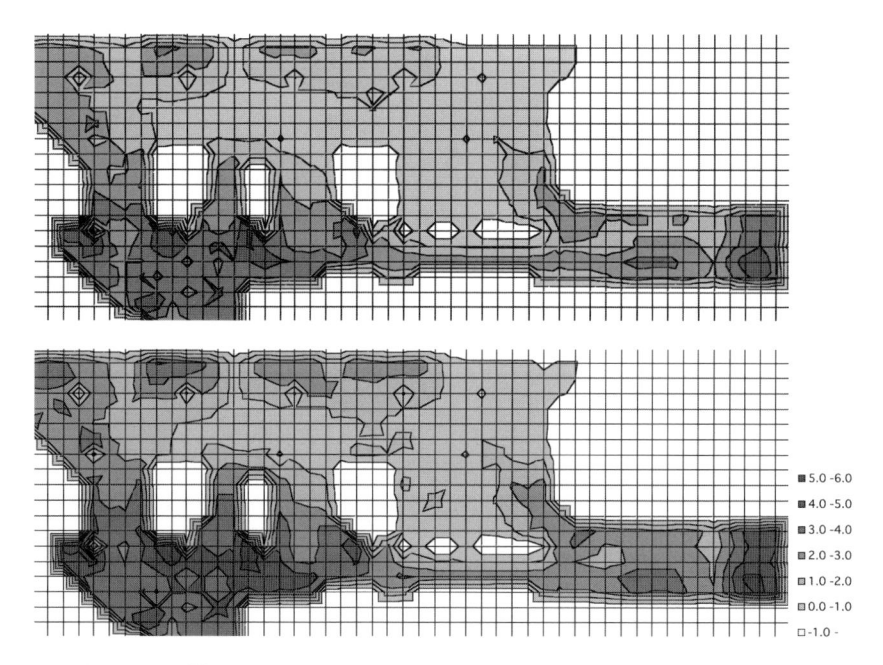

fig.5 駅における人の滞留

者数を再現し、メッシュの濃淡でその数を示した（fig.5）。

密度でコントロールする空間

ライブハウスやクラブなどでは、観客一人ひとりの興奮を増幅させ、そして会場全体の雰囲気を盛り上げるために、観客どうしの距離感を狭める、つまり観客が高密度になるような空間づくりを行っている。この特性を利用して、安全性に配慮しながら、遊戯施設や商業施設の通路をあえて高密度になるように計画し、賑わいを演出するデザインも考えられる。また、人の密度を操作して会話を促進させるオフィスの会議室や学校の教室、滞留場所をうまく配置することで群集流動をコントロールする駅空間といったアイデアも思いつく。

このように、密度によってその場にいる人の心理や行動を操作する空間デザインがあっても面白い。

「クラブ空間のダンスフロアにおける人の行動特性に関する研究」川島祐介、2002／「幼児の発話を生む空間要素と密度」増田浩一、2008／「駅構内における滞留行動に関する研究」今井志帆、2002

Design：[密度]のデザイン

空間を構成する あたらしい要素を 考える
石上純也
（建築家）

いしがみ・じゅんや
1974年神奈川県生まれ。2000年東京藝術大学大学院修士課程修了後、妹島和世建築設計事務所入社。2004年石上純也建築設計事務所設立。2010年より東北大学大学院非常勤講師。主な作品に、「四角いふうせん」（2007年）、「神奈川工科大学KAIT工房」（2007年）ほか。主な受賞に、第12回ヴェネツィア・ビエンナーレ国際建築展 金獅子賞（2010年）、ほか多数。

あるまとまりとして捉えた時に見えてくる空間

——石上さんが設計された〈KAIT工房〉では、「密度によって空間を構成した」という評価を耳にします。設計にあたり意図した「密度」とはどのようなものだったのでしょうか。

〈KAIT工房〉の設計のなかで、ぼくはさまざまな方法で自由な空間をつくり出す可能性を探っていました。使う人たちの行動や意思が、でき上がった空間にできる限り制限されないような、明るくて伸びやかなアクティビティをつくり出したいと考えていたんです。工作機械など危険を伴う設備のある工房なので、ある部分では機能的であるように、また、さまざまな使い方を想定し、ある部分では要求された機能を超えるようなおおらかさを備えるように、そういう建築を目指していました。

誤解を恐れずにいってしまうと、建築は一般的に、機能的なダイアグラムとプランができるだけ一致することをよしとする傾向があるように思います。しかし、ぼくはダイアグラムとプランとの関係を曖昧にしていきたかった。機能性と自由度の振れ幅が限りなく広がっていくような建築を実現させたいと思っていたんです。

そこで、305本の柱を一見ランダムに設計していくことで、そのような空間を計画しようと考えました。重要なのは、「ランダム」なのではなく、「ランダムに見える」ということです。つまり、1本1本の柱の配置を、かなり緻密に計画しているにもかかわらず、その計画した意図や根拠を見えないようにすることを目指したのです。そうすることで、その場に現れる空間が本質的につくり出す強制力と、そこを利用する人たちのアクティビティの多様性が生み出す自由度を、両立させられ

たらなと思っていました。

「密度」とは、そのような両義性を成立させるために、結果的に現れてきた空間的特徴のひとつです。ぼくはこの建築を、ひと言では言い表すことができない、やわらかな全体像を備える何かにしたかったのだと思います。

――**石上さんには、いわゆる近代建築のつくり方とは違うアプローチをしたいというお考えがあると思うのですが、これまで積み上げられてきた近代建築の歴史に対して、どの点に関して変えたいという意識がありましたか？**

近代建築以前の建築と違うアプローチをすることが、新しい建築をつくる手段だとは考えていません。あからさまにすべてのものを今までのものとはまったく違う何かに変えたものが新しいものではないと思うのです。

そもそも、建築とは、過去から現在までの計り知れないほどの長い時間のなかから集められた情報の集積です。その集積のなかから、これまでの建築の形式ができ上がってきました。その過程を考えると、建築の形式性は、到底ひとりの建築家が乗り越えられる情報量ではないような気がしています。

そのことを踏まえて、今までの建築の形式はできる限り残しつつも、今の時代に、あるいは未来に向けて、更新していかなければならない部分のみを選び出し、その部分を新しく置き換えていくような思考をしているつもりです。ぼくのなかではそのほうが合理的で効果的です。

実際、「新しいもの」と「今までとまったく違うもの」は、別の価値観です。ぼくたちが目指すべきなのは、今までと違う建築ではなく、今の時代に合った新しさをもつ建築だと思っています。

――**建築が建ってしまうと建築家はそこから**

神奈川工科大学KAIT工房（2007年）。プロポーションと方向の異なる305本の鉄骨の柱をもつ

南東側より、桜並木越しに見る

離れてしまうことが多いと思うのですが、石上さんはご自身が設計された建物の使われ方を調査されています。レム・コールハースも「ポスト・オキュパンシー」といってユーザーにインタビューなどをしたりして竣工後の調査をしています。実際にどういった発見がありましたか?

　ビデオカメラを設置して定点観測をして分かったのは、広い空間であるにもかかわらず人は同じ場所を通ったり、同じ場所を迂回することが多いということです。同様のことが複数の人の行動として見られました。また、集団で行動する時には、同じ空間を通る時であっても、その時々でみんなが同じルートを歩いたり、まったくばらばらに歩いたりと、状況に応じてルートが変化することも確認されました。

　つまり、この建物の中では、無数のパラメータによって、空間が現れたり消えたりしているようだった。それは当然意図もしていたことですが、実際に確認できたことは大きな発見でした。空間の認知の仕方のバリエーションが、〈KAIT工房〉での人の動きにも影響しているだろうと思います。

——では、デザイナーが自分の手から離れたものを調査することの意義は、どのようなところにあると思いますか?

　ぼくはそれもデザインの一環として捉えています。スタディが実際の建築物ではなく、図面や模型やスケッチであるのと同じように、デザインは、いつでも最終的な成果物とは違う次元で行われています。当然、成果物に向かっていくために行っている行為であることには変わりないのですが、ぼくの興味は常に、未来です。仮に、そこに実際の建築ができ上がっているとしても、その建築がこの先どうなっていくかに興味があります。

——実際に建てられた建築は成果物ではあるけれど、リサーチをすることでそこからのさらなる広がりをイメージされているのですね。

密度　　　　　　　　　Density

そうです。でき上がったものがどう使われているかを調査することは、ある意味再設計をしていることと同じ感覚です。

スケールを横断する

——柱という物理的なものが空間をつくっているのか、あるいは人の動きが空間をつくっているのか、実際に調査をされた今、石上さんはどちらだと思いますか?

どちらともいえません。それはいつも考えていることとどこかでつながっているように思います。

ぼくが建築をつくる時に、とくに意識しているのは、それがどんなに奇抜な発想のものであっても、最終的な着地点として、その建築がそこに存在することが、自然に見えるものであってほしいということです。どんなに新しいものであっても、不自然な印象でそこに建つということは絶対に避けたい。

そのような自然な状態をつくり出すためには、建築とは違う価値観や時間軸を備えた要素が建築に入り込んでくることが重要だと思っています。そしてそれら異なる要素を、建築を含めて等価にしていくことで、ある種の自然さをつくっていけるのかなと思っています。

——異なる価値観と時間軸を共存させるということですか?

そうですね。いろんなものを共存させて等価な状態にすることが重要です。

ぼくの建築のアイデアやコンセプトは、おそらく誰でも考えられるようなものだと思います。建築をつくる過程においてはアイデアやコンセプトは重要ですが、実際にでき上がってからは、それらはそれほど必要ないのでないかと思うのです。そういうものが見えないほうが、その建築に訪れる人々に、多様な解釈を与え、利用の仕方にも幅が出てくるのではないかと考えています。

そういう考えの延長で、建築をつくる時の考え方としてアイデアやコンセプトを薄く広くのばしていくような思考を目指したいと思っています。その思考の範囲を遠くまで広げ

柱の配置によりさまざまな空間が生まれる

ていって、ほかのさまざまな要素やいろいろな状態と緩やかに混ざり合うような状態をつくり出すこと。これがアイデアやコンセプトの強さよりも、今の時代には必要なのではないかと思うのです。そういう、空気のような普遍性を生み出すことが、現代の建築に求められていることではないでしょうか。

——**自然現象や動植物の生態についても石上さんは触れられていますが、それらは実際の建築にどのようなインスピレーションを与えているのでしょうか。石上さんが今興味をもっている事象について教えてください。**

たとえば、地球規模の気象であったり、その地域の気候、もっと小さな微気候、それぞれの季節がつくり出す環境の変化、または、地上とは異なる海の中の水に満たされた環境、さらには、ほかの惑星の気象など、何かを取り巻き、その場所の空間の質や空間のあり方をつくり出しているものにはとても興味があります。もちろん、建築もそういう環境をつくり出すもののひとつだと思っています。

——**具体的に密度というものに関してはどうですか?『建築のあたらしい大きさ』のなかでも、時間と密度の関係を表した図がとても美しく印象に残っているのですが、自然現象における密度についてはどのようにお考えですか。**

密度というのは相対的な尺度です。たとえば、どんなに密度が高いものであっても、そのスケールをどんどん拡大していけば低密度になる。そのような関係性を前提としたうえで、ぼくは、高密な状態よりも、低密な状態により興味を惹かれています。

密度の低い状態のほうが、空間に直接的に関係があると思っているからです。

密実に満たされた超高密な状態では、そこには空間を見出しがたい。反対に、密度の低い状態のものには、たくさんの空間を見つけ出すことができます。それらは相対的なものであることを踏まえてこのことを考え直すと、

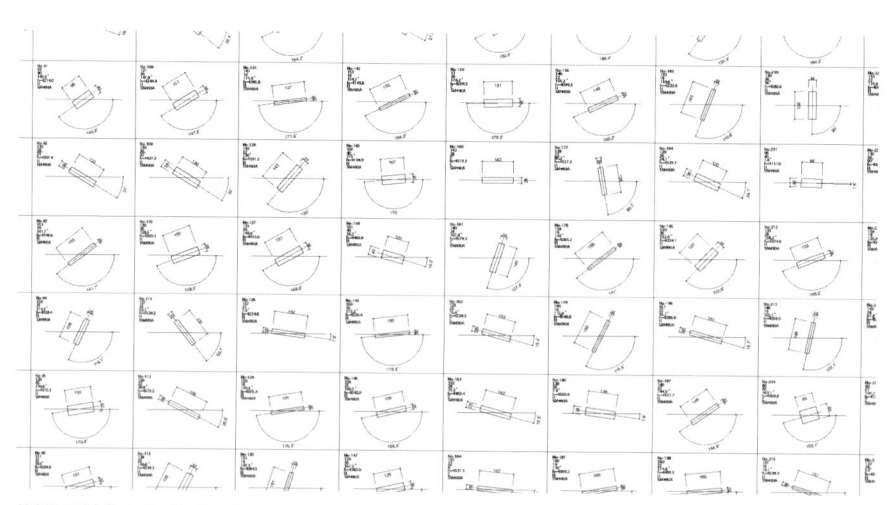

神奈川工科大学KAIT工房、柱の配置の詳細図(部分)

どこにでも空間は存在し、また、その空間は別の状態では存在しないかもしれないともいえます。

そういう意味で、ぼくは、スケールが変化していく状態に興味をもっているのだと思います。そのスケールの移り変わりこそが密度であり、空間を発見するとても有効な手段です。自然現象や気象現象は、その密度の移り変わりによって、スケールを自在に変え、空間ではないものを空間に変化させていく、とても興味をひかれる対象です。

空気のようなもので
空間の質を構成する

——**石上さんがおっしゃる意味でのスケールを行き来するような建築というのはこれまであまりなかったと思います。現代建築のあり方を超えたいという意識はおもちですか?**

単純に、現代の建築のあり方を、ぼくたちが日常的に感じている感覚ともっと近いものにしたいと思っているだけです。

ぼくたちは、過去のどの時代とも比較にならないくらい大きなスケールで世界を捉えているように思います。

たとえば、スーパーで買い物をしている時でさえ、「このペットボトルは、地球の環境にやさしいのかな」と思ったり、携帯をいじりながら、地球の反対側にいる友人のことを考えたり。日常の些細な出来事から、地球規模のスケールの思いが浮かんだりする。そういう思考の連鎖は日常茶飯事です。ぼくたちが日常を捉える感覚は、そのスケールの幅が、かつてないくらい大きい方向にも小さな方向にも振幅し拡張しつつあるのだと思います。

建築は、人々の日常的な感覚の価値観とどこかで連続するべきだと思っているので、そのような現代的なスケールの感覚を取り入れていくことは、現代建築に必要な要素だと思っています。

——**では、スケールを横断することを意識化することが、これからの建築にどのような可能性をもたらすことになるとお考えですか?**

逆に、スケールを横断するような感覚をもちながら設計していかないと、現代的な空間や環境はつくり出せないような気がしています。

たとえば、現代社会でグローバリゼーションとローカリゼーションが同時に進行していることは、誰もが理解している事実です。

今までと違う建築の可能性をむやみに追求するよりは、現代建築が、ぼくたちの感覚に自然にフィットして親しい存在になるにはどうしたらよいのかを考えるべきだと思うのです。スケールを横断するということは、建築のあり方を相対化する行為です。その先には、現代人であるぼくたちの感覚と同じように、今までのどの時代にもなかった無数の多様な価値観を内包する自由な建築があるような気がしています。

——**最後に、「空間」というものに「時間」軸というものが入るとしたら、それはどのようになるのか、石上さんのお考えをお聞かせください。**

空間には前提として時間軸が含まれていると思います。どんなに動いていないように見えるものでも、その時間のスケールを変えて観察すれば、活動的に変化していく。また、同じように、どんなに変化し続けているように見えるものでも、その時間のスケールを変えて眺めれば、止まって見える。

そういう意味で、空間は本質的に時間を含んでいるものだと思うし、そうでない空間を、ぼくは想像できません。

予測

Prediction

よ-そく【予測】
[名](スル) 事の成り行きや結果を前もっておしはかること。また、その内容。「10年後の人口を―する」

fig.1　Google 予測変換

蓄積による予測

インターネットで最も利用頻度の高いサービスは、Googleに代表される検索サービスである。世界中の人々によって検索された情報、そしてそこからさらに辿られた情報のURLをデータベースに蓄積すれば、そのデータベースから情報の階層関係や、情報どうしの近接関係を見出すことができる。このような人間の行為を蓄積してそこから何らかのルールを抽出することで、利用者が検索ワードを入力した際に的確な検索結果を上位に表示することができる。また、利用者が検索したいキーワードを入力すると、そのキーワードに関係の強いキーワードを予測して付加してくれる機能なども登場している。

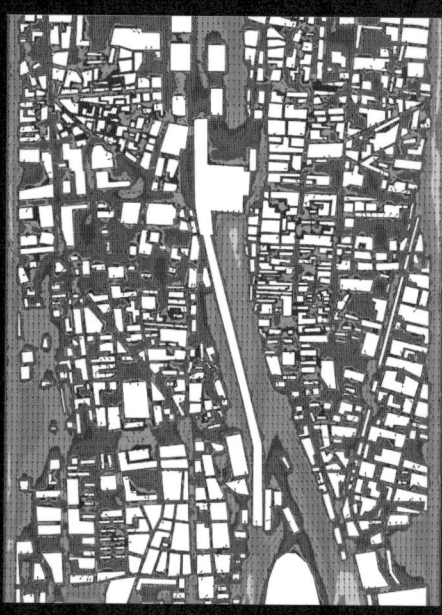

fig.2　都市空間での風のシミュレーション　現状（左）、計画後（右）

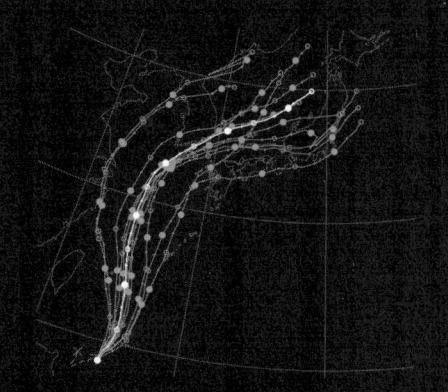

fig.3　台風の進路予報 （提供：気象庁）

15

光や風の予測

光や風をシミュレーションし、たとえば設計する建物の高さが悪影響を与えていると分かればそれを変更するというように、シミュレーションによって空間デザインを修正していく設計プロセスは重要である。初期の設計案は、このプロセスにより日照的な問題を回避し、またビル風が起こらない最終設計案として練り上げられていく。

予測をすることの価値

検索したいキーワードに関係の深いキーワードを予測によって付加してくれるサービスにより、自分が想定していた以上に検索範囲が広がって思わぬ発見を生む。建築の間を吹き抜ける風の様子をシミュレートすれば、建物自体の安全性や、そこに集う人たちの安全を事前に担保できる。気象状況を刻々と、しかも遠い先まで正確に予想できたとしたら、農業など自然の変化に左右されやすい産業にとっては生産計画上非常に有益な情報となる。多くの被害を引き起こす台風の進路を正確に予測できれば、計画的な避難が可能となる。地震や津波が起こる場所や時間を予測できたとしたら、先の大震災のような甚大な被害を未然に食い止めることができる。また、空間における人間の行動や心理を設計時に予測できたとしたら、不具合の起きる建築物をこの世からなくすことができる。このように、シミュレーションを行い予測するという作業は、災害を未然に防いだり、具合の悪いものづくりを排除したり多くの恩恵を私たちに与えてくれる。建築などものづくりを行う者にとっては、予測する作業はまさに職責である。

気象の予測

気象を予測するには、地球全体の気象状況や地形などの細かいデータを用いて膨大な計算が行われる。ただし、たとえば台風の進路のように、それを予測するモデルには、何を変数とするのかによりさまざまなモデルがある。このモデル化の仕方によって予測結果は異なり、予測が当たるモデルが良いモデルとして生き残ることになる。

Analysis : ［予測］の分析

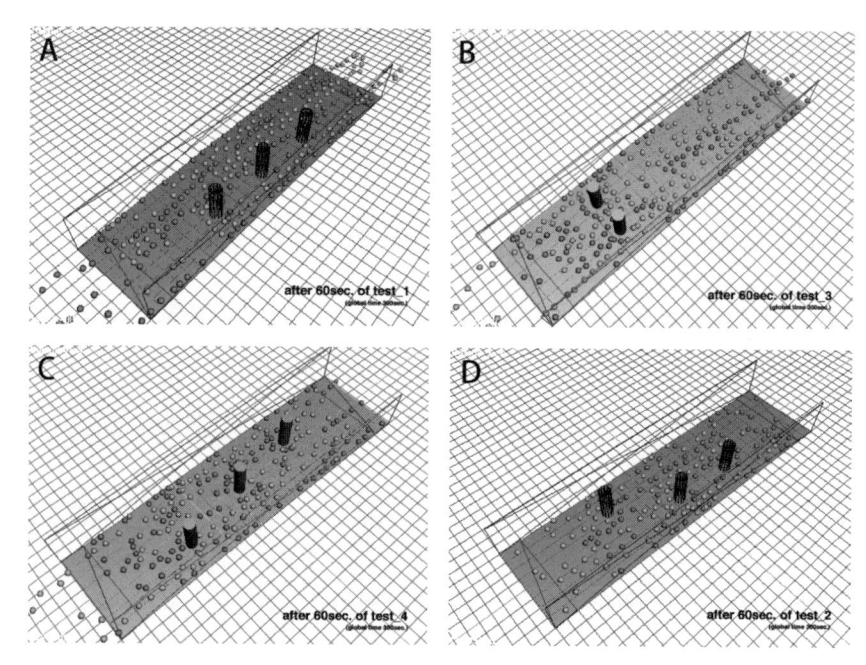

fig.4　群集流動シミュレータ

　　地震が起きた時の建物の揺れを予測し、安全な構造や構法、また材料を見出す、またスタジアムなど不特定多数の人間が集まる場所において避難時の人間の行動を予測し、安全にそして素早く避難させることが可能なプランを見出すなどの研究が行われている。
　一方、予測するためには予測したいことを説明するモデルが必要で、たとえば遊園地の遊戯施設を回る順序を遊戯施設の人気度で説明するなど、予測モデルに関する研究も数多く行われている。

予測を設計に生かす

　ある空間で人の動きをシミュレーションによって予測し、予測結果から不備のある設計部分を見つけ出し、その部分の設計を変更するといった手順は、計画案をよりよい方向へと導くために重要な設計プロセスである。
　そのためには、調査で得られたデータを用い、予測したいことを空間や時間を変数としてモデル化する必要がある。たとえば、駅のどこでどの程度の人が待ち合わせをするのかを予測したければ、まず待ち合わせる人の様子を観察し、待ち合わせを行う場所と人数は

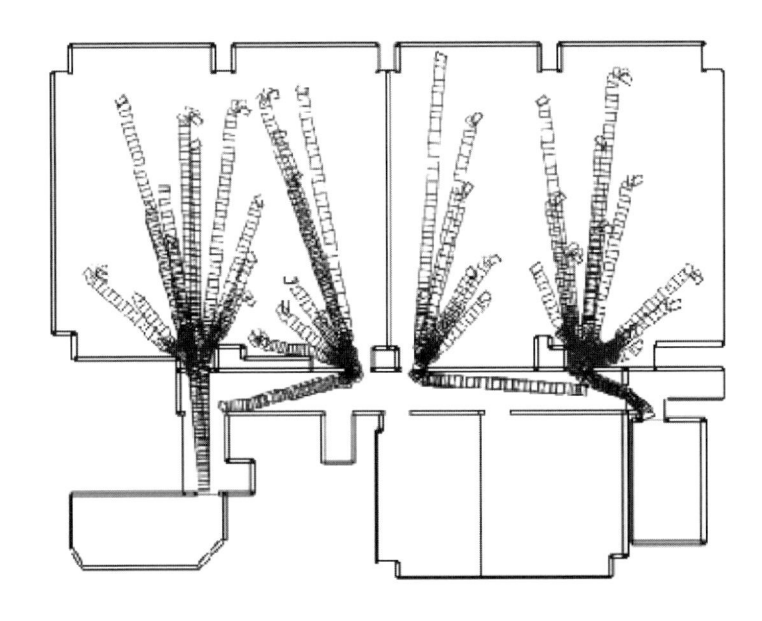

fig.5　避難時の行動シミュレータ

改札や柱からの距離と関係がある、などといった仮説を設定する。次に、その仮説を明らかにするために調査を行い、改札や柱からの距離を変数として待ち合わせを説明するモデルを作成する。そして、新しい計画案の改札や柱の位置をこのモデルに入力すれば、待ち合わせの場所や待ち合わせを行う人数の予測結果がシミュレートされる。

流れる群集

　駅や競技場などに存在する不特定多数の人間が集まり流れる大群集を、いかに安全にそして素早く流すかがこれらの空間の課題となっており、通路の形状や通路幅などの工夫がされている。この工夫の効果を建設前にあらかじめ確認するために、群集流動シミュレータが利用されている。これは、CADで作成された設計案の中で人間が動き、群集の流れが滞ってしまう部分があればそれを指摘してくれるシステムである（**fig.4**）。また、平常時だけではなく災害が起きた際にも、群集を安全に、そしていち早く避難場所へと誘導できる空間を設計するために、空間を人間の行動の面から評価する群集流動シミュレータが活躍している。

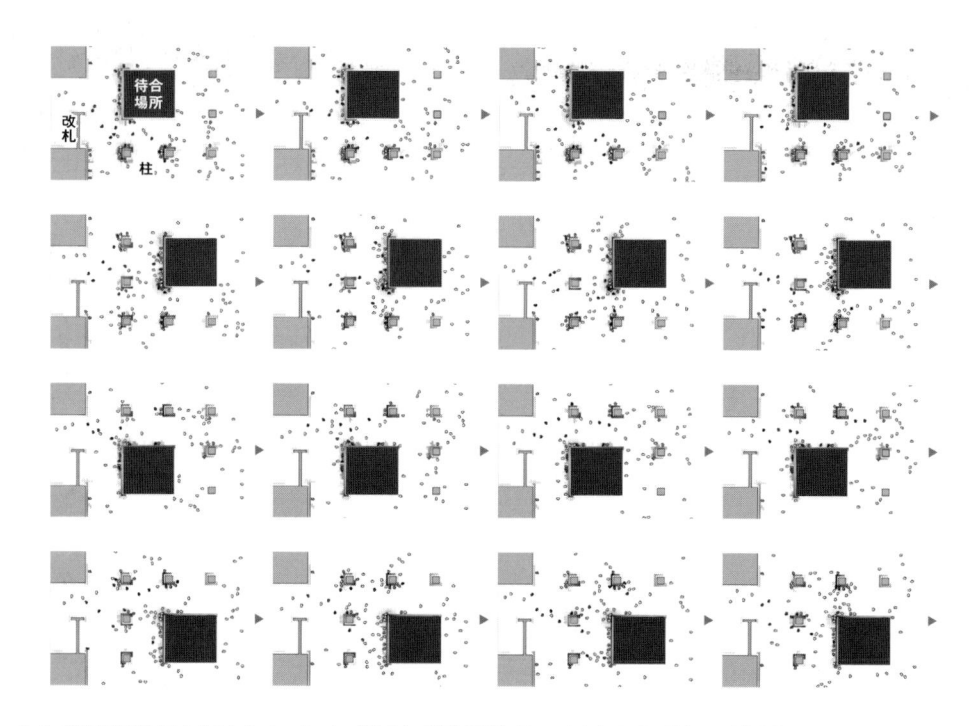

fig.6 駅改札前の待ち合わせのシミュレーション。待ち合わせ場所の配置パターンを変えて、人の溜まりの変化を見る

群集の行動を数字で評価するだけではなく可視化してくれる行動シミュレータは、設計者にリアリティを与え、また空間における人々のふるまいを直感的に把握させてくれるため、設計を補助する有効なツールである。**fig.5** は、このシミュレータによって室内から廊下への避難シミュレーションを行い、時間ごとの人の位置をすべて表示することで時間的な動きを表現している。

滞留する群集

携帯電話が普及する今でも、駅の改札前や駅前広場には、待ち合わせで滞留する人々が多数見受けられる。待ち合わせをする場所を観察してみると、他人どうしは近寄っては待たないというパーソナルスペースとしての特徴、改札が見える場所といった視覚的、そして体を休めるように柱や壁にもたれかかって待つ身体的な理由、またほかの人から見えないような場所を好むなどの特性がある。この滞留時の行動特性を考慮したモデルによってシミュレーションすれば、どこにどれだけの滞留が発生するのか、また滞留者の塊によって群集の流れが遮られていないかなどの指標により空間を評価することができる。たとえ

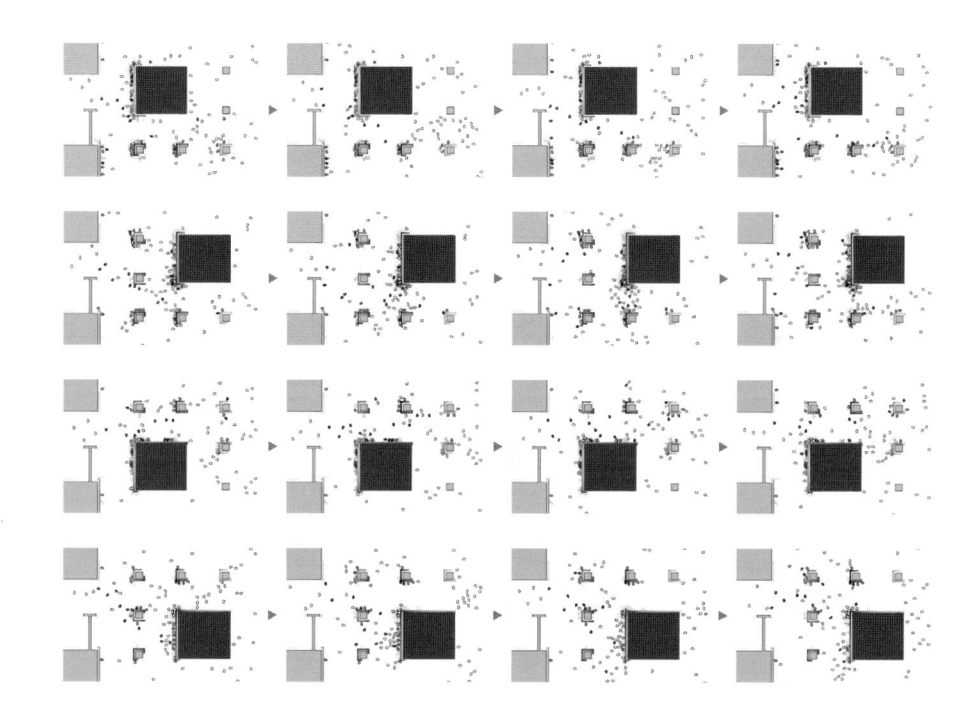

ば、待ち合わせ場所の位置を変えて駅利用客の行動をシミュレーションすると、fig.6のように待ち合わせ場所の設置位置によって混雑状況が異なる。

予測による設計の変化

こうした研究は、これまでは実際に現場に行って調査し、その調査結果から人間の行動特性を抽出していた。しかし、予測技術の進化によってコンピュータ上に人間の行動を完全に再現することができるならば、コンピュータ上で行動をシミュレートすることで、新たな行動特性を見出すことができるだろう。

また、設計案を評価するプロセスは、まず設計案に従ってシミュレーションを行い、問題が見つかれば設計案を修正し、再度シミュレーションを行って確認するという手順であった。しかしこれからは、あらかじめシミュレーションによって問題がないと評価された空間のパーツを組み合わせて設計する時代が来るのかもしれない。

「群衆力学に基づく歩行空間の相互作用モデル構築に関する研究」高柳英明、2003／「設計者利用を想定したエージェント型避難シミュレーション」関根宏、2002／「待ち合わせを考慮したエージェント指向シミュレータの研究」大西直徳、2004

Design : [予測]のデザイン

予測と変化
金田充弘
（構造エンジニア）

かなだ・みつひろ
1970年東京都生まれ。1996年カリフォルニア大学バークレー校修士課程修了、同年Arup東京事務所入社。1997〜99年・2005〜10年Arupロンドン事務所勤務。2007年より東京藝術大学美術学部准教授。主な構造設計作品に、「メゾンエルメス」（建築設計：レンゾ・ピアノ、2001年）、「富弘美術館」（建築設計：aat＋ヨコミゾマコト、2005年）、「サーペンタイン・ギャラリー・サマーパビリオン2009」（建築設計：SANAA、2009年）など。

シミュレーションとインスピレーション

——「**予測**」**することは構造計画のうえで最も大事なことだと思います。そのなかにはシミュレーションによる解析や、構造エンジニアのインスピレーションのようなものがあると思いますが、この両者をどのように考えていらっしゃいますか？**

　予測というのは構造に限らず、建築するうえで誰もがすることです。コンピュータがない時代から変わらず、まず経験からくるインスピレーションがあって、そのあとにシミュレーションによる解析があると思います。たとえば構造を専門とする人の場合、インスピレーションや経験からくる予測なしにシミュレーションをすることはありません。構造のシミュレーションは、経験的なもの、もしくは大雑把な手計算レベルで提案したものに対する、最終的な確認というスタンスが基本だと思います。

——**最近は解析の技術が進み、アルゴリズムが自由につくれます。そうすると、最初からインスピレーションがあってシミュレーションするより、シミュレーションしたなかから新たな発見やインスピレーションを受けることがありませんか？**

　それについては、シミュレーションの結果がビジュアルとして出てくることが重要だと思います。数値解析自体は50年以上前から行われていましたが、その結果をビジュアライズする技術が、ここ10年くらいで飛躍的に進歩しました。意匠の設計をしている時、コンセプトがあって頭のなかで組み立てたものをただ図面化するわけではなく、いったんスケッチに落とし込み、その自分の描いた線に、逆にインスピレーションを受けたりしま

すよね。人間は脳ですべて考えてアウトプットしているのではなく、脳と手と目の間の絶妙な関係のなかで、ものをつくったり創造したりしていると思うので、シミュレーションの結果を数値的な表示だけでなく、ビジュアルとして自分のなかに取り込めることが大事だと思います。構造に関しても、おおまかな挙動はあらかじめ分かっていたとしても、それをビジュアライズした時に初めて、インスピレーションへのフィードバックがあるという気がします。たとえばセシル・バルモンド[*1]が伊東豊雄さんと協働したサーペンタイン・ギャラリー・サマーパビリオン2002では、すごく単純な操作の繰り返しが当初思ってもみなかったようなパターンを生み出します。そうした驚きは、恐らくスケッチをして、手と目で発見するような驚きです。このようにシミュレーションの結果のビジュアライズによって、インスピレーションを受けることは確かにあると思います。

建築と構造のコラボレーション

──ビジュアライズが進んだことによって、建築とのコラボレーションの仕方が変わりましたか?

　本質的にはまったく変わりません。というのは、シミュレーションの結果を見せながら打ち合わせをすることは、じつはあまりないのです。設計をしている時は、どちらかというとスケッチしながらのほうが多いですから、設計のアイデアを出すというレベルではあまり本質は変わっていません。しかしシミュレーションの結果を建築家のほうが見慣れてきたというのはあります。たとえばパラメトリックやアルゴリズミックデザインといわれる手法[*2]は、じつは構造と意匠の中間みたいなところがありますよね。だから構造のシミュレーションをしてそれに基づいて打ち合わせをするだけではなくて、最終的に構造に落とし込むことを考えながらも、幾何学形態やそのなかに配置する部材のパターンなどを、構造と意匠の両方からせめぎ合いながら考えていきます。構造的に成立し、かつ意匠的にも恣意的に見えないようにルールをつくり変えながら、お互いにフィードバックしてゲームをしているような感じがあります。これは純粋な構造とも、まったく構造でないともいえ

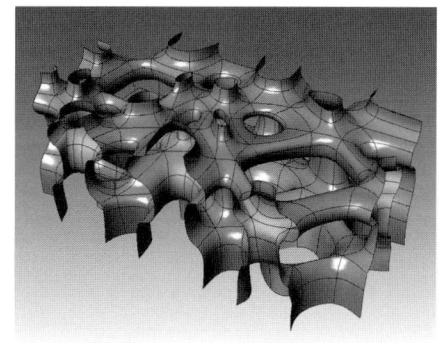

台中オペラハウス（設計：伊東豊雄建築設計事務所　構造：Arup）

砥用町林業総合センター（設計：西沢大良建築設計事務所　構造：Arup）

ません。明らかにコラボレーションのツールが変わった気はします。

　そこで感じるのは、設計の期間にルールがすごく変化するようになったということです。いかに設計の最後の瞬間まで答えを変えられるか、というゲームを一緒にしている感じがします。しかし建築の場合はある時間で設計をフリーズしなければいけません。施工中でも答えを変えてしまってもいいのかもしれませんが、とくに構造では、そこで答えが変わってしまうと、答えの正当性を担保しにくいので、やはりあるところで設計をフリーズしなければなりません。パラメトリックやアルゴリズミックデザインの自由度も、あるところで発酵を停止しなくてはいけないのです。

——お仕事を始められた1996年と今はだいぶ状況が違うと思います。

　90年代半ばには答えを変え続けるということはあまり考えていませんでした。今の設計のコラボレーションの仕方は、プロジェクトごとに毎回ルールをつくってゲームをスタートするというより、設計を進めるなかでルールを書き換えながら、答えもどんどん変わっていく感覚です。欲しい答えが出なければルールを変えるわけです。ルールと答えを変えながらフリーズポイントに向かって進んでいって、ではここで止めよう、というのが今の設計の仕方のような気がします。昔はもっと単純に、インスピレーションがあって、シミュレーションして、それを何回かフィードバックして設計が固まるという段階的なステップだったものが、今はもっと連続的な変化になった感じがします。

——**設計の段階がかなり自由になったというのは共感しますが、根底には建物ができたあとも自由度を保ちたいという意識があるのだと思います。今後そういう可能性はあるのでしょうか？**

　もちろんあると思います。以前から、建築は動いてもいい、地面についている必要はな

いのではないかと思っています。設計をある時間で停止しなければならないという建築の宿命も、さまざまなレベルでの建築物の可動性・可変性を実現できれば話は変わってきます。たとえば建築と車の違いを考えた時、それは地面について動かないということだけなのでしょうか。内部に空間があって、空調がある、快適な環境を担保しようとします。コンピュータがありインターネットに接続できて、ラジオもテレビもある。あとは発電機があって、エネルギーが起こせる。つまり車の中でも生活できますよね。災害時に実際に車の中で寝泊まりする人もいます。そう考えると、都市基盤のインフラに依存しているのか、独立しているのかの違いだけで、不動産である必要はないともいえます。新陳代謝、メタボリズムという思想も、木造建築を伝統とする日本だから出てきた考え方ですよね。木造は構造材も取り替え可能で、柱ですら傷んだら部分的あるいは部材ごと取り替えられます。そういう意味では日本の伝統建築というのは、部材が不変である必要はなく、流動的な側面があります。

これは「建築」の良し悪しの問題ではなく、概念的なレベルで可能性をどう考えるかということではこのうえもなく面白く、いろいろな可能性を秘めていると思います。空間が人がいるかいないか、その状態、季節、時間による影響を受けず、不変であることのほうがおかしいと考えるのであれば、庇を変えたりルーバーを動かすというレベルではなく、もっと大胆に建築が可変性をもつ可能性を見出せると思います。建築全体が時間に対して変化していくものであるならば、構造・非構造にかかわらず変化するべきです。すべてをあらかじめ予測して不変の建築を設計するという思想ではなく、設計中の動的なプロセスが、施工されたあともずっと続いていく、状況に応じて変化していくという考えは面白いと思っています。

予測できないこと

——**東日本大震災では、建築だけで津波に耐えることの難しさがわかりました。アメリカ同時多発テロの時には、飛行機が建物に衝突**

サラゴサ万博 2008 パビリオン・ブリッジ （設計：Zaha Hadid Architects　構造、設備：Arup）

することを想定するべきかどうかという議論もありました。今まで建築が予測し想定していた災害の前提が、この10年くらいでかなり崩れたように思います。

　これは構造を専門とする人とそうでない人で、考え方にだいぶ違いがあると思います。構造を専門としている人のなかでも、地震のある国とない国で、だいぶ違います。地震のある国のエンジニア、たとえば日本とかカリフォルニア、イタリア、ニュージーランドの場合は、地震の荷重を設定しますが、その値を超えることがあるということが大前提にあります。いかに壊れるかということを想定して、そのときの安全性をどのレベルで担保できるか、ということを設計しているわけです。だから壊れるということはある意味想定内ですし、自分たちが想定しているより大きい地震がくることも想定内なのです。

　しかし地震のない国では、壊れるという想定はしません。同じ災害でもたとえば台風とかハリケーンに対して壊れるという設計はしません。では津波や飛行機に対してどのような想定をするかということに関しては、特殊な建物か一般的な建物かによって違います。一般の建物は、海ぎわに建っていたとしても、津波に対して設計されていません。飛行機が衝突するということも想定しません。ワールドトレードセンターについては、過去にエンパイアステートビルに飛行機が濃霧のため衝突した事故があったので、一応飛行機が衝突することは想定していました。しかし悪意をもって衝突してくることは想定していません。そこはどこまで想定するかという話で、9.11は想定のしようがないレベルだと思います。たとえば飛行機10機の衝突を想定して建築をつくったら、それは要塞になってしまいます。それは社会的に合理的ではないですよね。ですから構造の安全性のレベルを担保するのは、技術的な話だけでなく、社会的な合意の話なのです。今の建築基準法を倍に厳しくしたらもちろん安全性が上がるのですが、それは社会的、経済的に要請されていません。安全性を確保しつつ経済性も確保したいという社会的なニーズのなかで、基準というものが各国で決められているのです。たとえば紛争が頻繁に起こるイスラエルだと、必ず設計の

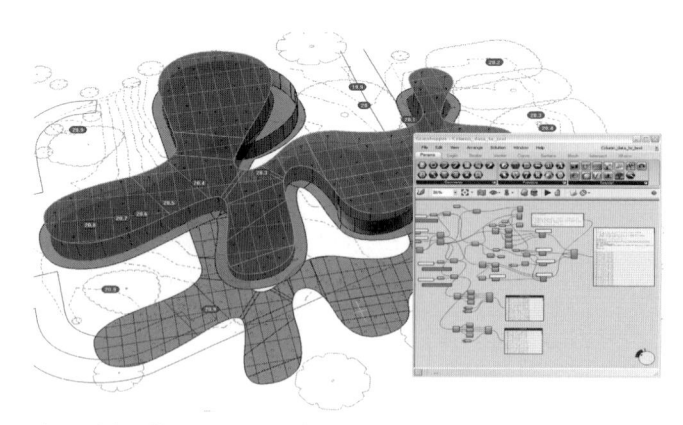

サーペンタイン・ギャラリー・サマーパビリオン2009（設計：SANAA　構造、ジオメトリー：Arup）

なかにシェルターが必要になりますが、日本では必要ないですよね。それも建築の安全性に対する社会的なコンセンサスに違いがあるからです。9.11のようなことが続くのであれば、ニューヨークで超高層を建てるときは、コアは飛行機が何機衝突しても倒れない設計にする、ということになるかもしれません。

——すると逆に社会の安全性に対する認識も変わる必要があるのでしょうか。

　近代的な堤防ができる前は、川は氾濫するから高いところに住んで、低いところはあまり住まないという知恵があったはずです。今は堤防によって洪水が起きないと想定すると、そこには何の差別化もなく同じような建築の建て方をしてしまいます。液状化についても、台地の上と埋立地では、昔は同じ建物は建てなかったはずですが、造成で均一化してしまい、一般の人は土地の違いを読み取れなくなっています。

　もう少し基本的なところで、地球の上に住むということはどういうことか、という話が必要です。土地のコンテクストを読み解くなかには、歴史的で文化的なものもありますし、構造的なものや環境的なコンテクストもあります。そうやって総合的に建築の話をしていくべきだと思っています。

——金田さんにとって、「時間」とは何でしょうか。

　建築するという原始的な行為の、歴史的な流れのなかでの現代のわれわれの立ち位置、ということをまず考えます。そしてわれわれが今設計している建築物が経験するであろう、未来という時間を常に思考しています。

　実務的な話で構造と時間を考えると、将来的に起こりうる地震などに対しては、謙虚に、畏怖をもちながら想像します。今ここで想定できないことも当然ありうるのですが、それでもできる限り予測して設計をしたい。事故や災害でなくても、たとえば柱が1本なくなるなど、ある程度起こりうることの想像や、構造体が経験していくであろう時間に対する想像をします。

　もうひとつは先にお話ししたように、本来動かないはずの建築が、時間軸をもって動いたり、変化していくことに興味があります。発想の転換という意味も含め、既成概念にとらわれず、毎回新しい視点でプロジェクトに取り組みたいと考えています。

*1　**セシル・バルモンド**（Cecil Balmond、1943〜 ）
建築構造家。オーヴ・アラップ＆パートナーズ元副会長。スリランカ、コロンボ出身。

*2　**パラメトリックデザイン**　数値変数（パラメータ）を定義し、この変数を操作することによって、多くの形態バリエーションをつくり出す試み。
アルゴリズミックデザイン　形態をつくり上げていく手続き（アルゴリズム）に基づいてプログラムを組み、それを実行することによって形態をつくり出す試み。

乾漆コクーン（デザイン・制作：東京藝術大学金田充弘研究室、土岐謙次、平野晴子）

[動] ①いびつにする。ねじ曲げる。「事実を─める」②ひどい目にあわせる。いじめる。③盗む。ゆすりとる。④女性を自分のものにする。

ビジュアルで時間を歪める

絶え間なく刻む針によって極めて機械的に規定されている現代の時間。そこに流れるのは連続し均質的な時間である。しかしながら、これとは別にある特定の時に注目し、時間を非連続的に捉えることも可能である。異なる瞬間に起こったことを並列することにより、両者の間に流れる時間を一気に省き、その差異を強烈に際立たせる。そのように、連続する時間を歪めて可視化した事例は多くある。たとえば、漫画家、こうの史代の描いた『夕凪の街桜の国』は、原爆投下から10年後の広島を描いた作品であるが、その1シーンでは同じ場所で異なる時間に起きたことが同時に描かれている。図中の2人は復興を遂げた1955年を生きているが、彼らの立つ場所はその10年前、原爆によって亡くなった人々の遺体が大量に横たわっていた場所でもある。原爆投下直後とその10年後との様子を1枚の絵に落とし込むことで、読者はその間に起きた社会の大きな変化を感じずにはいられない。絶望と希望が並置されたこの絵が語るのは、そこに流れた時間の意義である。

fig.1 こうの史代『夕凪の街桜の国』（双葉社、2004年）

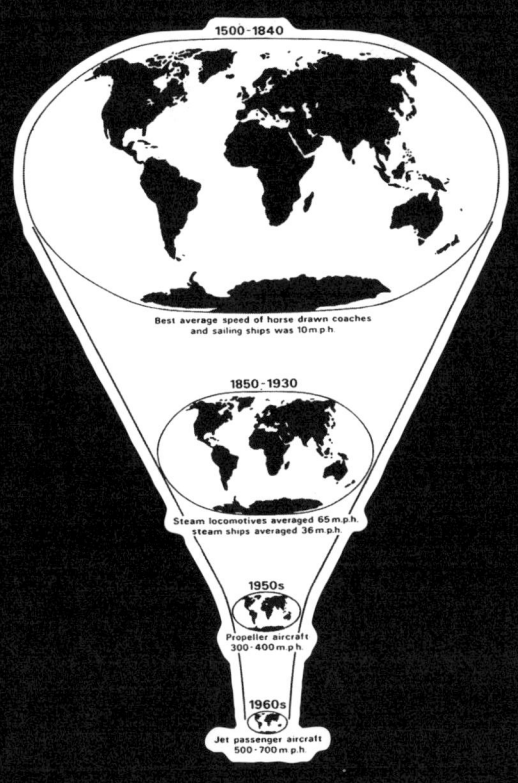

fig.2 縮小する世界地図
（出典：デヴィット・ハーヴェイ著、吉原直樹監訳
『ポストモダニティの条件』青木書店、1999年）

時間がビジュアルを歪める

前者がひとつの空間を媒体として、そこに流れる時間を特徴的に浮き立たせようという試みならば、逆に、時間を媒体にして、異なる空間の捉え方を導き出すことも可能だ。数学的に規定することもできる空間の大きさを絶対的なものでなく、時間というファクターを加味することによって、相対的に描こうというものだ。現代社会の「時間と空間の圧縮」を唱えるポストモダン地理学者、デヴィット・ハーヴェイの著、『ポストモダニティの条件』に掲載された「縮小する世界地図」では、蒸気機関の発明やモータリゼーションによる移動手段の発達によって、地球という空間の認知の変遷を表現している。ここでは、船や徒歩が主な移動手段であった時代を基準とし、移動時間の短縮とともに、本来大きさが一定であるはずの地球がどんどん小さく認知されていくさまが時系列に並べられている。それは時間と空間が圧縮された現代の私たちの空間認識が、明らかにそれ以前とは異なっていることを如実に語っているのである。

時空間の認知

定量的な計測が可能なため、時間も空間も絶対的なものと捉えがちだが、その認知は千差万別である。そして両者は補完的な関係にある。空間を媒介とすることで、多様な時間の認知が可能となり、また逆に時間に注目することで、異なる空間認知を促すことができる。これまで認識していた時間と空間が歪められていく時、そこにあるのは時間あるいは空間への新たな眼差しである。

Analysis：[歪める]の分析

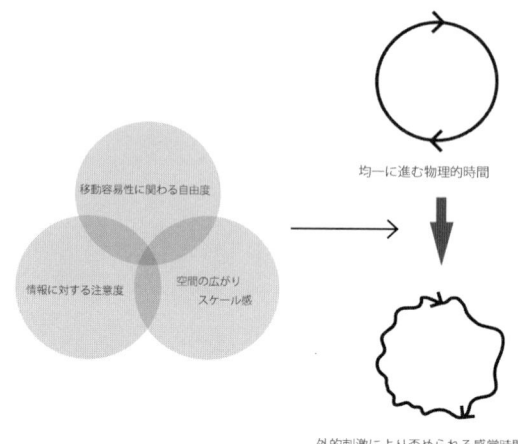

fig.3　空間刺激を与える要素

　普段生活をしている中での時間の感じ方のように、ヒューマンスケールでの時間は、人間の行動や心理によって歪められ、流動的で曖昧なものである。そうした時間の概念を無機的に表現するのではなく、有機的に表現することが、人間の生活に即した建築や都市を考えるうえで有効である。その例を都市での移動時における感覚時間を題材に紹介していく。

時間に対する感覚

　ある出来事が生じてから時間がどれくらいの速さで過ぎるのか、あるいはどれくらいの時間が過ぎたのかという主観的な時間の感じ方は「感覚時間」と呼ばれ、認知心理学の分野で研究が進められてきた。そして、その感覚時間という認知心理学的要素を都市計画や建築に応用し、ある空間を訪れた時に感じる時間の経過（感覚時間）と実際に経過した時間（物理的時間）との関係性を見直す試みがある。そこでは、都市の中を歩く際に、空間が与える刺激に対する認知が感覚時間にどのような影響を及ぼすかを明らかにしてきた。これは歩行者の行動と認知が、時間感覚にどういった影響があるかを知り、感覚時間や距離がどのような場合でも、快適に歩いていけるような条件を都市空間が備えているかを探ることに目的がある。

歪める　　　　　　　　　　　　　　　　Distortion

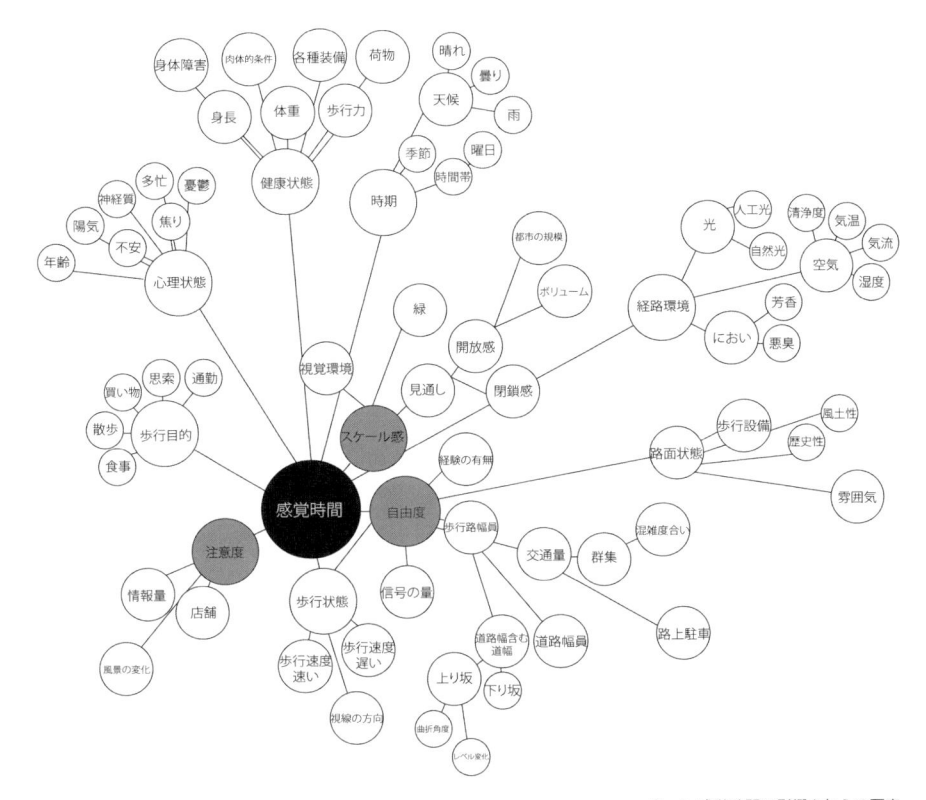

fig.4 感覚時間に影響を与える要素

感覚時間を歪ませる空間

fig.3では歩行空間から受けるすべての刺激を「自由度」「注意度」「スケール感」の3項目にまとめた概念図を示している。「自由度」は歩きやすさ、歩行速度、歩行の促進・阻害に関する空間刺激で、歩行路幅員や混雑度合い、路面状態などがあたる。「注意度」は情報量に関する空間刺激で、店舗や情報量、風景の変化などがあたる。「スケール感」は開放感、空間の広がりに関する空間刺激で、見通しや開放感、閉鎖感などがあたる。

感覚時間に影響を与える「自由度」「注意度」「スケール感」といった刺激は、どのような空間の要素から受けるものか示した図がfig.4である。感覚時間に影響を与える空間が、どのような要素で構成されているかを分類し、設計者はその要素を取り入れることで、空間を訪れる人の時間の感じ方をより作為的に変えることができる。

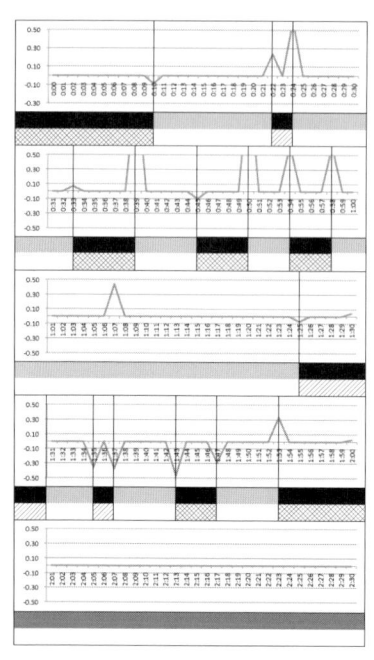

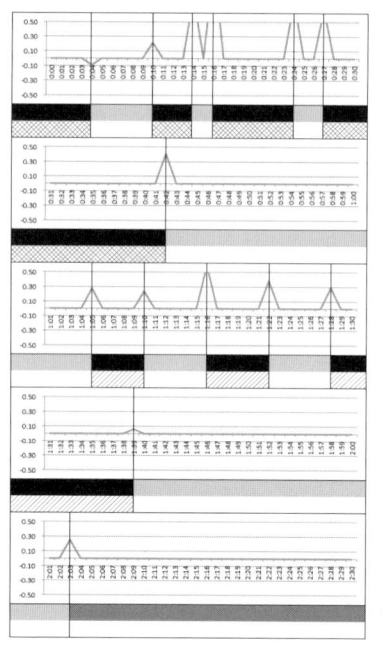

fig.5 行為の中の感覚時間

被験者A　　　　　　　　　　　　被験者B

凡例
移動
直行
ぶらぶら
買物
飲食

現代人にとっての時間

空間による時間のずれもあれば、一方で個人のパーソナリティや行動ごとに時間の感じ方が違う場合もある。**fig.5**は被験者に買い物・飲食・移動（目的を達成するために行う移動／無目的にただぶらぶらとする移動）という行動をさせ、その際の時間の感じ方を時々刻々追っていった図である。移動中の感覚時間は、目的地の有無や歩行空間の違いが、大きく起因していることを見出すことができる。また、**fig.6**は個人の属性や目的によって、時間の感覚が違うことを表した図である。この図は、12時を起点とし、縦方向・横方向ともに中央の時間軸から離れるほど、時間が実際の時間よりもずれて感じていることを表す。働き盛りの年代や学生・会社員はあまりずれていないが、老人や子供、主婦、観光客は大きくずれていることがこの図から分かる。

ただ、感覚時間と実際の時間がずれていないからよいということではなく、都会で暮らしたり、会社勤めをすることで、社会と時間感覚を合わせなくてはいけないことが、現代人にとってストレスになっているという指摘

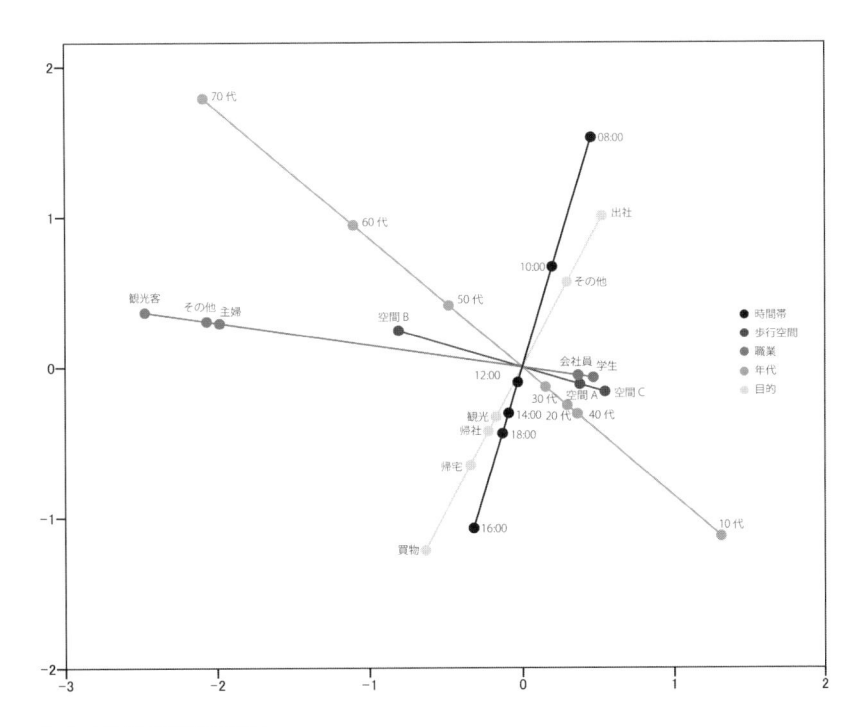

fig.6 属性ごとの感覚時間の違い

もある。仮に感覚時間と物理的時間がずれたとしても、結果的に個人個人の生活に合った快適な時間の感じ方が得られるようになれば最適である。

歪められた時間

建築や都市計画は真理を突き詰める物理学とは違い、人間が快適な生活を送れるようにすることを目的にしている。物理学ならば時間を客観的に測っていく必要があるが、建築や都市計画の場合、生活している人それぞれにカスタマイズされた、有機的な時間を考えていかなければならない。そして、その概念として表現されるものは、一様な時間軸ではなく、ヒューマンスケールに歪められた時間軸で表すことが適する場合が多い。ここで挙げた例は生活の中で歪められた、より人間的な時間の表現である。

「都市歩行時における行動と認知か感覚時間に及ぼす影響」石井宏樹、2010／「移動目的を考慮した都市空間における感覚時間モデル」田名網祐、2010

Design：［歪める］のデザイン

伸び縮みする「時間の襞(ひだ)」
杉浦康平
（グラフィックデザイナー）

すぎうら・こうへい
1932年東京都生まれ。神戸芸術工科大学名誉教授。意識領域をイメージ化する独自の技法によって、多くのクリエーターに影響を与え続けている。アジアの図像研究の第一人者としても知られ、アジア文化を紹介する展覧会の企画・構成や造本を数多く手がける。1955年日本宣伝美術会賞、1982年文化庁芸術選奨新人賞、1997年毎日芸術賞など受賞歴多数。1997年紫綬褒章受章。主な著書に『ヴィジュアル・コミュニケーション』『アジアの宇宙観』『日本のかたち・アジアのカタチ』『かたち誕生』『宇宙を呑む』『宇宙を叩く』『生命の樹・花宇宙』『文字の美・文字の力』『杉浦康平 デザインの言葉』など。

時代から抜け落ちているものへの視点

──杉浦さんを特集された雑誌『アイデア』（No.324、2007年9月）のなかで、先生が「**抜け落ちているものへの視点**」について述べられていることに非常に興味をもちました。とくに1960〜70年代の日本が国土開発で国として大きく変容を遂げた時代に、どうしてもそこから落ちてしまうものがあったかと思うのですが、杉浦さんはどのようなことに目を向けられていたのでしょうか？

　このような時代にグラフィックデザインを志したということは、今振り返って考えてみると、時機を得たことだったと思います。グラフィックデザインは、視覚による伝達の手法をさまざまなかたちで考えていくことなのですが、その足場を支えているものは、多くの場合、商業主義なんですね。たとえばポスターは、紙という立体物の片面だけに色彩あふれる夢幻世界を刷り込んでいる。裏側に糊をつけて壁面にペタッと貼る。大きな紙の半面しか使っていない。貼ることで初めてポスターとして機能するのだけど、たとえば渋谷でポスターを貼ろうとすると、勝手に貼るわけにはいかないんです。許可を得なければならない。すべての場所や壁面に利権が絡んでいて、ポスターを貼るということは何らかの資本の支えが必要になる。つまりデザインの背景には、必ず商業主義が潜んでいるわけです。1960〜70年代には、仲間の99％はコマーシャルデザインをやることに疑いをもっていなかった。

　一方、私は建築科で学んだということもあって、彼らと一歩距離を置くことができ、商業主義ではない公共デザイン、文化のデザインへの気づきと、それに取り組んでいく使命感に比較的早い時期に目覚めました。たとえ

ば、60年代には盛り上がりを見せていた原水爆禁止日本協議会へのデザインや反安保に絡む警職法（警察官職務執行法）反対のポスター制作など、商業主義のデザイナーが取り組みえないような領域の仕事に力を注いでみたりしました。ブックデザインも、文化へのデザインという流れのひとつです。ブックデザインはこのころの広告デザイナーがほとんど手がけなかった分野です。たとえば哲学の本や学術書のデザインをするとなると、内容を十分理解して取り組まねばならない。専門分野への理解力とデザイン力を必要とする。それに文化関係の仕事は商業デザインと違って、あまりお金にならないということもあった。でも私は、当時のデザイナーが手をつけない領域にむしろ積極的に取り組んで仕事をしてきました。地図への挑戦もそのひとつの成果です。

「時間軸地図」の誕生と発展

——取り組まれてきた地図の多くは、「時間」を切り口にされています。杉浦さんが地図を用いて「時間」を可視化されるようになったきっかけは何だったのでしょうか？

　1960年代の中頃には、イギリスやアメリカ、さらに日本でも、国や地域、産業活動の統計的数値を地図化した「変形地図」の試みがいくつとなく登場しはじめていました。1967年に私に対して、『週刊朝日』から特集ページに載せる地図制作の依頼があった。70年代を目前にした日本と世界の関係を表現する地図制作のための膨大な資料が届けられ、それをもとに、たとえば羽田空港と世界各都市の空港を結ぶ飛行時間を表現する地図を制作しました。基本はメルカトル図法ですが、その上に羽田を中心とする時間の輪を設定して、羽田に向かって各国の主要都市の空港が引き寄せられる……ということを図化したものです。

　ほかの主題を表現した変形地図とともに同年のGW号のグラビア全16ページに掲載され、当時の週刊誌にしてはとても珍しい企画でした。読者の好評を得たので、翌年も、日本を主題にしたより緻密な表現をもつ変形地図群をデザインしました。67年、68年の『週

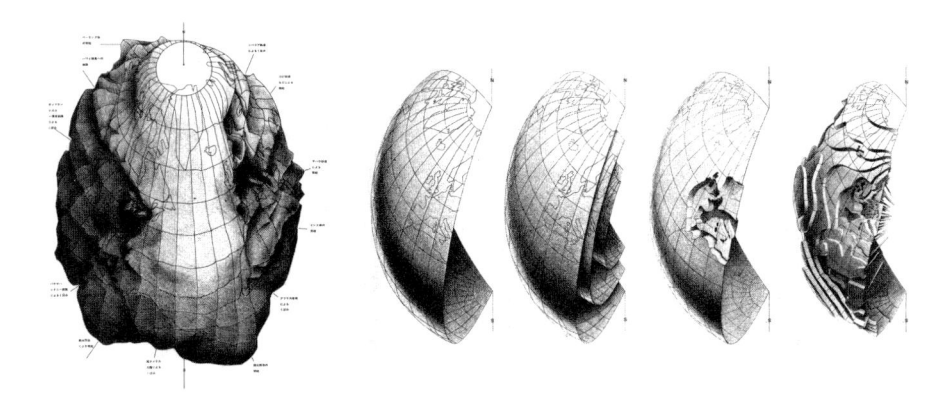

時間軸で変形する地球儀／杉浦モデル（1968年）
交通手段の発達が、地球の表面積を縮めてゆく。交通発達度に応じて地表を継いでゆくと、時間軸による奇妙な地球儀が出現する

刊朝日』の地図は、「世界、日本の時間軸地図」の初めての試みとなったわけです。このころの日本は、大阪万博の準備や新全総開発計画のプロジェクトが動いていた高度経済成長期の真っ只中です。建築家や経済学者が提示する都市計画や日本列島の改造計画の概念図を目にする機会が多かった。だが、多くのものが表現力が充分でないものが多かったので、より数値的な根拠をもつ整った時間地図がつくれるはずだと感じていたところでもありました。以来、日本の主要都市を起点とした「時間距離地図」の数々や世界で初めての「時間軸地球儀」の作図、テーマ性のある変形地図群、たとえばケヴィン・リンチの「The View from the Road」にヒントを得た「富士山の見え方の変化」を追った地図、あるいは中国革命を成し遂げた「毛沢東の生涯」を大河の流れに例えた人生地図、さらにヒトの

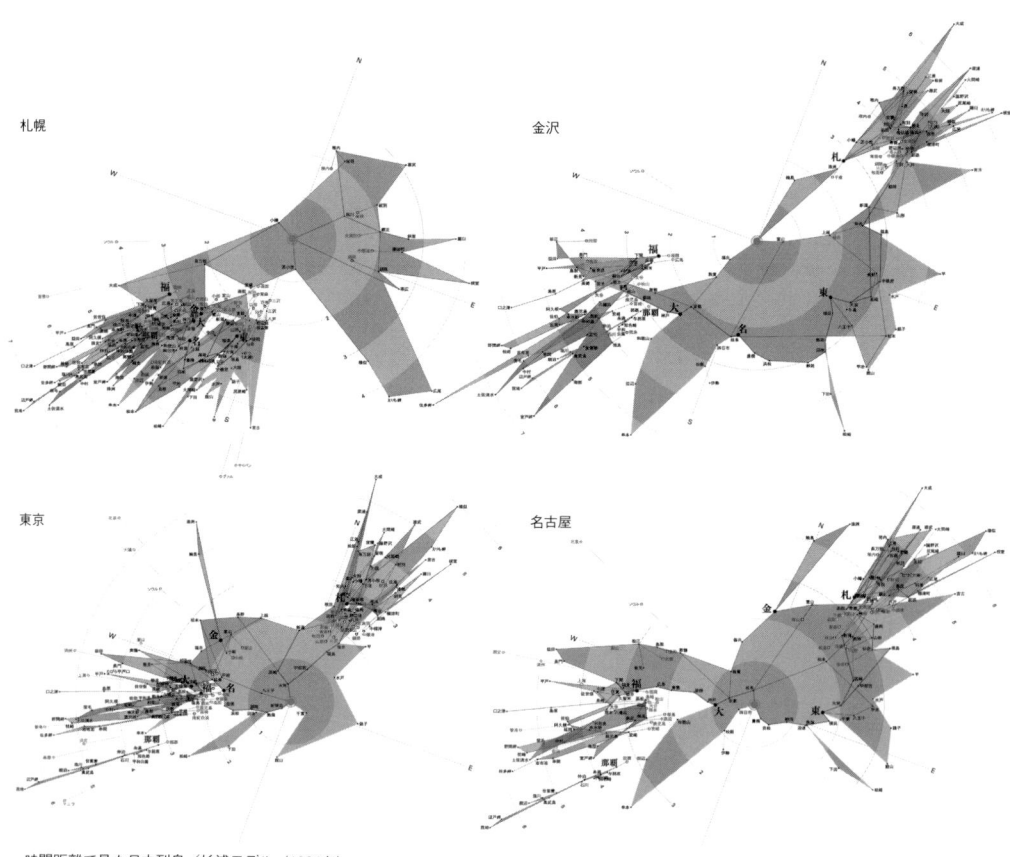

時間距離で見た日本列島／杉浦モデル（1994年）
出発点が変わるたびに、目的地への到達時間が変化し、日本列島の全体がダイナミックに変化する

味覚体験を時間軸上で視覚化した「味覚地図」、宇宙現象から人間社会、個人の行動軌跡……などの出来事を一列に並列させた年ごとのカレンダーなど、さまざまに変容する地図づくりを試みました。1960年代の終わりから70年代にかけて「時間軸地図」をめぐるさまざまなアイデアが出揃い、私自身はこれらの変形地図を「やわらかい地図」と名づけていました。そのころからそれまでに手がけた地図を見直し、時間地図制作のベースとなる「空間移動と時間推移の関係のモデル化」というテーマの整理に取りかかるようになりました。

「歪み」による気づき

——「時間軸地図」のなかでも「時間距離地図」は、時間の可視化によって地図が原型から大きく放射状に歪む様子が特徴的です。実際に制作されたことで気づかれた、歪みから読み取れる空間と時間の関係性にはどのようなことがありますか。

　見慣れた地形、見慣れた空間地図に到達時間の分布をマッピングすると出発点からの距離に激しい伸び縮みが投影され、思いがけない歪みが生まれる。でも、この思いがけない伸縮によって多層化する「時間の襞（ひだ）」というものが説明でき、時間表現に対する新しい思考のネットワークへの可能性を感じます。私の図法では、同じ日本列島の時間地図でも、出発点が変わるとそのたびに日本列島や都市空間の輪郭がどんどん変わってしまうんです。渋谷駅を出発点とする場合と私の事務所を出発点とする場合でも、微妙な差異が現れる。横浜駅を出発点にすれば、さらに大きな変化が生まれる。5万分の1の空間地図の場合には、個人の立ち位置をすべて呑みこんで、GPSで見下ろした距離や位置関係を緯度・経度に乗せてひとつの地図で表現してしまっているのだけれど、じつは各個人の立ち位置を中心にした個々の「時間距離地図」というものがあることに気づきました。

——**なるほど。以前Googleマップを参考に目的地を目指したものの、当初の想像とは違う山道で、到達まで相当時間がかかった経験から、地図と現実との感覚的な大きな隔たり**

を実感しました。しかし個人を中心とした「時間距離地図」では、各状況に応じた感覚的なリアリティを備えた提示が可能なのではと思ったのですが。

　読みの熟達者ならば、地図の記号や等高線などを見て目的地への所要時間を計算できるけれど、ふつうの人は感覚的に地図から時間を読み取れない。山道の変化の情報、障害物に出会った時の時間への影響が読みきれないのですね。「時間距離地図」の発想では障害物は大きなファクターですが、単純なモデルで検討しても、予想を超えた変形が現れます。さまざまなタイプの障害物に対して試行を重ね、変形度が読み込めるようになると「時間の空間化」への認識が変わり、空間設計に役立つようになるんじゃないか。空間の広がりに対する時間軸上の強度・弱度というか。

　たとえば、時間軸の出発点近くに円錐形の小山がひとつ聳えていたとすると、意外なことに、この小山の存在自体が時間軸上での特異な変形を生み出してしまう。さらにこの山に登る場合を考えると、出発点に面した山のこちら側と向こう側で、大きな差異が生まれ出ます。山の向こう側には、思いがけない「ひだ」が隠されているからです。人が動き出し、山を登りはじめると、出発点を起点にした等時間線に決定的な揺らぎが見えはじめる。このようなプロセスを経たあとで「時間距離地図」を見れば、トポグラフィックな空間地図のなかに隠れている時間的なひだの特性が理解されるはずで、この地図を見慣れてゆくと、いずれは大きな国土計画への応用や、時間軸にまつわる新しい発見が可能なのではないかと思います。

理想と現実の間で

——杉浦さんご自身の体験として、地図と現実のギャップに出合われたことはありますか。

　私は昔から細かいものを描くことが好きで、芸大建築科時代も図面を引くのは嫌いではなかったんですね。世界をきちんと分割し、定量的に整然と表現する喜びを図面は与えてくれたから。でも図面に記された定量的な世界に頼りきってはいけないんですよ。在学中に住宅工事監理の手伝いで現場に行ったら、経験豊かな大工さんたちは図面があっても見ないんですね。自分の勘で木を削り、仕口をつくる。図面に3m10と記していても、3m5でも6でも微調整しながらなんとなくまとめてしまう。そうした現場での揺らぎと図面が求める絶対性とは、決して一致しない。私は大学生の時に、図面が示す理想世界と人間が生み出す現実世界のふたつに直面して、絶対世界、理想世界に触れる快感とそれからはみ出してゆく人間の現実世界への対応・知恵の深さの両方を体得しえたんです。これはひとつ

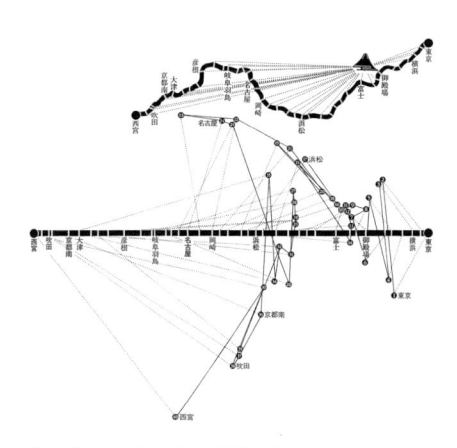

右往左往する富士山の地図／杉浦モデル（1971年）
東名高速道路を走る時、富士山が見える方向、距離の変化を地図化。動かないはずの富士山が、糸の切れた凧のように右往左往する

の大きな原体験でした。今市販されている5万分の1地図にしても、印刷された瞬間にそれはもう間違いになってしまう。なぜなら人間は地形やものをどんどん加工し変えつづけてしまうから。絶えず変動しつづけている現実があるのに、5万分の1地図を基本にしながらさまざまな土地評価をするなど、これまでの人間は不動なものを表記した地図を基準にして世界観を打ち立てようとしている。「時間地図」をつくってみると、そうした矛盾がよく見えて分かってくるんですよ。

時間のひだ、空間の皺

——「時間距離地図」中に現れる、時間のひだや空間の皺が意味するものは、どんなものだと思われますか？

　まだ分からない（笑）。時間というものは、けっこう、心理的な要素で伸び縮みするんですね。たとえば音楽を聴く。時計の針が3分という時を刻んでいても、心を打たれる歌を聴いていると、その3分が10分にも相当するくらいに充じて感じとれる。人間の心のなかの時間経過は、かなりエラスティックなわけです。何かを急いでやろうとする時には3分なんてすぐに経ってしまう。数秒にしか思えないこともあるでしょうね。環境や日常の暮らしのなかで起こるこのような時間の揺らぎを、いったい地図や空間表現のなかでどのように図化すればいいのだろうか……というようなことを常に考えています。やっぱり空間を実際に体験してみると、時間の揺らぎから生まれる「ひだ」みたいなものが、まさにそこにあると感じます。伸縮自在な時間軸体験をより明確に可視化する方法の探求は、とても面白いテーマですね。時間のひだや空間の皺をどのように可視化するか。私自身にとっても次の課題だと思っています。

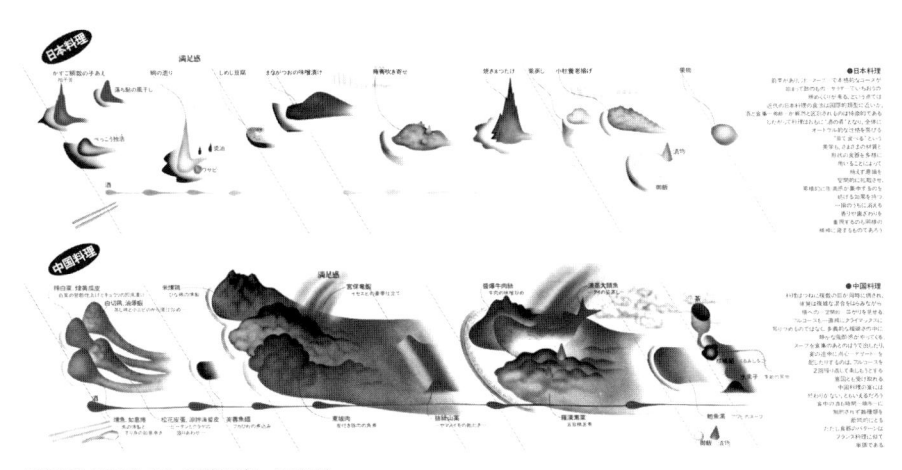

味覚体験を地図化する／杉浦モデル（1983年）
世界の四大料理（ここでは日本・中国料理）の味覚体験を時間軸上に展開。
味の差異、食器、料理のかたち、ボリューム、満足度などが書き込まれている

デザイナーにおける
時間と時間軸の考察

加藤孝司

　時間という、天気や気候のように移り変わるものを、いかにデザインに取り入れるか？
　これは、21世紀の建築やデザインの重要なひとつのテーマになっていることを僕は感じる。

　近代はあらゆるものが効率化、しかも機能主義における美しさを同時に追求した時代であった。それは本書でも触れられているように、建築や製品において、自然素材だけでなく、工業製品であるプラスチックやコンクリート、鉄といった素材においても例外ではなかった。美しいコンクリートや美しい鉄は、同時に時間の経過とともに、みにくく朽ちるものでもあった。だから、近代において、建築や製品は、竣工時や製品がつくられたときが、もっとも美しく次第に古びていくものと考えられていた。だからこそ新築や新品、新製品がマーケットをにぎわし、経済を活性化しもした。機能主義にしたがった近代は、竣工時こそが製品にとって重要なもので、さほど時間というものを内包せず、時間軸をなおざりにしてきたといわれている。それは消費主義時代における刹那をよしとする思想であったといえるだろう。

　それでは、建築やプロダクトにおいて、時間とはどんなものであろう？　何も建築やプロダクトがそれ自体で時間軸を持たないものというわけではない。だが、自然や風景のように変化するものと比較して、建築やプロダクトは変化しにくいものであることは確かだろう。デザイナーは自らの作品や製品にいかに時間を代入するのか？　これは、数千年の歴史をもつパルテノン神殿や、ガウディの終わることのない持続する「竣工状態」を例にとるまでもなく、デザインをするものにとってひとつの理想であり、目標でもあるかもしれない。だが、伊勢神宮のように、20年ごとに新しい素材と新しい場所で、まったく新たに更新されることで、時間軸を持ち、ながらえる希有な例もある。それは一人ひとりの寿命はせいぜい100年であるのに対し、人間という種は単一的には滅びないことで、全体としては生存のバランスを保っていることと似ているように思う。

　そもそも物質の時間軸とは何であろうか。建物やプロダクトの素材となる鉄やガラス、

プラスチックなどは、それぞれ鉱物や石油など自然界にあるものを化学技術によって転化させたものである。さらに、鉱物や石油、木はもともと地球を構成していた元素が長い時間をかけて、一時的に物質の形に凝縮したものである。建物やプロダクトはそれらの物質を原料につくられるのだが、ここで問題となってくるのが、素材が生成される時間と、建物やプロダクトが使用される時間とが大きく異なることである。鉄やプラスチック、木材などの素材は、数年から長くて数億年という時間をかけて生成された物質であるのに対し、製品は短いと数分、長くてもせいぜい数百年しか使用されることがない。ここには科学技術とデザインを横断する必要性と問題意識が内在している。

建物やプロダクトという固定したものに、別の時間軸をもったものを変数として代入することで、それらに時間軸を取り入れる方法がある。それは具体的には植物のように時間軸にそって変化するものや、経年変化する自然素材でできた建具や家具を、建築とともに同時に設計することで、そこで生活を営む人間に身体的にも経験的にも時間的変化を感じることのできる要素を用いる方法である。さらに、デザインや建築の現場では、リサイクルの新しい方法も試みられ始めている。不用品や廃物を再生して別の製品をつくることをリサイクルというが、単に燃料や熱源として利用するのではなく、製品や建築の素材として用いるリサイクルは、あらたにデザインするものに、近代以降で失われた「時間軸」を製品に取り入れる積極的な方法として、今以上に評価されても良いだろう。例えば今回お話をうかがった建築家の中村拓志氏や、石上純也氏らも、それぞれ建築に植物のふるまい、あるいは古民家などを用いることで、建築に別の時間軸を導入している。

資源の枯渇や省エネがいわれる今、建築やプロダクトを含め、物を時間の流れで捉えることの重要性は増している。空間を考えるとき、時間から逆算して考えてみることで、新しい形や、空間の質が生まれる可能性があるだろう。

あとがき

渡辺仁史研究室では、研究の過程や成果を文字としてだけではなく、ダイアグラムとしても可視化してきた。長年にわたって蓄積されたこのダイアグラムを、論文の中だけに閉じ込めておくのはもったいない、外の方々にも見てもらいたい、分かりやすく見る者を惹きつけるダイアグラムとはどんなものなのか……、研究室で林田和人と奥津拡が最初に語り合った日から4年近くが経過した。

当時学生であった奥津、水落裕樹、道垣内まゆ、茂庭竜太、木戸大祐、小池太輔に加え、研究室OBで設計事務所を主宰する白井宏昌、山本陽一を迎え、多くの時間を議論に費やした。その中で、ダイアグラムを最も鮮やかに表現するための切り口として、「時間」というキーワードに辿り着いた。その後の経緯は、本書冒頭の「この本の読みかた」に記したとおりである。さらにデザイナーとの幅広い交流をもつ加藤孝司氏や、OGの横木真理子、H2Rアーキテクツのスタッフの野口直樹、高橋洋司の協力も得て、本書が世に出て行こうとしている。

鹿島出版会の久保田昭子さんと土屋沙希さんには、迷走する議論を冷静に軌道修正していただき、また多くの執筆者の原稿を適切に添削していただいた。そして、お忙しい中インタビューに答えていただいた18人のデザイナーの方々に、この場を借りて改めてお礼を申し上げたい。

メンバーの間では、「本」という平面に定着されたメディアで今表現することの意味と、その限界についても議論された。本書で表現しきれなかったこれらの考察については、次への課題とさせていただきたい。

この本が多くの人の手に渡り、ダイアグラムという隠れたテーマとともに、すべての方々に等しく流れている「時間」の意味を、改めて考える一助となればと思う。

林田和人＋山本陽一

早稲田大学創造理工学部建築学科
渡辺仁史研究室 時間−空間研究会

渡辺仁史／わたなべ・ひとし
1948年浜松生まれ。早稲田大学理工学部建築学科教授、工学博士。1970年早稲田大学理工学部建築学科卒業、1972年同大大学院理工学研究科建設工学専攻修士課程修了、1975年同博士課程満期退学。1973年早稲田大学理工学部助手、専任講師、助教授を経て1986年同工学部建築学科教授。1983〜84年カナダ、ブリティッシュ・コロンビア大学客員教授。主な著書に『建築計画とコンピュータ』(鹿島出版会)、『ハンディブック 建築』(オーム社)、『建築デザインのためのデジタル・エスキース』(彰国社)、『行動をデザインする』(彰国社)、『スマートライフ』(パレードブックス) など。
〈執筆…pp.12〜17〉

林田和人／はやしだ・かずと
1961年福岡県生まれ。早稲田大学理工学術院総合研究所客員准教授、法政大学非常勤講師、武蔵野大学非常勤講師、関東学院大学非常勤講師、博士（工学）。1987年早稲田大学理工学部建築学科卒業、1990年同大大学院博士前期課程修了、1993年同大大学院博士後期課程満期退学、1996年博士（工学）取得。1999年同大理工学総合研究センター客員講師、2000年武蔵野女子大学短期大学助教授を経て現職。主な著書に『建築・都市計画のための調査・分析方法』(井上書院)、『生活空間の体験ワークブック』(彰国社)、『改訂版 建築・都市計画のための空間学事典』(井上書院)、『建築設計資料集成［人間］』(丸善) など。
〈執筆…pp.28〜31、pp.40〜43、pp.52〜55、pp.78〜81、pp.122〜125、pp.134〜137、p.159、pp.190〜193、pp.202〜205、pp.212〜217〉

白井宏昌／しらい・ひろまさ
p.183参照。[1993〜1996]
〈執筆…pp.20〜23、pp.76〜77、pp.92〜93、pp.120〜121、pp.160〜161、pp.171〜173、pp.200〜201、pp.224〜225〉

山本陽一／やまもと・よういち
p.87参照。[1997〜2000]
〈執筆…pp.38〜39、pp.50〜51、pp.64〜65、p.103、pp.132〜133、pp.188〜189〉

横木真理子／よこぎ・まりこ
1974年大阪府生まれ。設計事務所、照明会社などでの設計・デザイン業務を経て、現在グラフィックデザインの領域を中心に制作や取材活動を行っている。日本タイポグラフィ協会会員。The New York Times Magazineなどに掲載歴。NY TDC受賞など。[1997〜2000]
〈執筆…pp.62〜63／インタビュー構成〉

加藤孝司／かとう・たかし
1965年東京・浅草生まれ。デザインジャーナリスト。雑誌、ウェブなどで建築、デザイン、アートについて執筆。デザイン、アート、建築を語るトークイベントも主宰。ジャンルをこえて近年活動のフィールドを拡げている。2006年よりジャンル横断的なウェブメディア「FORM_Story of design」運営。主な活動に、「台東フォーククラフト協会」(2008)、「Hiroshima 2020 Design Charrette」(2009)、「何に着目すべきか?」(2012)。
〈執筆…pp.236〜237／インタビュー構成〉

水落裕樹／みずおち・ゆうき
1986年東京都生まれ。[2009〜2012]
〈執筆…pp.66〜69、pp.104〜109、pp.200〜201〉

小池太輔／こいけ・たいすけ
1987年東京都生まれ。[2009〜2013]
〈執筆…pp.104〜105、pp.148〜153、p.199〉

木戸大祐／きど・だいすけ
1987年東京都生まれ。[2009〜2012]
〈執筆…pp.26〜27、pp.174〜177〉

茂庭竜太／もにわ・りょうた
1989年東京都生まれ。[2011〜2012]
〈執筆…pp.224〜229〉

道垣内まゆ／どうがうち・まゆ
1986年岡山県生まれ。[2009〜2012]
〈執筆…pp.94〜97、pp.160〜165〉

奥津 拡／おくつ・ひろむ
1986年東京都生まれ。[2008〜2011]

＊ [ ] は研究室在室年を示す。

時間のデザイン
16のキーワードで読み解く時間と空間の可視化

| 2013年4月30日 | 第1刷発行 |
| 2024年1月15日 | 第3刷発行 |

著者	早稲田大学渡辺仁史研究室 時間―空間研究会
発行者	新妻 充
発行所	鹿島出版会
	〒104-0061 東京都中央区銀座6-17-1 銀座6丁目-SQUARE 7階
	電話 03-6264-2301　振替 00160-2-180883
印刷・製本	三美印刷
デザイン	石田秀樹

© Watanabe Hitoshi Laboratory 2013, Printed in Japan
ISBN 978-4-306-04588-0　C3052

落丁・乱丁本はお取り替えいたします。
本書の無断複製（コピー）は著作権法上での例外を除き禁じられています。
また、代行業者等に依頼してスキャンやデジタル化することは、
たとえ個人や家庭内の利用を目的とする場合でも著作権法違反です。

本書の内容に関するご意見・ご感想は下記までお寄せ下さい。
URL：http://www.kajima-publishing.co.jp/
e-mail：info@kajima-publishing.co.jp

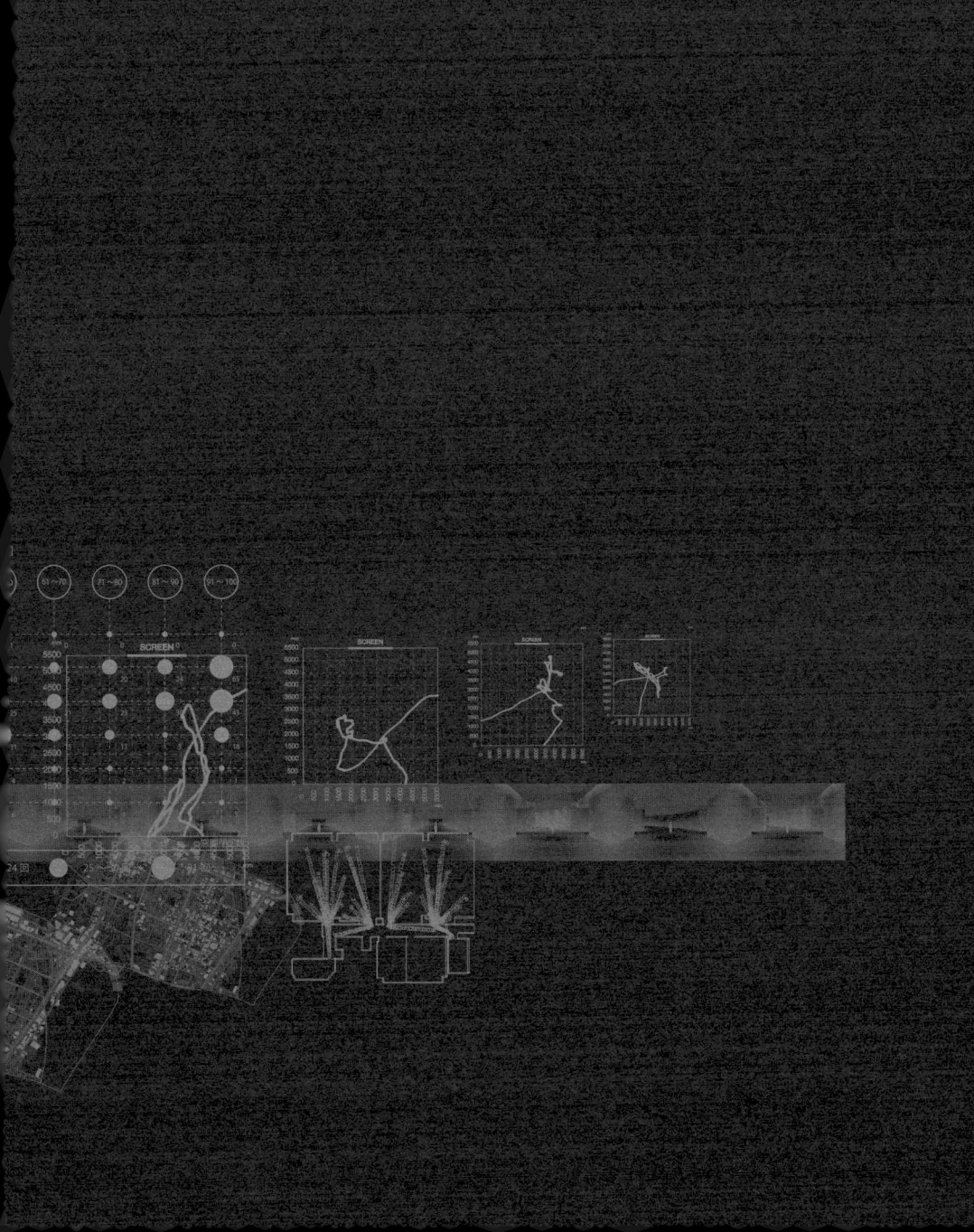